珍藏本
纪念版

汉译世界学术名著丛书

# 和谐与自由的保证

〔德〕威廉·魏特林 著

孙则明 译

2017年·北京

Wilhelm Weitling
GARANTIEN
DER
HARMONIE UND FREIHEIT
Akademie-Verlag · Berlin · 1955
据柏林科学院出版社1955年版译出

威廉·魏特林(Wilhelm Weitling,1808—1871)是十九世纪德国无产阶级早期的思想家之一。他的思想带有明显的乌托邦主义的成分,恩格斯在《共产党宣言》1888年英文版序言中指出:魏特林的共产主义思想"还是颇为粗糙的,尚欠修琢的,纯粹出于本能的一种共产主义"。

《和谐与自由的保证》一书(1842年),是魏特林的主要著作,马克思和恩格斯对此书有很高的评价。本书是根据德意志民主共和国科学院出版的德文版翻译的,卷首有编者导言,对原著作了详细的评介。

Weitling

# 汉译世界学术名著丛书
# （120 年纪念版·珍藏本）
## 出 版 说 明

2017 年 2 月 11 日，商务印书馆迎来 120 岁的生日。120 年前，商务印书馆前贤怀揣文化救国的理想，抱持“昌明教育，开启民智”的使命，立足本土，放眼寰宇，以出版为津梁，沟通中西，为中国、为世界提供最富智慧的思想文化成果。无论世事白云苍狗，潮流左右激荡，甚至战火硝烟弥漫，始终践行学术报国之志，无改初心。



迻译世界各国学术名著，即其一端。早在 20 世纪初年便出版《原富》《天演论》等影响至今的代表性著作，1950 年代后更致力于外国哲学和社会科学经典的译介，及至 1980 年代，辑为“汉译世界学术名著丛书”，汇涓为流，蔚为大观。丛书自 1981 年开始出版，历时三十余年，迄今已推出七百种，是我国现代出版史上规模最大、最为重要的学术翻译工程。

丛书所选之书，立场观点不囿于一派，学科领域不限于一门，皆为文明开启以来，各时代、各国家、各民族的思想与文化精粹，代表着人类已经到达过的精神境界。丛书系统译介世界学术经典，引领时代思想，为本土原创学术的发展提供丰富的文化滋养，为推动中国现代学术和现代化进程做出了突出的贡献。

为纪念商务印书馆成立120周年，我们整体推出“汉译世界学术名著丛书”120年纪念版的珍藏本，寄望既利于文化积累，又便于研读查考，同时向长期支持丛书出版的译者、编者和读者致以敬意。

两甲子后的今天，商务印书馆又站在了一个新的历史时间节点上。我们不仅要铭记先辈的身影和足迹，更须让我们的步伐充满新的时代精神。这是商务人代代相传的事业，更是与国家和民族的命运始终紧密相连的事业。我们责无旁贷，必须做好我们这代人的传承与创造，让我们的努力和成果不仅凝聚成民族文化的记忆，还能成为后来人可以接续的事业。唯此，才能不负前贤，无愧来者。

商务印书馆编辑部

2017年10月

# 目　录

# 导　言

19世纪前半叶，德国开始克服它对于英国和法国在经济上的落后性，并且转变成一个现代的工业国，它的生产在三十到四十年代特别迅速地发展起来。原来在无数的专制的德意志城邦中被排除于政治权力之外的资产阶级，现在在经济上大大加强起来，并且提出了政治要求。

同时，资产阶级的掘墓人无产阶级也在德国发展起来。虽然它比英国和法国的无产阶级在数量上还是少的、还是分散和不发展的，但是在纺织工人的起义中，已经证明了它的革命力量，并且提出了它的独立的政治要求。这种发展使1848年的资产阶级民主革命趋于成熟，这次革命的历史任务是推翻封建专制主义和建立德国的统一。德国的工人阶级必然会觉悟到它的社会地位和它自身的特殊利益。在革命的前夕，卡尔·马克思和弗里德里希·恩格斯发表了《共产党宣言》，作为德国工人阶级的革命组织"共产主义者同盟"的纲领。在这个宣言里，对于人类社会的发展规律、资本主义的本质、无产阶级的地位、它的世界性的历史任务——永远消灭剥削和压迫——以及它在未来革命中的作用，这一切都作了说明。在这里，马克思和恩格斯奠定了革命的无产阶级的战略和策略，并因此给德国的，乃至全世界的工人阶级一个包罗一切的、科学的纲领。

但是，这并不是无产阶级阶级利益的第一次表示。在此若干年以前，已经有一个人以一种“**史无前例**光辉灿烂的处女作”（马克思语）[①]宣告了无产阶级的解放；那就是德国的革命者威廉·魏特林，他以他的主要著作《和谐与自由的保证》，从资产阶级的社会主义向无产阶级的社会主义迈进了决定性的第一步。他认识到工人阶级能够自己单独地消灭资本主义，建立社会主义社会。他的无产阶级的、革命的观点远远地超越于英国和法国的空想社会主义者的学说之上，尽管在基本上他从未克服过空想的乌托邦主义；从没有达到对于社会发展的科学认识的阶段。这一点是马克思和恩格斯才做到的事。但是，作为形成中的德国工人阶级的发言人，魏特林是有不容遗忘的伟大成就的。

《和谐与自由的保证》一书出版于 1842 年 12 月，最近的一次是 1908 年由弗兰茨·梅林编辑出版的。[②]

*　　　*　　　*

威廉·魏特林于 1808 年 10 月 5 日生于马格德堡。关于他青年时代的情况所知甚少。他的父亲特里扬是法国军官，死于拿破仑的侵俄战役。他的母亲克利斯丁与成衣工人柏恩结婚，她自己充当女厨师来维持生活。魏特林在马格德堡上过中等市民学校，

① 马克思：《评“普鲁士人”的〈普鲁士国王和社会改革〉一文》，《马克思恩格斯全集》第 1 卷，1956 年人民出版社版，第 483 页。——中译本编者

② 梅林为这本书写了一篇序言并加了许多注释，论述魏特林受拉梅耐（1782—1854，法国神父，政论家，基督教社会主义的思想家之一）、傅立叶和欧文等人的影响。——中译本编者

1822年,他被送到一个成衣匠那里学手艺,学的是缝纫妇女服装。1827年,他为了逃避兵役,跑到汉堡去,在那里充当妇女服装工人,并且设法搞到一份流动手艺人证书,在这上面他把汉堡填做他的籍贯。1830年他到了莱比锡,在那里他以一个讽刺诗人的身份参加了革命运动,这种运动在巴黎七月革命之后,流行于德国的许多地方。据说,他曾经向《莱比锡日报》投过"激进的"稿件。[①] 1832年底他到了德累斯登。1834年到维也纳。估计这时魏特林已经很认真地在研究社会问题,感觉到必须对劳动者的境遇作重大的改善。他自己在1849年说:"我在德国周游很久,……我曾试图说服别人赞同我当时还不成熟的关于平等的看法。"[②]虽然他在维也纳收入甚好,但是,"一种寻求志同道合者的热望"驱使着他到巴黎去。[③] 1835年10月,他到了巴黎,并成为"流亡者同盟"的盟员,几个月之后,这个同盟中的激进的、大部分是无产阶级出身的盟员脱离了该同盟,另行成立了秘密的"正义者同盟"。无疑地,魏特林曾积极参加过这场辩论,特别是展开了对雅科布·费奈迭的攻击,新同盟就是在这种情况下成立的。不久,他和卡尔·沙佩尔、亨利希·鲍威尔一起成为理事会的成员。1836年4月,魏特林再一次通过德国旅行到维也纳,1837年9月回到巴黎。在这里他开始了作为德国无产阶级第一个独立的理论家的活动。

① 见艾弥尔·卡勒尔:《威廉·魏特林。他的活动和学说》,1887年霍廷根-苏黎世版,第31页。

② 本书336页。

③ 见梅林为《和谐与自由的保证》1908年纪念版所写的《序言》。原句大概出于魏特林1851年在《劳动者的共和国》上发表的《关于金钱制度问题十二年来宣传结果的概观》一文。

在这些年间，巴黎是欧洲一切反对派和革命力量的活动中心。正像梅林曾经说过的，在这里空气中含有社会主义思想的种子，每个人随时都在吸入。[①] 在这里，伟大的资产阶级空想社会主义者圣西门和傅立叶曾经起过作用。圣西门逝世之后（1825 年），他的学说由他的门徒勒西普、勒鲁、舍伐利埃和安凡丹等人加以整理和通俗化，特别是巴萨德，他在巴黎主持圣西门主义的讲座，这些讲座的主要内容，我们在他的主要著作《圣西门学说的阐述》里可以看到。在已经堕落成反动的圣西门主义者的宗派解体之后，傅立叶把许多社会主义者集结在他自己的周围。傅立叶逝世之后（1837 年），传播他的学说的主要是维克多·孔西得朗，傅立叶主义的最重要的代表，他同时主编傅立叶主义的正式机关报《法郎吉》和《和平民主日报》。圣西门和傅立叶的信徒们试图建立共产主义的移民区共产自治村，这种试验虽然由于迫害而停顿，仍然不断地重新进行。

里昂工人的起义（1831 年和 1834 年）特别给了社会主义学说，同时也给了民主共和主义的学说以强大的推动力。早在 1820 年，意大利的烧炭党人运动已经传入法国，主要是由巴萨德组织的。1830 年，意大利独立运动的领袖马志尼和烧炭党人联合，一年之后在马赛成立“青年意大利”的秘密同盟，1834 年在瑞士又和其他国家的秘密组织合并成为“青年欧洲”。邦纳罗蒂组织了一个秘密的会社，并通过他的著作《巴贝夫的密谋》（1828 年）[②]保持了

① 见梅林编《和谐与自由的保证》1908 年纪念版，第 265 页上，梅林的注释。

② 又名《为平等而密谋》。——中译本编者

对于巴贝夫密盟的回忆。最后，1838年在布朗基和巴尔贝斯的领导下，成立了“四季社”，从本质上说，它是和“正义者同盟”结合在一起的。

虽然在所有这些运动之间存在着各种各样的联系，但是它们的阶级基础是极不相同的。首先，“青年欧洲”这个联合组织是一种小资产阶级的共和主义的运动，它不超出对于共和国和资产阶级改良主义的要求之外。而在各个秘密的共产主义组织之中，则以“四季社”为最重要，它的目的在于通过秘密的结盟和暴动来实现共产主义。

德国人的各个组织，主要是“正义者同盟”，在巴黎已经有了一定程度的发展。渐渐地产生了这样一种看法，就是：必须放弃至今一事无成的那种革命策略和派别分裂的做法。革命的主要任务在于组织和启发当地的德国手艺工人，当然也通过许多密使和回国的手艺工徒进行宣传工作。经过脱离“流亡者联盟”而进行的激烈的辩论——留在该同盟的，只剩下“像雅科布·费奈迭一类最无能分子”①——对于理论的明确性和具有自觉目标的行动的要求大为增强了。中心的纲领是根据人生来平等这个理论引申出来的对于财产共有共享的要求，也就是所谓平均共产主义。

在这些条件下，1838年在巴黎产生了魏特林的第一部作品《现实的人类和理想的人类》②，其中已经包含了他的《和谐与自由

① 恩格斯：《关于共产主义者同盟的历史》，《马克思恩格斯文选》两卷集，第2卷，1955年莫斯科中文版，第336页。

② 它是岁序更迭时付印的，有部分版本印有1839年字样。1840年译成匈牙利文，后来又译成挪威文。

的保证》一书的主要思想。他和另一些盟员接受了“正义者同盟”的委托,从理论上论证财产共有共享的可能性,以便为同盟提供一个适合于新任务的全面的纲领。这一部著作标志了:魏特林与资产阶级的乌托邦主义者和追随这些乌托邦主义者的各个宗派,以及当时一切小资产阶级改良派和暴动派相比,他在社会主义发展中作出了长足的进步。被压迫者实行暴力革命的思想,已经由布朗基表述过,——但是他所指的始终是秘密结盟者一小部分人的恐怖活动。魏特林远超出布朗基之上,他号召全阶级的行动。他作为无产阶级的代言人(也就是说,作为基本上正在无产阶级化的手艺工人的代言人),要求通过对社会贫困的根源的研究,而为无产阶级指出一条走向更好的社会的道路,而不是建立一种和现存社会秩序相对立的什么新的“社会体系”——这种“体系”已经有不少了——或是号召新的暴动密谋。

这部著作的任务应该是启发群众,以便使群众在旧社会崩溃之后,在新的社会里认清道路,而不致重新陷入一种新的无政府状态。魏特林认为,劳动者贫困的原因在于“劳动和由劳动所创造的财富的分配不平等”。[①] 这种状况主要是由金钱——它是人类一切罪恶和过失的原因——所造成的。因此,在未来社会里,首先必须废除金钱。在当时还流行着一种看法,认为工人阶级的贫困是机器的罪过,魏特林反对这种流行的意见,他认识到只因为现存的制度才把机器这个本来是减轻劳动和加速进步的工具变成了加强



① 魏特林:《现实的人类和理想的人类》,1919年慕尼黑、维也纳、苏黎世版,第9页。

剥削和扩大贫困的工具。他还证明，从统治阶级或是从其政府方面来的改革，不可能导致劳动者境遇的改善。“就像人们硬要你们相信的：迄今所写的、印的那么多的法律和条例，都是为了提高你们的福利和维持社会秩序的，这些东西多得简直足够你们整个冬季住室烧火取暖之用，其实，其中所包含的无非是要盘剥和虐待你们，而人们却从来也没有征求过你们的同意。”[1]工人阶级阶级斗争的目标是财富的共有共享制，它促成“一切人的平等的生活地位”，以及人类中的“无忧无虑和友爱”，因此这是一种这样的共有共享制，它表现出一个“人类的大家庭的联盟”，既没有国家疆界，也没有语言的隔阂。在“正义者同盟”的组织里，在工人联合会和在后来由他所建立的德国手艺工人共产主义食堂里，魏特林看到了新的社会制度的萌芽和模型。只有通过工人阶级的革命解放，共产主义的建立才有可能。他写道：“你们不要相信，通过和你们的敌人的和解，你们可以有什么成就。**你们的希望只是在你们的宝剑上**。你们和他们之间的任何和解，归根到底只能对于你们不利。”[2]

因此，魏特林在用革命的强力推翻现存社会制度的问题上，以及在他自觉地站在工人阶级——并且是向工人阶级一边倒——的党性立场上，从他的活动一开始，就是傅立叶、圣西门和欧文（当时在法国还不很著名）的乌托邦式体系的最尖锐的对立者。正因为这样，在无产阶级正在形成为一个独立的阶级，认识到它的地位和

① 魏特林：《现实的人类和理想的人类》，1919 年慕尼黑、维也纳、苏黎世版，第 7 页。

② 同上书，第 23 页。

历史使命的时期内，在无产阶级正在从一个自在的阶级变成一个自为的阶级的转化时期内，他对于无产阶级意识的形成和巩固曾作出了重大的贡献。正如恩格斯说的："他们有魏特林作为共产主义理论家，他完全能跟他当时那些法国竞争者相匹敌。"[①]在这里，永远不能忘记，魏特林是工人阶级的一个代表，他是出身于工人阶级的。因此，与当时尚未充分发展的德国无产阶级前身的成熟程度相适应，在他的著作里留有痕迹，是很自然的。

曾经有人企图把魏特林描写成依赖于卡贝（布鲁诺·鲍威尔把魏特林叫做一个"不知厌倦的抄袭家"，特别是指抄袭卡贝而言）[②]。这无论在内容和时间上都是错误的。卡贝的《伊加利亚旅行记》是 1840 年，也就是说是在魏特林的著作[③]发表两年之后在巴黎出版的。在前此若干年，即 1834 年至 1839 年间，卡贝一直居留在英国，只是在他的那本书出版之后，才在法国开始有"伊加利亚"的宣传，他对于劳动者的影响——他的作品在劳动者中流传甚广[④]——首先固然可以从这本书的小品文性质来说明，同时当然也可以从无产阶级，特别是手艺工人的思想上的不成熟性来说明，他们以很大的热情来谈论每一种新的社会"体系"。卡贝的重要性主要在于，他在民主共和国里看到走向共产主义的必要的初级阶



① 恩格斯：《关于共产主义者同盟的历史》，《马克思恩格斯文选》两卷集第 2 卷，1955 年莫斯科中文版，第 340 页。

② 布鲁诺·鲍威尔：《1842 年至 1846 年期间德国政党斗争全史》，1847 年夏洛屯堡版，第 46 页。

③ 指魏特林的第一部作品《现实的人类和理想的人类》（1838 年）。——中译本编者

④ 海·艾韦贝克把它译成德文。

段。他无疑是一个“最有声望然而也是最肤浅的共产主义的代表人物”[①],他否定被压迫阶级方面的任何暴力行动,呼吁有产阶级的正义感,并且要想通过对于利益的渴求而争取他们也赞同共产主义。由于他否定革命的行动,他远远落后于魏特林,并且在他那本书的德文版序言里,明白表示反对来自瑞士的作品,指责这些作品“特别强调暴力的行动”[②],其中主要是针对魏特林的著作。他说,“不要用暴力,不要用阴谋,只是逐渐地在同意、说服、谅解的道路上”[③]就能实现向财产共有共享制的过渡。同样,魏特林在1849年也曾经强调过他和卡贝的矛盾,说到“拘泥小节的理想在卡贝和欧文的著作中是十分空洞的”,并且批评卡贝“和欧文、拉霍蒂埃、德萨米、路易·勃朗以及其他人等等一样,并没有彻底解决那些主要的问题”。[④] 因此,魏特林不仅不依附于卡贝,甚至他是这个小资产阶级改良主义者的敌对者。

魏特林的处女作《现实的人类和理想的人类》表现出某种特殊的倾向性,模拟圣经的语调和宗教成语,在《和谐与自由的保证》(1842年)一书里虽然减退了,但是在《一个贫苦罪人的福音》(1843年)一书[⑤]里,却是全书的主调。在这里,他依据了一个天主教的神父拉梅耐,拉梅耐有两本书:《一个信徒的话》(1834



① 马克思、恩格斯:《神圣家族》,《马克思恩格斯全集》第2卷,1957年人民出版社版,第167页。

② 卡贝:《伊加利亚旅行记》,1893年马格德堡版,第17页。

③ 同上书,第21页。

④ 本书344页。

⑤ 按这本书是1845年出版的,1843年发表的是《贫苦罪人们的福音》一书的广告和部分章节的篇目。参看本书34页注①。——中译本编者

年)——由路·白尔尼译成德文——和《人民书》(1838 年),后者在出版之后就由魏特林自己译出,对于工人阶级曾起过很大的影响。从天赋人权的理论,特别是从卢梭的理论出发,拉梅耐诅咒现存的状况是一种魔鬼的事业,并且以鲜明的色彩描写了统治阶级霸占土地和压榨人民的暴行。劳动人民应该而且必须使用武力(后来,拉梅耐放弃了使用武力的主张)以便消除财富分配上的不公平和争取全人类的自由。但是,拉梅耐并不是共产主义者,而是一个对于要求和取消私有财产的种种社会主义体系抱极端反对态度的人,他并且认为,这些体系是要把人类更降低到禽兽之下。他所要求的是一个包括全世界的小资产阶级的基督教王国。"……现在主要的并不是剥夺已经占有财产的人的财产,而是要给那些被夺去财产的人设法获得财产。"①因此,就内容而说,魏特林和拉梅耐是根本不好相比的,但是,魏特林却又不愿意使自己完全摆脱宗教的观念。尽管如此,他仍然是现存各教派的严厉的反对者,并且特别是反对教会的组织,他控诉并且判定这些组织是统治阶级的工具。

1839 年 5 月 12 日,"四季社"举行了一次起义,"正义者同盟"也曾参加。这次密谋——在准备和实行的时候,都没有注意取得群众的支持——被镇压下去了,组织被拆散,领导者被关进监狱。沙佩尔和鲍威尔在羁押多日之后被驱逐出境,他们跑到伦敦去。现在,伦敦成为同盟的中心了。魏特林留在巴黎,集合拆散的盟员。从有关他当时活动的少数报道中我们知道,他是通过许多集



① 拉梅耐:《人民书》,1905 年莱比锡版,第 91 页。

会和通过与手艺工人的个别谈话来达到集合盟员的目的的，在那些集会上，他表现出是一个杰出的演说家。但是，针对工人的恐怖暴行，加重了他的革命活动的困难。1840 年夏，他曾到瑞士去做短期的居留，考察在那里的工人联合会里有无进行同盟工作的可能性。海尔曼·艾韦贝克接替巴黎区分部的领导者。

1841 年 5 月，魏特林决定迁移到瑞士去，最初是到日内瓦。在这里和在瓦德省区，1834 年成立的“青年德意志”的残余还继续维持着，这是一个资产阶级民主主义的、反共产主义的运动，对于日内瓦工人教育协会里的德国手艺工人有相当的影响。此外，那些追随伟大乌托邦主义者的各个学派和宗派的思想在这里也起着很大的作用——其中首先是傅立叶主义者。在洛桑、日内瓦以及其他较大的城市，有一些书店和印刷社在推销拉霍蒂埃和卡贝的著作，以及后者办的期刊《人民报》①。蒲鲁东在他的著作《什么是财产?》已经著名之后，甚至受到瑞士科学院的聘任。孔西得朗举行一些很受欢迎的讲座，并且由此获得许多新的信徒，从而有可能创立了傅立叶主义者的期刊《侦察兵》。此外，还有人试图在卡维和洛内之间的海角上建立一个共产自治村。

魏特林和他最亲密的战友西蒙·施米特、奥古斯特·贝克尔、塞巴斯提安·载勒尔以及两个丹麦人彼得逊和克里斯田生，按照惯用的战术，决定在现有工人教育协会里建立同盟的小组和食堂。当然也要在其他的城市里创立新的协会。与“青年德意志”的人相



① 这是卡贝在 1833—1835 年期间办的一个周刊。1841 年复刊后改名为《1841 年人民报》。——中译本编者

反，他号召**公开地**进行宣传工作。这是一个具有重大意义的尝试，以便从迄今的宗派主义中解脱出来。魏特林解释说，这样做是必要的，“为了看一看年轻的共产主义原则是不是配得上它的伟大目标，好使那些胆怯的外交官、市长和商人们也习惯一下共产主义学说的喧嚷，如同船工们习惯于波涛澎湃的声音一样。”[①]这种做法不无成效，到1841年底，在日内瓦、洛桑、威维和摩尔西等地成立了许多食堂，虽然大多数未能持久，但是对于该地手艺工人的组织有所帮助。同时，魏特林在日内瓦出版了一个月刊《吁助德国青年》，在瑞士，同时也在法国、英国和德国销行。按照魏特林自己的统计，这份月刊约有一千份订户，其中巴黎有四百份、伦敦有一百份。[②] 总起来说，他受同盟委托的活动，实际上由他的期刊和他在各地的同志所支持，起初伸展在瑞士法语区，后来又伸展到瑞士德语区，主要是在日内瓦、瓦德、诺恩堡、苏黎世、亚劳和伯尔尼各省。

在“青年德意志”的成员以及他们的领袖（马尔、杜勒克、斯坦道等）的对抗下，魏特林被迫在许多城市里从公开的宣传又回到秘密的宣传。在很多协会里，“青年德意志”的人和“正义者同盟”盟员之间发生公开的冲突，其结果大半是这一个或那一个集团退出协会，另行成立自己的协会。此外也可能组成新的共产主义的协会。在这期间，魏特林和伦敦以及巴黎的同盟的领导人，主要是艾



---

① 引自梅林：《德国社会民主政治史》第1卷，1919年斯图加特版，第104页。关于社会主义的宗派分歧的历史根源及克服的必要性，参看马克思：《致弗·波尔特》(1871年11月23日)，《马克思恩格斯文选》两卷集第2卷，1955年莫斯科中文版，第465—468页。

② 参看本书348页。

韦贝克,经常保持联系,并且得到他们多方的支持。

魏特林的活动不能长久瞒过瑞士的资产阶级。他的有力的、富有鼓动力的语言,在他第一本著作里已经发挥了那样大的作用,在这份期刊里(从1842年1月起改名为《年轻一代》)也不能不令人倾听。期刊的口号是:“反对个人利益,如果它损害到全体的利益;争取全体的利益,而不把任何一个人除外。”[①]魏特林凭着这份期刊来指导他的宣传员和鼓动员,[②]并号召工人们起来作独立的行动。“自从人类有史以来,始终是别人来维护我们的利益,其实不如说更多地是为了他们自己的利益,因此看来不久也该到时候了,我们一旦壮大起来,就要摆脱别人对我们的这种讨厌的、无聊的监护。”[③]关于统治阶级想使“监护”永恒化的原因,魏特林写道:“……从来就是这样,并且今天还是这样。每一个新的、指责现存社会的缺点以及要求消除这些缺点的理想,总是和这样一些人发生冲突的,这些人的生活、私利、嗜好和欲望都与现存社会的缺点紧密地联系在一起。”[④]其他的瑞士和德国的报纸及杂志[⑤]也都刊登关于同盟工作的消息和文章。例如:《电讯》于1842年8月14日曾从魏特林的期刊里转载了他的重要论文《共产主义原则的政

① 引自梅林:《德国社会民主政治史》第1卷,第104页。

② 魏特林写道:“人的任何权力不能阻止住善良和真实的宣传;人不能防止人们在劳动时、餐桌边,在他们的卧室里,以及在他们散步时说话。”引自上书。

③ 引自梅林编:《和谐与自由的保证》1908年纪念版,第XVII页。

④ 魏特林:《这样是不能持久的》,载于《年轻一代》,又《电讯》1843年2月份第25期上曾转载。

⑤ 例如:瑞士的《邮政小号角》、《人民使者》、《西兰人》、《国民报》、《乡村报》、《来自瑞士的德意志通报》及后来的《瑞士共和主义者》;德国的《莱比锡通报》、《莱茵报》、《电讯》和《哈勒年鉴》(以后称为《德国年鉴》)等报刊。

府形式》,这篇文章要求,不是把“大人物”,而是要把有“才能”的人选入政府。关于这篇文章《莱茵报》写道,显然这是一种人们不可能否认它的“天才和创见”的思想[①]。这个思想在《和谐与自由的保证》一书里又作了进一步的发展。

不久,就发生了对于魏特林和他的同志们的报复手段。他被接连地从日内瓦(1842年12月)、伯尔尼和瓦德各省区驱逐出境,期刊的印刷遭受阻碍,寄往法国和德国的期刊被没收了。他移居到威维,并且在那里的工人协会里发挥了极有效的作用,这个协会原是由“青年德意志”的人控制的,魏特林把协会里的多数争取过来,“青年德意志”的人反而退出去,另行成立了一个自己的协会。根据魏特林的报道,到1843年中,在瑞士有十三个工人协会,共有七百五十名会员,同盟对他们都有或大或小的影响[②]。魏特林也试图和有声望的瑞士公民取得联系,例如和出版家尤利乌斯·弗吕贝尔的联系,后者在印刷品销行上曾经给予帮助。此外魏特林有一个时期还有过这样一种想法,要求申请入瑞士籍,以便能够进行不受阻碍的宣传工作。但是由于瑞士官方不久就加以迫害,他不得不放弃了这个计划。同样地,他也曾努力争取海尔维格和谷兹科夫参加同盟的工作,但是没有成功。

在1842年全年中,魏特林除了他的多方面的政治活动以外,不厌倦地致力于他那主要的著作《和谐与自由的保证》。1842年



① 1842年9月29日《莱茵报》上的小品文。该报在同年9月30日又从《年轻一代》上转载了一篇通讯——《柏林的家庭住宅》。

② 约·卡·布伦奇里:《瑞士的共产主义者。根据从魏特林那里发现的文件。委员会给苏黎世州政府的报告书全文》,1843年苏黎世版,第23页。

12月间，在他到达威维的那个月里，这本书已经在《年轻一代》的印刷者亚历山大·米霍德那里出版了两千册。数以百计的工人捐助印刷费用，并且以取得该书为报酬，他们自己也担任推销工作——一直行销到德国内部。同样，从巴黎和伦敦也寄来对于印刷这本为大家久已期待的书的捐款。艾韦贝克就预先说过，“这本书要和大卫·施特劳斯博士的《耶稣传》一样发挥作用，……”①。这本书不仅在手艺工人和劳动者之中，而且也在一部分资产阶级分子和知识分子中间获得一种辉煌的成就。路德维希·费尔巴哈以最高的推崇说到“这个成衣工人的思想和精神”，并且说，“这个手艺工徒的严肃、气度和求知欲使我感到可惊”。他讥笑地问道，那些高等学府的生徒们和这个手艺工人比起来算得什么呢，并且特别指出魏特林是他的阶级的先知——这是一种双重正确的评价。② 同样，亨利希·海涅，虽然他把自己和魏特林严格划清界限，也不能不佩服他是一个“有天才的人”。海涅在他的《自白》一书里写道：“……他绝不缺乏思想，他那题名为《社会的保证》（按即指魏特林这本主要著作——导言作者）的书长时期以来曾是德国共产党人的问答教科书”。③ 最后，马克思在1844年在巴黎出版的《前进报》上作为最重要的证言写下了那著名的词句：德国“资产

① 引自约·卡·布伦奇里：《瑞士的共产主义者。根据从魏特林那里发现的文件。委员会给苏黎世州政府的报告书全文》，1843年苏黎世版，第28页。

② 卡尔·格律恩：《路德维希·费尔巴哈哲学思想的发展》、《费尔巴哈的通信和遗著，1820—1850》，1874年莱比锡和海德堡版，第365页。又费尔巴哈致弗里德里希·卡普的信（1844年10月15日）。

③ 《海涅全集》第6卷，1890年莱比锡版，第45页。海涅在这里趁叙述他和魏特林在汉堡相会（1844年）的事，对魏特林作了若干描写。虽然在海涅的讽刺之中，也不能否认他对于魏特林作为年轻的无产阶级的代表所表示的崇敬。

阶级及其哲学家和科学家哪里有一部论述资产阶级解放(**政治**解放)的著作能和魏特林的《**和谐与自由的保证**》一书媲美呢?只要把德国的政治论著中的那种俗不可耐畏首畏尾的平庸气来和德国工人的这种**史无前例**光辉灿烂的处女作比较一下,只要把无产阶级巨大的**童鞋**拿来和德国资产阶级的矮小的政治烂鞋比较一下,我们就能够预言德国的**灰姑娘**将来必然长成一个**大力士**”。[①]《和谐与自由的保证》出版以后不久就被译成英文、法文和挪威文,后来又译成匈牙利文。

《和谐与自由的保证》一书的意义和阶级内容在马克思对于所谓“真正的社会主义者”(格律恩、皮特曼、吕宁、爽尔格斯、西米格等)的论战中得到了明白的说明。在他们的机关刊物之一《莱茵年鉴》里不但一般地否定了“粗野共产主义”的任何价值,并且特别指斥了魏特林的共产主义,认为他只是提供了“一种对于他在巴黎和日内瓦学来的傅立叶主义者和共产主义者的思想的加工”。共产主义者的唯一成绩只是“在于建立种种制度或是一些同样地完整的社会秩序”(如卡贝的“伊加利亚”,《公共幸福》[②]和魏特林),它们都是“一些教条的独断的”东西。[③] 对此,马克思和恩格斯在《德意志意识形态》一书里指出说,这种虚空傲慢的说法,根本没有任何意义,这些制度的真正的内容根本不在于它们的系统的形式,而

① 马克思:《评“普鲁士人”的〈普鲁士国王和社会改革〉一文》,《马克思恩格斯全集》第1卷,1956年人民出版社版,第483页。

② 指夏斯特·吕克斯的书《论公共幸福,或论不同历史时期的人的命运》,两卷,1772年在阿姆斯特丹匿名出版。

③ 见海·皮特曼编《莱茵社会改革年鉴》第1卷,1845年达姆斯塔版,第170页;这篇文章的题目是《共产主义、社会主义和人道主义》,作者西米格。

是在于它们以这种或那种形式表现出来的“时代的需要”。“对于每一个这样的体系来说都是有一个民族全部过去的发展，有种种阶级关系的历史形态，以及它们的政治的、道德的、哲学的和其他的后果为基础的”[①]。因此，一方面是马克思、恩格斯和魏特林，另一方面是“真正的社会主义者”，两者之间的阶级对立是很显然的。当魏特林作为工人阶级的代表，——他知道未来只是属于工人阶级——正想用这一部著作为他的阶级指示出达到共产主义的必要手段和道路的时候，并因此也就是表达了真实的、合规律性的“时代的需要”的时候，那些“德国的”或是“真正的社会主义”的代表们从他们的小资产阶级的立场出发，却采取了徒劳无益的尝试，企图阻止革命的发展。他们的工作首先在于，通过他们的所谓“片面性”的“克服”来贬低法国社会主义、共产主义文献的价值，从而贬低魏特林的威信，后来他们也就现出原形，原来这些人是普鲁士专制主义的雇佣文人，被用来反对力求上升的资产阶级以及和资产阶级一起形成的无产阶级。[②]

以“教条的、独断的”非难，加于《和谐与自由的保证》一书并不完全恰当。魏特林自己就曾再三地指出过，对于他来说重要的是推翻旧的社会，而不是“各种心爱的关于新建筑的计划”。如果说他不但用他的著作来揭露现存社会关系的罪恶和证明被压迫阶级必须团结起来，并且同时试图草拟出一个未来社会的图景来，那只

---

① 马克思、恩格斯：《德意志意识形态》，1953年柏林版，第491页。

② 马克思和恩格斯给了“真正的社会主义”一个彻底的、毁灭性的批评。可着重参看马克思、恩格斯：《德意志意识形态》，恩格斯：《“真正的”社会主义》和马克思、恩格斯：《共产党宣言》各书的有关章节。

是为了给无产阶级的运动指示一个方向，给它一个美好的目标。他不只要指出，社会在一个坏的组织里是什么，而且还要求指出社会“在一个好的组织里又能够是什么”。因此和教条主义相反，在他的整个的著作里都贯穿了进步的思想。“从来没有过一个万古不变的、永远是最好的社会组织，因为这就首先必须假定人类精神能力的停滞和进步的停滞，这是不可想象的事”。[①] 因此魏特林在当时绝没有把他的计划——人们试想一想那些伟大乌托邦主义者是如何的顽固——认为是一个绝对的一成不变的制度，而是看作一个提供讨论的题目，并且在他的著作的结尾部分要求大家把问题和改善的建议寄给他，以便在《年轻一代》上能够继续讨论。恰恰是在详细地描述未来社会的种种组织的时候，他再次地强调说，另一种其他的形式也是可能的，并且这样一类的问题和推翻资本主义社会制度的必要性相比，是一些次要的问题。[②] 最后他还愤恨地指斥那些傅立叶的反动的信徒，因为他们追随他们的老师，在共产自治村里要把对资本和天才的评论放在劳动之上。“岂有此理的荒谬！”魏特林写道，“这个荒谬，我们的傅立叶主义者用魔鬼的力量也摆脱不掉。他们仍然站在他们的老师 1808 年所站的地方[③]，看来是还要僵死地站下去。前进吧！前进吧！你们这些社会主义学派的人物”。[④] 但是在这个时候魏特林本身也没有完全摆脱教条主义。



① 本书第 62 页。

② 参看本书第 242 页。

③ 1808 年出版了傅立叶的著作：《四种运动论》，这本书曾给予魏特林很大影响。

④ 本书第 294 页。

当时对于魏特林还有另一个指责，涉及所谓他的思想的不独立性。同样地，后来在对于他的思想发展的渊源的研究中，把魏特林的成就里的有原则意义的新东西也大部分都忽视了，人们片面地着重举出他和以前以及当时的乌托邦主义者共通的地方，这是由于魏特林后来的发展而引起的一种误解。

当然，魏特林在他对于现存社会状况的批判里，以及在他的未来社会的草图中，是曾经加工利用了当时的思想资料的，尤其是他居留在巴黎的时候，上面说过，当时巴黎是一切反对派和革命力量、革命思想传播的集中点。在对于商业的批判上，魏特林受傅立叶的影响最深；科学（“能力”）在社会里的领导地位这一思想来自圣西门；在私有财产的研究上，他根据于蒲鲁东；在金钱问题上，则表现出对于欧文的依赖。但是要在每一个细微末节上指明这种依赖性是很困难的，并且就原则上来说，这些都是次要的问题。何况，魏特林并没有受过高等的学校教育，一直又过着一种不安定的生活，他是当代的哲学以及特别是那些所谓“学者”的公开的反对者。但是他利用一切机会自己继续进修，书读得非常之多，虽然是没有系统的[①]。正因为这样，马克思举魏特林作例子，反对卢格而为“德国工人总的文化、知识水平或者他们的接受文化、知识的能力”[②]

① 1843年6月间，魏特林的住宅被搜查，从被没收的书籍名单中，对魏特林的阅读范围可以有一个不完全的，但是很有价值的概观。当时搜查到的有一本英文字典——魏特林确实学会了英文——，有施特劳斯的《耶稣传》，柏拉图的《理想国》，亚当·斯密的《国家财富的性质与原因的研究》以及宗教狂人阿尔勃莱希特的各种著作（参看本书第38页注②）。又参看E.巴尼科尔：《被囚的魏特林及其〈法庭〉一书》，1929年基尔版。

② 马克思：《评“普鲁士人”的〈普鲁士国王和社会改革〉一文》，《马克思恩格斯全集》第1卷，1956年人民出版社版，第483页。

作辩护。马克思和恩格斯曾经为魏特林采纳英国的，特别是法国的社会主义要素的合乎规律性的理由作过理论的说明。“在德国人面前没有摆着像法国人和英国人面前那种成熟的阶级关系。因此德国的共产主义者只能从产生那些基础的阶级关系状况中去取得他们的体系的基础。因此那唯一存在的德国共产主义者的体系，是一种在受小手艺工人的社会地位所限制的思想方式范围内的法国观念的复本，这原是完全合乎自然的事。”[①]因此“真正的社会主义者”所狂妄地指责的地方，反过来正足以证明是魏特林的成就中的一个必要的因素。正是由于从那些和比德国或瑞士更成熟的阶级关系相应的理论中采取了大量进步的要素，才使他有可能在一个一定的时期内成为德国无产阶级的居领导地位的理论家。只要概观一下《和谐与自由的保证》一书的批判部分，就可以看出来，这绝不只是德国或瑞士的“手艺工人的社会地位”——魏特林的观点主要是在瑞士巩固下来的——能为一个这样尖锐的、预示出发展方向的批判提供根据的。“……使这些手工业者感到光荣的是如下一种情况，即他们虽然还不是真正的无产者，而不过是向近代无产阶级转变的一部分还没有跟资产阶级即大资本处于直接反对地位的小资产阶级，但他们竟已本能式地预料到自己将来发展的前途，并且构成为——虽然还不充分自觉地构成为——一个无产阶级政党了。”[②]但是另一方面——这是具有最后的决定性的——，资本主义的生产关系在德国正开始迅速地



① 马克思、恩格斯：《德意志意识形态》，1953 年柏林版，第 491 页。

② 恩格斯：《关于共产主义者同盟的历史》，《马克思恩格斯文选》两卷集第 2 卷，1955 年莫斯科中文版，第 340—341 页。

发展,无数的矛盾产生了,并且宣告了资产阶级革命,在这里这个革命在种种更为进步的条件下,必须比 17 世纪在英国或是 18 世纪在法国所进行的革命更加彻底。这些进步的条件首先是在于有了一个更成熟的、数量上更强大的无产阶级,后者现在必然要带着它**自己的**要求而出场。魏特林的历史功绩,因此只能从这样的一个角度来衡量,就是他做了一些什么工作,来唤醒和促进无产阶级的阶级意识,以及如何为工人阶级指出他们在未来革命中的任务。

虽然在这段时期内,魏特林主要是在法国和瑞士工作,但是他仍然直接是在为德国工人阶级而活动,因为在国外他几乎完全是在德国手艺工人之间活动,他的著作也是用德文写的,并且立即被传到德国国内。恩格斯曾指出过,"正义者同盟"在它的中心迁往伦敦(1840 年初)以前主要是一个德国人的联合会。这也适用于后来在魏特林领导下的在瑞士工作的盟员,而只是在伦敦才有可能逐渐地从一个德国的同盟成了一个国际的同盟。① 在四十年代里生活在巴黎的有五万至六万德国工人②,其中成衣工人占绝大部分;在瑞士当然人数较少。这些工人的流动性是很大的,——因为绝大多数是手艺工人,他只想居留一定的时期。此外,还有许多国际联合会,则是由于"各贤明的政府给了同盟很大的帮助,因为它们把每个不称心的工人——其中十个有九个是同盟的盟员——

① 参看恩格斯:《关于共产主义者同盟的历史》,《马克思恩格斯文选》两卷集第 2 卷,1955 年莫斯科中文版,第 339 页。

② K.奥伯曼:《在第一次德国资产阶级革命中的工人的地位》,1950 年柏林版,第 32 页。

都驱逐出境，结果就把他们变成密使了。”①

因此，恰恰是从他这本主要著作我们可以这样说：魏特林是自觉地、一边倒地代表了他的阶级利益的。“……我们是两造，这是毫无疑问的；因为你们消费，我们生产；……”。② 他说到他的同志们怎样督促他，要他写一本书。“这是一种最大的鼓励！……他们为我劳动，我为他们劳动；这件事如果我不做，自然还有可以替代我的千百个人来做；但是既然我有了这个机会，我就有义务来利用这个机会。”“因此，……这本书并不是我的作品，……我在这本书里汇合了我的同志们所集合的物质和精神力量”。③ 和那些乌托邦主义者相反，同时也和卡贝、勃朗、蒲鲁东等相反，他确信向统治阶级和政府呼吁，只不过是枉费时间和在工人阶级中间培养错误的希望。

在“可能的过渡时期”一章里，魏特林嘲笑种种迄今为人所倡导的改良主义的改变社会状况的手段，例如要求改善教育制度，要求出版自由，要求改善对病人和老年人的扶养，要求一种比较公平的捐税立法制度，要求选举自由或甚至要求傅立叶式的联合组织。他看到，这样一些改革只是补缀工作，如果说这些在资本主义的社会秩序里也有可能的话，它们也并没有抓住罪恶的根源，相反的是保持了剥削。因此在未来革命中的主要的任务，只能是消灭对于生产手段的私人所有制，或是，如魏特林有一次说的，“要把他们用

① 恩格斯：《关于共产主义者同盟的历史》，《马克思恩格斯文选》两卷集第 2 卷，1955 年莫斯科中文版，第 338 页。

② 本书第 126 页。

③ 本书第 63 页。

来危害我们的手段夺取过来。"[①]

这件事工人阶级只有在一次革命里才能完成。"推翻旧的事物就是革命;因此进步只有通过革命才可以实现。革命万岁!"[②]这些见解十分清楚地表明了,在魏特林和那些乌托邦主义者以及他们的反动的后继者们的看法之间有如何原则性的分歧和不同,并且说明通过《和谐与自由的保证》一书,他对于工人阶级的解放曾作出了多少贡献,他揭露了无产阶级和资产阶级之间的不可调和的矛盾,并且号召工人的结合和他们的阶级团结。

魏特林的最重要的功绩在于,他在工人阶级里找到了唯一的力量,只有这个力量才有能力消灭剥削,并建立起一个新的、社会主义的社会。由于这一点他远远胜过那种呼吁统治阶级的理解和同情的乌托邦主义。

但是尽管这一认识是非常出众的,尽管魏特林由于这种认识和那些乌托邦社会主义者如圣西门、欧文和傅立叶有很大的区别,就无产阶级革命如何实施这一点说,他仍是一个乌托邦主义者。这里表现了魏特林的"受小手艺工人的社会地位所限制的思想方法",他永远没有能达到对于一般社会生活,特别是对于资本主义社会的发展规律的科学认识。因此在他的著作里,令人惊奇的远见与尚未克服的宗派观点;真知灼见与幻想;对现状的深入批判与草率的乌托邦空想,革命的力量和预见与历史局限性互相结合在一起。

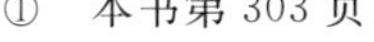

① 本书第303页。

② 本书第277页。

魏特林的历史观——如他在《和谐与自由的保证》一书里所表现的——是并不一致的。它在基本上是唯心主义的，但是有许多倾向朝着历史唯物主义的思想突破。魏特林把人类历史分成三个时期：原始状态时期，从私有财产的发生到目前的时期（不平等和压迫的统治）和共产主义时期。向第三个阶段的过渡必须在现在就准备起来。完全以启蒙的意义去理解的理性，在他看来也是社会的主要动力。但是因为发展在一开始的时候是受获得的欲望所决定的，然后享受的欲望和它合在一起，这两种欲望一直统治到今天，因此理性、知识就受到排挤和压迫。但是理性就长期来说是更有力的东西；它不久就会克服贪欲和私利，为无阻碍的进步扫清道路。

但是在这样一个——粗略地勾画的——历史观里，魏特林达到了一些重要的认识，凭着这些认识他远远地超出了资产阶级乌托邦主义者的认识之上；其中例如他达到了这样一种见解，认为有许多特定的阶级的存在，它们的行动是由经济的因素决定的，并且和这些阶级相应的各有一种一定的风俗道德；此外他还作出了这样一种论断，认为国家——和一切上层建筑一样——不是中立的，而是只为统治者服务的；最后他达到了这样一种有决定意义的认识，就是认为理性不能自行取得胜利，而是必须通过工人阶级的革命行动把它带领到统治地位上去。

按照魏特林的这种历史观去进行经济关系和“社会罪恶的根源”的研究是反历史主义的和唯心主义的；在这里它绝对落后于，例如傅立叶的那些卓越的见解①。今天来详细地逐一批判他的错



① 参看恩格斯：《社会主义由空想发展为科学》一书中有关傅立叶的论述。

误（首先是他关于私有财产的起源的提法），是没有什么意义的，那就仿佛是故意要用这些错误把一个伟大的革命家描写得十分可笑了，何况资产阶级的敌人也早已这样来利用了。马克思和恩格斯在《德意志意识形态》一书里已经指出过魏特林的"局限的思想方法"，后来恩格斯说到"正义者同盟"的盟员的时候曾经写道，"每当问题关系到具体批判现存社会即分析经济事实的时候"，不可避免地"手工业者旧有的成见对于他们就成为一种障碍"。[①] 如果撇开这些不谈，魏特林对于资本主义个别经济现象的批判是非常尖锐而中肯的。同样他那论断，认为国家、法律、教会等等组织的任务是在于保卫和维护当前现实的经济关系，也是一个特别值得我们重视的论断。

关于魏特林的未来社会的草图的问题，也很值得我们重视，他曾试图超越那种所谓平均的共产主义（恩格斯曾经明白指出过"法国的原始平均共产主义"和魏特林的共产主义之间的区别[②]），就是在于他们所提出的能力选举和交易小时的制度。魏特林想靠这两个因素，一方面能防止未来社会中可能出现少数的特权统治，但是另一方面仍然能保证个体成员的自由更大的发挥余地。天才，也就是说优秀的工人和科学家，虽然不允许具有优先的地位，如同傅立叶所赋予他们的那样，并因而也没有任何机会去压迫和剥削别人，但是可以通过他们特别的劳绩而争取一种在经济生活和国家管理上更受人敬重的地位。最后，额外增加的劳绩——通过交



① 恩格斯：《关于共产主义者同盟的历史》，《马克思恩格斯文选》两卷集第 2 卷，1955 年莫斯科中文版，第 341 页。

② 同上书，第 343—344 页。

易小时——应该给予额外的“享受”和“自由”作为报酬。无疑这是——虽然不清楚，并且只是从个人利益来说明的——一种卓见，认为劳绩在共产主义里必须得到特别的表彰。

就那逐渐成熟起来的资产阶级革命来说，这对于魏特林作为德国无产阶级的理论家，是有决定性的重要意义的，这就是他对于这个革命究竟采取什么态度。他很正确地断定了资本主义是不能通过改良来克服的，改良不可能触及它的基础。但是由于他缺乏对于社会的规律性的认识，他忽视了当时在德国首先是要帮助资产阶级在未来的革命中完全战胜封建主义，并且，忽视了资产阶级民主主义的自由对于无产阶级的组织和发展所具有的重大作用。这种认识的缺乏以及他对于一种尽可能地激进和彻底的革命的急切关心，使得他否定了资产阶级民主主义的自由和对于这些自由的要求①。他在当时的条件下，空想地把共产主义社会提出来作为直接斗争的目标。因此就不能回答在资产阶级民主主义革命中的无产阶级的战略和策略这个具有决定意义的问题。

由于他对资产阶级革命的否定和要求立即实行无产阶级的革命，也就产生了一种对于民族问题的错误的总评价，尽管在这方面他给无产阶级介绍了许多重要的知识。他揭露了军事制度的假象的荣誉、操练、惩戒，揭露了那种贿赂公行的腐化现象，凭着这种贿赂，富家子弟可以逃避像压迫本国人民那样来压迫其他国家和平人民的那种“祖国”的任务。他讥笑沙文主义的“祖国保卫者”的陈

① 魏特林完全看出，例如出版自由的好处，但是他认为这对于争取真正的自由来说只是事情的一半（参看本书第248—249页）。在这个问题上他——虽然从另一个前提出发——无疑接近于“真正的社会主义者”。

词滥调，它不过是要为资产阶级的目的来利用无产阶级。“外来的敌人不会再夺去我们的财产，因为内部的敌人早已把我们的财产抢光了。……一个人在一切外国所不能获得的东西，在祖国内也毫无所有，这个人对于所谓祖国能有什么爱呢？”[①]“并不是祖国在危险中，而实在是我们的生命、我们的健康、我们的孩子、我们年老的父母以及青年的前途在危险中。”[②]“一个这样的祖国，它养活它的一切成员，而不养活游手好闲的人，我可以喜欢它，为了它值得尽力，去为反抗非正义的事而斗争，为这样一个祖国，人们能够牺牲生命、血肉和自由；但是为了我们的祖国？”[③]同样随着这样一些论断，魏特林也说出了一个重要的认识。无产阶级的形成和反动派所谓的工人是“没有祖国的家伙”的说法是彼此不可分地结合在一起的。魏特林明白地看透了这样连带关系。如他所看明白的，一方面无产阶级的直接的敌人是他们本国的资产阶级，另一方面为了和这个敌人斗争必须和国际的无产阶级联合起来，并且声明团结一致，所以他也认识到并且揭露了资产阶级的企图，就是要把本国的工人阶级和其他国家的工人阶级隔离开，并且把外国的资产阶级宣布为他们的主要的敌人。对于这种资产阶级的欺骗说法，魏特林傲然地提出了他自己的无产阶级的见解：工人阶级——居民的大多数——只要生产资料还被掌握在少数人手里，他们就不会有祖国，这些少数人掠夺他们自己的国家，并且也掠夺外国以及外国的居民。所以战胜资本主义社会的斗争同时也就是创造真

① 本书第 141 页。

② 参看本书 144—145 页。

③ 本书第 141 页。

正的、社会主义的祖国的斗争。

魏特林因此曾揭示了资产阶级的和社会主义的国家的一定的本质的特性，但是并没有透彻地看到它们的发生和发展的历史的、规律性的过程。尽管有他那一切正确的论断，但是他没有认识到在德国建立一个统一的民主的民族国家是一个不可推延的历史任务。他的论断：工人无祖国，因为他们在一切国家里都失落得一样多、占有得一样少，这句话同样也被包含在《共产党宣言》里，但是在那里马克思和恩格斯同时特别提出来，建立一个民族的德意志国家——虽然暂时先在资产阶级的领导之下——构成为无产阶级斗争的前提之一。这一点是魏特林所完全没有考虑到的。

魏特林的最重要的成就在于这一见解，即认为实现永远消灭人剥削人的革命，唯一地只能是无产阶级和劳动群众的任务，只有无产阶级对此具有力量，并且也只有无产阶级具有能力来掌握夺到的国家政权和领导新的国家。[①] 因此他给了工人阶级对于自己力量的信心，在行动中的坚决性和对于它的胜利的确信。

在乌托邦主义者设想的种种制度中所固有的主要矛盾，是把社会的改组依赖于**这样一个**阶级，**这个**阶级恰恰是以现存制度的永恒不变为它最大的利益的，魏特林通过下列这一点而彻底地克

---

① 在“论选举”一章里，魏特林对议会主义作了严厉的批判。但是他的提法容易令人误解，似乎他是一个反对民主政治的人，或否认人民有能力领导自己。他在那里以轻蔑口吻谈到“大众的投票表决”，“民主政治的怪物”（见本书第 204 页）。但是他心目中是指当时的那些议会和“民主政治”的官样文章。如他在下面写道（第 205 页），他指的只是那种已使他“感到厌恶”的，“由现行的选举制度所代表的所谓的民主政治”。通过他所提出的选举制度，他想要保证进步不会因为人们的无知而受到阻碍，或在无休止的争论中化为空谈。

服了这个矛盾，就是他认为这种革命的唯一力量就是无产阶级。由此又产生了另一个矛盾。他还没有认识到那决定历史进程的客观的、历史的规律性，这些规律必须为无产阶级所认识，并且加以利用。对于他来说，无产阶级革命和建立社会主义社会的必要性，并不是由对于种种社会条件的深入了解而产生的，而是出于一种道德伦理的要求——每个人的自由和福利以及全体人的和谐必须得到保证。因此无产阶级的革命对于他来说，并不是日益成熟的客观和主观条件的结果，而只是被压迫阶级的一种理解的结果，即为了挽救自己的灭亡，必须消灭这个不平等和不自由的制度。“因此我们不要说”，他在《和谐与自由的保证》一书中写道，“人类对这件事（指共产主义革命——导言作者）还没有成熟。凡是能够躲避开困苦加在他的脖子上的那把刀子的事，人类都有能力去做的。对于这件事还需要什么长篇大论的学究式的讲解呢！每个人都可以看得清清楚楚，对于一切人，一个自由的制度总比一个奴隶制度好些！”[①]因此对于他来说，革命的实行并不是一个按计划准备好的、由理论的观察决定的、由一个党领导的革命工人阶级的行动，而是在于一种群众自发的夺取政权的暴动。他认为社会状况还没有窒息、压迫到足以发动足够的人热心于革命，因此他认为有必要，把贫困迅速地推向最高峰，并且造成一种普遍的混乱，在这样的混乱中应该“趁着人民还生活在第一次欢腾鼓舞的热情中的时候”“一击连着一击”地打下去[②]，因此矛盾就在这里，就是：原是应

① 本书第305页。
② 本书第306页。

该有一个高度发展的工人阶级和一个由科学理论领导的、大多数劳动人民出于确信而跟着它走的党的无产阶级的革命，现在却要求由一群由于贫困而陷于绝望的群众没有领导地来进行。“那时候”魏特林写道，“不容许还四处寻觅一个领导人，那时候不容许在领导人的选举上多费挑剔。谁第一个首先站起来，谁就第一个带头往前冲，谁勇敢地坚持下去，并且在坚持斗争中把**他的生活放在和其他一切人平等的地位上，他就是领导者**。”[①]魏特林把革命看作是一个自发的群众行动，这种看法——不通过一个革命的政党的领导，没有革命的理论，没有有系统的思想上的准备——必然要导致领导者的侥幸选举和那种带有宗教色彩的对于领导者的作用的过高估计。魏特林虽然也曾预感到，群众的政治成熟性在革命的行动中将会飞跃地增长起来，但是他不肯完全依靠这一点。

关于如何实行革命，他的许多见解是不一致的。有一点是毫无疑义的，就是他把重点放在必须强力推翻统治阶级这一必要性上，但是他又不排斥革命也可以在和平的、渐进的道路上进行的可能性。在《和谐与自由的保证》一书里他写道：“如果我不是首先主要为了**全体人**的自然的平等着想，我也许会这样不同地说：我们的原则将可以完全只是沿着渐进的改良的道路来实现。是的！一切好事都可以在这条道路上实现，唯有铲除那些有钱有势的人的个人利益不能走这条道路”[②]。接下去又说：“如果说到善良的愿望，那么当然我也愿望，一切都能随着时代在一条平静的、理性的道路



① 本书第306页。
② 本书第296页。

上前进"[①]。最后他答复他的小资产阶级的敌对者说:"有些人也许要批评我,说我把实现好事情的希望,寄托在一种通过暴力的颠覆上。对于这些人我必须回答说,事实本来是怎样,我就把它说成是怎样,……"[②]在这些地方他的意见不是模棱两可的,认为一个"在渐进的道路上"的革命只是一种"善良的愿望",并因此是不可能的。但是在另一些地方,对于这一点又疑惑不定:"革命是我们所必需的。至于这个革命是否只是单凭纯粹精神的力量去取得胜利,还是要配合上物质的暴力,我们必须等着瞧,并且无论如何我们要对这两种场合都有所准备。"[③]他假想"和平的"解决是这样,就是有一个人出现,"这个人以最大的热忱倾心于我们的原则,……这样的一个人是要来到的,并且他将领导那旧制度的破坏和新制度的建立;而这样的一个人将是第二个救世主,比第一个救世主更伟大"[④],这最后一句话的意思指的正是他自己。但是具有决定意义的,是强力的革命对于他来说始终是最后和最可靠的手段;整个他的这一本主要著作本身就证明了他的信念,他是怎样的不相信统治阶级的好意以及他又怎样为反对乌托邦主义者的这种学说而尖锐斗争。同时魏特林知道,在无产阶级胜利之后,必需要有一个专政的时期,以便镇压和最终地粉碎被推翻的剥削阶级的反抗,这一个时期也可能要和其他国家发生战争性的争执。对于这个时代他要求严格的纪律,要求一部分旧日法律的继续有效(这些法律共产



① 本书第307页。
② 本书第321页。
③ 本书第295页。
④ 本书第309页。

主义里将会失去它们的功能)以及全体人在军事上的准备。

魏特林的天才正在于这里,就是:他在比较地还不发展的社会关系里,并没有承袭什么前人的科学传统,而能对于劳动阶级解放的各种条件取得许多有重大意义的卓越的见解。他已经在理论上预见了他那未来的、刚在形成中的阶级的解放。魏特林把强力推翻资产阶级的革命的道路教导给无产阶级,他还教导无产阶级,唯有依靠它自身的力量才能建立社会主义的社会。

魏特林的许多观点的历史局限性并不是偶然的,并且不只是受了当时德国工人运动的不成熟的限制。他缺乏工人阶级在 1848 年以前几年间的斗争中的国际经验,这些经验后来在《共产党宣言》里予以总结了,也缺乏两个革命年代的经验,特别是巴黎公社的经验,后者对于马克思主义的国家和革命理论有特别重要的意义。

*　　*　　*

随着《和谐与自由的保证》一书的出版,魏特林的革命活动达到了顶点。1843 年他所面对的种种困难增加了。资产阶级的各地方政府日益采取更强烈的压迫手段,驱逐他和他的合作者出境,以及阴谋破坏他的杂志的印刷和出版。法国和德国方面的《年轻一代》的递寄也几乎完全断绝。但是主要的是,当时在瑞士根本不可能发生无产阶级的群众运动①。加以手艺工人中间的频繁的流

① 恩格斯曾经写道:“同盟的成员们虽然一般说来是些工人,但他们实际上几乎都是手工业者。当时剥削他们的人,甚至在世界各巨大都市里也多半只是小行东。甚至在大规模的裁缝业中,甚至在由于裁缝手艺业变成替大资本家工作的家庭工业后形成的现今所谓成衣工业中的剥削,当时甚至在伦敦也还刚刚产生出来。”这种情况也适用于瑞士。见恩格斯:《关于共产主义者同盟的历史》,《马克思恩格斯文选》两卷集第 2 卷,1955 年莫斯科中文版,第 340 页。

动性也阻碍了一个稳固的工人组织的形成。只是在现代的工业企业里才能提供这样的条件。食堂逐渐变成了一种单纯消遣的场所，花费了许多钱而没有起到相应的政治作用。最后在许多协会里没有能消除资产阶级的青年德意志运动的影响，这种运动日益强烈地倾向于青年黑格尔哲学，并且日益获得更大的影响。所有这一切因素都促使魏特林日益退缩。

但是我们在1843年的上半年，还可以看到许多文件，主要是他在《年轻一代》上的文章，这些文件证明了他超出于资产阶级反对派之上，以及他对于小资产阶级的领导人物，特别是对维尔特的斗争。

在这期间，魏特林把他的编辑部从威维迁往洛桑，但是他还存着这样一个想法，为了可能更好地进行宣传鼓动，想迁到苏黎世去。1843年5月初，他到了苏黎世，并且把他的第三部著作《贫苦罪人们的福音》交给印刷者赫斯去排印。他是那样的未加审慎，在该书出版之前，先印发了预定广告。在广告上说："这本书里有一百多处圣经的引文可以证明，自由思想的最大胆、最勇敢的结论完全和基督学说的精神一致。"[①]此外在广告单上包括有许多章节的篇目(例如"耶稣教导废除私有财产"，"耶稣教导废除金钱"，"耶稣的原则就是自由和平等的原则"，"和罪人的交往"，"耶稣绝不尊重私有财产"，等等)。这种广告落到苏黎世的教士手里，他们以侮辱上帝的罪名向检察厅检举魏特林。现在瑞士的资产阶级得到了久已盼望的机会，对魏特林并同时对苏黎世的激进派(弗吕贝尔和福

① 引自梅林：《德国社会民主政治史》第1卷，1919年斯图加特版，第228页。

伦)放手进攻。6 月 9 日夜里,他和其他一个苏黎世协会的会员被捕,经过审讯——除魏特林外——又被释放。在印刷人赫斯那里排好的版,已经印出的书页和存放的原稿都被没收。[①] 检察机关组织了一个委员会,由臭名昭著的国务参议官布伦奇里领导。这个委员会的工作结果是一份“呈送苏黎世政府”的报告,这份报告被立即公布,用最黑的颜色来涂抹污蔑共产主义者,并且孤立和打击激进派人士。但是就同盟方面来说,这份报告却产生了一种相反的作用。用这样一些空话像“无底的陷坑”,“共产主义的冷酷的、抽象的原则”,“贪婪的思想”,“世界历史上最可怕和最可恶的制度”或是“可怖的和不自然的结果”等等是吓不倒一个劳动者的,至多只能吓住一个胆小的小资产阶级分子。但是此外在这份报告里也包括了许多从魏特林和他的合作者们的通信和文章里截取来的长段引文,这真是同盟方面所求之不得的一种最好的宣传。莫泽斯·赫斯在一份讽刺呈文里感谢布伦奇里对于这桩好事所表现的功绩,驻巴黎的普鲁士公使不得不向柏林报告,由于布伦奇里的这份报告促成三百名德国手艺工人加入了“正义者同盟”。在一本匿名的著作《关于瑞士的共产主义》里揭露了布伦奇里的阴谋[②]。对于魏特林和他的合作者的拘禁和捏造的控告引起了群众的骚动,举行了示威,并且曾拟定了计划,要用强力去救出魏特林来。



---

① 但是绝大部分原稿终于被挽救出来。德文第一版是由魏特林的朋友们于 1845 年以《一个贫苦罪人的福音》为题在伯尔尼出版的。第二版以《贫苦罪人们的福音》为题和《现实的人类和理想的人类》、《和谐与自由的保证》两书的第二版同在 1846 年出版。

② 1843 年 6 月 13 日以煽动暴乱、挑拨公愤和破坏宗教的罪名,提起公诉。见E.巴尼科尔:《被囚的魏特林及其〈法庭〉一书》,1929 年基尔版,第 279 页。

虽然因此同盟的工作得到了一定的开展，但是魏特林的第三部著作和他的那些仿效者们在同盟的领导上所产生的影响，却使运动停滞并且形成宗派。“尽管魏特林所著的《贫苦罪人们的福音》一书中有个别原理是很英明的，但他那认定共产主义跟早期基督教相联系的说法，终究在瑞士使运动大部分起初落到阿尔勃莱希特一类蠢人手中，后来又落到库尔曼[①]一类自私自利的江湖骗子式的仙人手中了。”[②]

关于《一个贫苦罪人的福音》这本书和《和谐与自由的保证》一书相比是意味着一种退步，这是毫无疑义的。但是这一部著作在魏特林对于现有教会的态度和在他对于宗教的见解上有许多很有价值的表白和说明。他仍然是教会组织的最严厉的反对者。你们绝不要相信教士，他警告劳动者说，“如果他指示你们要用顺受和厌弃来对待那在尘世上压迫你们的痛苦，要你们把满足需要和欲



① 关于阿尔勃莱希特，见本书第38页注②。库尔曼（贝克尔也受他的影响），生于霍尔斯坦，曾在海德堡读过书，1843年在美因兹地方以“我们时代的精神和物质需要”为题进行讲演，1844年到瑞士。他在各个协会里讲演，这些讲演1845年以《新世界，或论地球上的精神王国》为书名出版。他反对共产主义和无神论，主张一种通过说服的对现状的改革，并主张保存阶级差别。马克思和恩格斯彻底地揭露了这个“真正的社会主义”的先知。后来证明库尔曼是梅特涅的间谍，他对梅特涅设在美因兹的情报机关供给关于工人运动的情报。魏特林自己在1845年宣告反对库尔曼，并且斥责贝克尔和库尔曼的合作。（见E.巴尼科尔：《被囚的魏特林及其〈法庭〉一书》，1929年基尔版，第273页。）关于库尔曼，参看马克思、恩格斯：《德意志意识形态》，1953年柏林版，第575—587页；梅林：《德国社会民主政治史》第1卷，1919年斯图加特版，第233—234页；恩格斯：《原始基督教史》第1卷，1894年《新时代》（见《科学共产主义经典作家论德国工人运动》，1953年柏林版，第39—40页），巴尼科尔、贝克尔合著：《宗教的和无神论的早期社会主义史》，1933年基尔版，第XV—XVIII，75—79页。

② 参看恩格斯：《关于共产主义者同盟的历史》，《马克思恩格斯文选》两卷集第2卷，1955年莫斯科中文版，第344页。

望的期待寄托在天上……”[①]他揭露那种假装虔诚和伪善，把这些东西和劳动人民对于宗教的冷漠作了对化。“……那外表虔敬的伧夫，这时(在讲道的时候——导言作者)几乎不敢在讲台下稍微大声喘一口气，而疲乏的农民却鼾声大作”。[②] 他看透了统治阶级故意把劳动阶级抑制在愚昧无知之中，因为劳动阶级“随着科学教育的扩展，……将会识破这种机诈的诳骗，这些一直被统治阶级利用来保障它对公共事务的统御和欺骗劳动阶级对它忍耐和服从”。[③] 在魏特林在法庭上的第一次的辩护词里，他虽然申称，他是通过圣经而成为共产主义者的，但是他解释说，“首先是通过法国哲学家……扫清了堆积在人类社会上的污垢”。[④] 他对于宗教的见解曾受了近代圣经批判的影响，主要是受大卫·弗里德利希·施特劳斯的影响。在魏特林看来，耶稣是一个平常的木匠，他三十岁之后成为一个秘密同盟的一分子，研究这个同盟的学说，然后和同盟的其他份子一样共同传播这种学说。这个同盟的目的是“彻底改造一切社会关系”，[⑤]也就是说是共产主义。

魏特林揭露了统治者对于宗教的滥加利用，同时他也知道，宗



---

① 魏特林:《一个贫苦罪人的福音》，1845 年伯尔尼版，第 1 页及以下部分。

② 同上书，第 8 页。

③ 魏特林:《一个贫苦罪人的福音》，1845 年伯尔尼版，第 7 页及以下部分。

④ 卡勒尔:《威廉·魏特林，他的活动和学说》，1887 年霍廷根-苏黎世版，第 63 页。后来魏特林从记忆中所追述的辩护词里没有这一句。他是这样追述的:“首先是法国大革命，这个通过宗教嘲弄者伏尔泰，否认上帝的神甫梅叶和自然哲学家卢梭的帮助而唤起的法国大革命，首先是这个从反基督教运动中所产生出来的革命，它迫使人类改善它的风俗道德……”见魏特林:《法庭——五百天的经验》，1929 年基尔版，第 72 页。

⑤ 魏特林:《一个贫苦罪人的福音》，1845 年伯尔尼版，第 25 页。

教作为现世生活的神化，作为对于一种幸福生活、一种“彼岸乐土”的追求和希望，在共产主义里是不会再起任何作用的。但是他仍然相信应该为宗教保留一个任务：在个人的苦闷、命运的打击或是遭受不幸时的安慰的任务。因此对于人类来说，宗教是并将继续是“在这种浩劫茫茫的生活的狂风暴雨中的一个太平锚，人类纵然达到了尘世幸福的最高程度，这个太平锚也是不可缺少的”。[①] 所以他不肯和伏尔泰一样地攻击宗教——对于他来说，宗教现在是推翻旧社会的工具，以后是在万一不幸的场合中的一个“太平锚”——而是相反地援引卡尔斯塔德、托马斯·闵采尔和拉梅耐作为根据，后者据说曾证明了，一切民主理想都是基督教教义的结果。[②]（对于《一个贫苦罪人的福音》一书的精神特别有说明意义的事实，是拉梅耐在这本书出版之后立即加以否认。）对于宗教的这种态度也使得他广泛地容忍宗教的观点和特别是宗教的鼓动，甚至于攻击青年德意志运动的无神论的宣传。这也是他和马克思、恩格斯敌对以及他很快地和海尔曼·克利盖结合的原因之一。

尽管魏特林的《一个贫苦罪人的福音》一书中——如恩格斯所曾经说过的——有个别原理是很英明的，可是他那幻想的尝试，要想通过原始基督教来作为共产主义的根据，却是那样的无用而且有害，恰恰在这样一个时期，马克思和恩格斯正开始从社会的发展规律里推论出科学的社会主义，并从而为工人阶级指出推翻资本主义社会和建设社会主义社会的唯一可能而且正确的道路的

① 魏特林：《一个贫苦罪人的福音》，1845年伯尔尼版，第10页及以下部分。

② 同上书，第17页。

时候①。

魏特林在瑞士所领导的同盟组织之所以没落，其决定性的原因上面已经指出过了。首先是由于资本主义生产关系的不发展，还不可能发生无产阶级的群众运动。魏特林当时没有能认识到这个原因，并从中得出有关他进一步的工作的结论，以致他最后完全失去了目标。因此，他所面对的那些日益增加的困难，以及他所遭受的许多失败使他在运动中特别趋向于偏重宗教的因素，这种偏向主要表现于他对青年德意志的斗争中。当时在手艺工人中存在的还很强的宗教观念是这种偏向的基础。在这种形势下，不可避免地、魏特林愈来愈被迫扮演一个教派领袖，一个先知者的角色，这和他本人的气质是完全相合的。他的合作者对此也不无重大的影响，他没有及时和他们脱离，造成对他自己的极大不利。这里首先要说到“先知”阿尔勃莱希特，他以“救世使者”的身份周游瑞士，并且加入“正义者同盟”②。这种结合大有影响，使得革命的宣传庸

① 这时候马克思对于宗教的态度表述在：《黑格尔法哲学批判》导言部分；《论犹太人问题》；见《马克思恩格斯全集》第1卷，1957年人民出版社版，第419—467页。

② 阿尔勃莱希特，生于阿尔屯堡，曾以“煽乱者”罪名在狱中被囚禁六年，六年中除圣经外不能接触任何其他读物，出狱时成为宗教狂人。后来他到瑞士，以先知者的身份漫游了许多省区。贝克尔、苏特麦斯特以及其他人曾多次并且深切地警告魏特林要对他小心。但是这两个人仍有密切的关系。贝克尔给魏特林的信上说，“你可以用他作为沿街叫卖书刊的人，但是此外你不应该多和他往来；你没有读过他的神经错乱的作品，不然，你对他的想法一定会不同的。……他要把我们大家从以色列的十二宗族离开，重建所罗门的统治似乎是他旧日的迷梦。我很知道，他还要求作种种社会改革，对于这些改革他已经找到了榜样，例如亚伯拉罕和所罗门的多妻制，……总之，你不要和他这样密切来往”。阿尔勃莱希特的著作有：《对民族的召唤》、《郇山（郇山是耶路撒冷的一个高山——中译本编者）王国的重建》、《对妇女界的号召》、《在自由的神坛边的不久的重逢》、《玫瑰之光里的目的，对于我们这个时代的威廉·泰尔的一个警告》

俗化和神秘化，并且把同盟变成了一个宗教的宗派，这在1843年5月魏特林被捕之后更成了定局。奥古斯特·贝克尔①是辅佐魏特林参加在瑞士发展同盟的工作最多的人，他也加强了这些倾向②。

以及其他等等，这些书魏特林应该看过其中的一部分，因为在对他进行住宅搜查时这些书曾作为他的财物被没收过。阿尔勃莱希特自己写信给魏特林告诉他在文特图尔地方的活动说，"每逢我走过城市或是走过一个村庄的时候，人们就活跃起来。这边有人说，这是一个代表和平的人，那边有人争着跑过来听他的安慰人心的话。因此我对你来说是一个福音的使者，给你开辟着道路"。以上贝克尔和阿尔勃莱希特的信，都载入约·卡·布伦奇里：《瑞士的共产主义者。根据从魏特林那里发现的文件。委员会给苏黎世政府的报告书全文》，1843年苏黎世版，第68页、第46页。关于阿尔勃莱希特，参看同书第44页，第67—75页。

① 参看恩格斯：《关于共产主义者同盟的历史》，《马克思恩格斯文选》两卷集第2卷，1955年莫斯科中文版，第338页。

② 贝克尔曾在吉森学过神学，1833年至1835年是威迪格教士的合作者，并成为布希纳的忠实朋友。他因为参加传播"黑森乡议员"而被捕，1839年被赦免，并去日内瓦。在日内瓦他担任手工业协会的教员，直到他与魏特林结识并跟从他一起工作。1847年贝克尔写到他自己时说，"他希望迟早会有某种比傅立叶主义和共产主义更好的东西出现，这种东西会扬弃这两个极端的对立面，并一般地把宗教、政治和社会主义中的分歧的意见和争执都在一个真理之下统一起来，从而得以建立一种新的、美丽的生活"。1843年出版了他的《我们今日的人民的哲学》，1844年出版了《共产主义者要做什么》？1845年他还出版了期刊《宗教和社会运动的愉快消息》。他给魏特林的信上说："人民没有任何理由仇恨他的压迫者，就像同样那些压迫者也没有任何理由蔑视他们的奴隶一样。他们应该大家一起诅咒和粉碎这个社会制度，这个社会制度把他们置于这样一种错误的、非人性的关系中。他们大家都有过失，但大家又都是无辜的，要看人们怎样来看它"。他劝魏特林写一本"小册子"，以《富人的声辩》为题，它的内容按照下列的提纲："对于新时代从中产生的那个灾难的描述，财神的神庙将被拆毁，黄金的偶像将被投入大海，……财神的传教士的血是不是能少流些，因为他们是无辜的，……先把危难和地狱描写得非常吓人，然后来保卫贫苦的受难人——在这件事上还没有人效法过你的榜样。"总而言之，要写一本书，"在这本书里你——千万不要觉得不好意思——可以把你的填满着仁爱的心像江河一样倾泻出来"。关于贝克尔论他自己，可以参看巴尼科尔、贝克尔合著：《宗教的和无神论的早期社会主义史》，1929年基尔版，第27页；他给魏特林的信，见约·卡·布伦奇里：《瑞士的共产主义者。根据从魏特林那里发现的文件。委员会给苏黎世政府的报告书全文》，1843年苏黎世版，第118—120页。

阿尔勃莱希特和贝克尔的消极的影响在《一个贫苦罪人的福音》一书里是显然可见的。

魏特林具有一种鲜明的阶级意识。他对于那些要在政治生活、报刊言论和在协会里对工人阶级作监护人的知识分子予以充分的鄙视。但是他对于知识分子的任何行动都保持一种行会性的狭隘的疑忌心，并且特别是没有理解到一种科学理论对于工人阶级的必要性。这以后特别表现在他对马克思和恩格斯的关系上，他和马克思、恩格斯对立落入了一种反动的宗派主义。

特别突出的是他完全否定黑格尔的哲学，但是却并不能真正解决他和这个哲学的关系。他不过是通过米哈依尔·巴枯宁和莫泽斯·赫斯大略知道黑格尔的哲学，而他们也根本不能算是这方面的教师。但是主要是这种哲学在劳动者协会内部青年德意志派里以资产阶级自由主义的青年黑格尔主义的姿态和他对立，后者的反无产阶级的性质，他是看透了的。[①] 他正确地讥讽了青年黑格尔派的所谓“绝对的批判”，意识里的革命化，所有这些将不会触动现存秩序的一根毫毛，相反他举出人民群众的行动来和它对立。他知道：“批判的武器当然不能代替武器的批判，物质的力量只能用物质的力量来摧毁”，但是像这样一种认识，即“理论一经掌握群众，也会变成物质力量”[②]，这是他没有能力达到的。在他缺乏那些先决的条件，他不能理解科学社会主义的根源之一德国古典哲学的成就。在他对于科学理论的蔑视中，最后他又回过头来去抓



① 魏特林：《一个贫苦罪人的福音》，1846 年第二版，“前言”。

② 马克思：《黑格尔法哲学批判导言》见《马克思恩格斯全集》第 1 卷，1956 年人民出版社版，第 460 页。

住圣经，企图用圣经来作共产主义的根据。

在他失去目标和绝望迷乱状态中，在他不顾事实情况而要求迅速推动社会发展的愿望中，魏特林陷入了最荒谬的冥想。在《和谐与自由的保证》一书里已经有了这些思想的萌芽。当魏特林说到统治阶级可能的抵抗的时候，他写道："那时候就必须宣扬一种迄今还没有人宣扬过的伦理"，……这里他是指的所谓"整个军团的战斗员"，它的作用我们到现在还"望而生畏"，[①]并且最后他说，"关于这方面也不必多说了"。下文他说到未来的革命，"……最后一次的风暴！如果在这次风暴中我们失败了，那就让我们采取我们的最后手段！"[②]这里他是暗示他在《一个贫苦罪人的福音》一书里[③]又重新提起的那个看法，就是：为了更快地消除现存的状况，人们可以组织一个由"两万名勇敢、机智的壮汉"组成的军队，他们"翻倒和搜查钱柜、货橱，把它们里面的东西像垃圾一样抛在大街上，总之，把财产贬低到那样的程度，使得它再也抬不起头来"[④]。

---

① 本书第 307 页。

② 本书第 318 页。

③ 在《一个贫苦罪人的福音》里，魏特林使耶稣对有产者们这样说："……不要高声叫嚷，如果穷人偷了你，因为如果他不需要，如果他的辛苦的劳动能保证他的必需，他将不会来偷你。""因此"，他写道，"基督徒没有这样的权利，可以去处罚窃贼……"，并且从那些比别人有更多东西的人那里，我们可以去拿走他的东西，"因为今天我们还不是生活在基督教的社会里，而是生活在战争和个人利益的社会里"。此外，"如果你们这些贫苦的罪人在试着打扫和清除神庙的时候，手指头上黏着了几个从兑换商打翻了的案桌上滚下来的钱币，并且他们因此把你们抓到他们的法院里去算账说理，那么你们就把这本福音拿给他们看"。见魏特林：《一个贫苦罪人的福音》，1845 年伯尔尼版，第 129—130 页及第 II 页。

④ 巴尼科尔、贝克尔合著：《宗教的和无神论的早期社会主义史》，1929 年基尔版，第 68 页。又参看约·卡·布伦奇里：《瑞士共产主义者。根据从魏特林那里发现的文件。委员会给苏黎世政府的报告书全文》，1843 年苏黎世版，第 90—117 页。

虽然这需要加以说明，出于什么原因他才有了这样一种想法，要公开宣传一种普遍的窃盗行为，但是这种理论是显然反动的。在他的绝望迷乱之中，在这里他说出了流氓无产阶级的情绪。虽然贝克尔、艾韦贝克以及其他人立即对此采取了反对态度，但是效果很少，因为无论贝克尔，他是有宗教偏向的，或是艾韦贝克，当时正是卡贝的热忱信徒，都不可能给魏特林指出一个实际的出路，并使他信服这种看法的危害性。

魏特林在1843年9月第一审中被判处六个月监禁。他提起上诉，苏黎世高等法院在11月中把判决的刑期加重到十个月。并且在判决书上又加判从瑞士驱逐出境五年。魏特林在羁押期间所已经耽虑的事现在到来了：他被引渡给普鲁士。他的朋友们所计划的，并且当然也是他所盼望期待的援救释放，没有成功。1844年5月21日夜他被捆缚着解赴瑞士边境并移交给德国政府。经过在马格德堡六个星期的备受折磨的停留之后，普鲁士警察以如果再潜回马格德堡即处两年徒刑为威胁，把他解往赫尔姆斯特德。从那里他又被立即解回，因为普鲁士政府认为马格德堡市长的建议可行，给他配备上护照和旅费遣送到美洲去，以便永远把他摆脱掉①。8月18日他到达汉堡，8月27日到达伦敦。普鲁士驻汉堡领事给他订好了一只直接开往美洲的船，但是魏特林拒绝了，“于是不得不”如同该领事所报告的，“放弃了使这个人永远离开欧洲



① 梅林(《德国社会民主政治史》第1卷，1919年斯图加特版，第232页)说：魏特林在马格德堡曾被迫服军役，但因为体力不合格不久即被除名。魏特林自己的说法和其他的说法都不能证实这一点。

的最好的机会"[①]。千方百计要把他撵到国外去，这表明了他的活动所发射到德国的光芒是如何强烈，也表明了资产阶级对他是如何的害怕。

在魏特林居留在汉堡的时候，认识了出版商和书商尤利乌斯·康培，把他羁押中的诗稿卖给康培[②]。这些诗于1844年以《狱中诗》为题出版。关于这些诗的价值，他自己很明白。他在序言里请读者不要过于苛求，原谅他只是为了卖钱才把它发表的。那是二十三首诗，反映了他对于统治阶级司法的愤怒和憎恨，以及对于他所遭受的失败的悲痛和失望，许多诗的内容关系到他后来所写的关于语言、认识论和天文学问题的著作，关于这些著作的计划，在羁押期间已经开始了。此外魏特林宣布要写一部关于他作为囚犯的生活情况的详尽的作品。

在伦敦的一次德国、英国和法国共产主义者的大聚会上，他以"德国共产主义者的勇敢的和天才的领袖"的身份受到热诚的欢迎[③]并且在以后的期间为"正义者同盟"所支持。但是再没有达成有成效的合作。他企图说服同盟的领导人信奉他的见解，但是不久就遭到他们的反对而失败了，因为卡尔·沙佩尔和鲍威尔由于英国的较为进步的条件——在这段时期内的大规模的宪章运动正是这些条件的表现——已经超出了魏特林的共产主义之外。在这些年间，也开始了马克思和恩格斯对于同盟领导人的日益增长的

① E.巴尼科尔：《被囚的魏特林及其〈法庭〉一书》，1929年基尔版，第204页。

② 魏特林也曾在康培那里遇到过海涅。海涅在他的《自白》里描述了这次会见。参看本书第15页注③。

③ 梅林：《德国社会民主政治史》第1卷，1919年斯图加特版，第232页。

影响，自从1843年以来，恩格斯就已经和他们保持经常的联系①。因此魏特林企图强迫他们举行关于未来社会问题的讨论，终于没有成功②。魏特林没有利用他在英国居留的机会，去研究当地的经济状况以及英国工业无产阶级的生活和发展条件并改正他自己的见解，而是自己隔绝起来，顽固地继续站在他的观点上。对待以前取得的观念采取僵持不变的做法，是他自己曾经对傅立叶主义者作过严加批判的，这实际上是对于他在《和谐与自由的保证》一书里所发表的意见的背弃，即认为思想是必须不断进步并且表现实际存在的需要的，以及最后加上他的自高自大和不能接受批评，所有这些都不可避免地迫使他成了一个宗派主义者的角色。

据许多普鲁士代表的报告里所述及的，魏特林在伦敦协会里并没有起特别的作用，虽然他仍然被许多人看作德国共产主义的重要代表。值得特别指出的是，他后来把卡尔·沙佩尔等人的功绩贬低为只是救济和支援的活动。③ 他在各手艺工人集团里曾对某些小范围的人作过讲演——也有关于技术问题的。但是直到



① 恩格斯从1843年起就和宪章派的革命派以及英国的社会主义者有所接触。他是欧文主义者的机关刊物《世界的新道德》的撰稿人，并从各方面对革命运动起着影响。但是马克思和恩格斯对于在伦敦的同盟的领导人的系统影响是从1845年底才开始的。

② 魏特林企图在伦敦的“正义者同盟”中进行一次对于傅立叶、欧文、卡贝和他自己的观点的讨论。对于这些体系的比较应按照下列各点来进行，即：1.劳动应如何组织？2.什么东西推动人类去进行劳动？3.应如何领导劳动者，谁来领导？4.什么样的交换制度是最好的交换制度？5.应如何领导教育工作？6.妇女的生活地位应如何？7.可能有怎样的一些过渡时期？见E.巴尼科尔：《被囚的魏特林及其〈法庭〉一书》，1929年基尔版，第38页及以下部分。

③ 参看本书第343—344页。

1845年中，他的主要工作除了通讯以外，在于草述他那已经宣布的关于他的囚禁生活的作品，以及编定了一本《思维和语言学》（或是按照他自己曾经用过的名称，“真理的体系”），前一部作品题名为《法庭——五百天的体验》（除了若干出自他青年时代的材料外，包括从1843年4月到他抵达伦敦的这一段时期），他于1845年春写成，并且向康培及其他出版商洽印，但是他们拒绝承印。1849年原稿落入汉堡警察局之手。因此这本书在魏特林生前没有发表①。他的《思维和语言学》这本书所遭遇的命运也是一样。无论在《现实的人类和理想的人类》和在《和谐与自由的保证》这两本书里都已经表现出他对于世界语和天文学问题的兴趣。随着他在瑞士活动的失败，以及他和工人运动的日益隔离，他主要从事于（后来在1855年之后也是这样）这些问题的研究②。

① 这本书对于魏特林的性格和他当时的心情给人一个深刻的印象，并且提供了许多要点，可以说明他前此以及后来的发展。书的内容准确地追述他在整个被拘押期间每天甚至每小时的经历，并且对被拘押以前和以后的事态作了一个简略的叙述。魏特林的意图，首先——同时也是本书的主要目的——是要唤起他的同时代人注意普鲁士司法制度的本质和它的实际情况，这从他原来想把这本书的书名题作《法律》可以看出来。其次，他要揭露在他被拘押时对于他的（实际的和预谋的）陷害，最后，他要把一个囚犯的生活状况明白描写出来。而与此同时，他也想利用这个机会，把他那作为殉道者以及作为工人阶级一个受召唤的领袖和先知的角色更充分地表现出来。《法庭》一书于1929年由E.巴尼科尔在基尔出版。

② 魏特林想要撰写一本《真理的体系》，这个计划是由于他在狱中得到一本蒲鲁东的书而引起的。这是蒲鲁东1843年出版的《人类秩序的建立，或政治组织的原则》。魏特林认为他的这些思想有极大意义，认为完成这些思想比参加工人运动中的实际活动更重要，他甚至相信通过这个工作可以把共产主义建立在一个比迄今更深刻、更正确的基础上。《思维和语言学》一书从未作为定稿发表。甚至魏特林可能已经在1869年销毁了他的原稿，但是这本书的体系已经接近完成。1849年魏特林从汉堡逃亡时，曾把《思维和语言学》的一个摘要留下来，这个摘要他希望送给亚历山大·冯·洪堡特

1845年5月魏特林到了布鲁塞尔，马克思和恩格斯所领导的共产主义通讯委员会的驻在地。1845年末，他已经离开伦敦几个月，在《特里尔日报》担任编辑工作，以及给《威斯特伐里亚汽船》（“真正的社会主义者”的机关报）和其他杂志写文章。虽然在他和“真正的社会主义”的代表者之间有若干相近之点，但是他不久就直觉地体会到这个“肮脏的，没有神经的刊物”（恩格斯语）的阶级性质并辞去了他在那里的工作。“我从格律恩那里得到一句‘最后的话’作为答复；我们就分手了”，这是他在1845年9月写给赫斯信里的话。[①] 在布鲁塞尔，魏特林第一次和马克思及恩格斯会见。当然以前他早已听说过他们和他们的工作。例如在伦敦就已经知道了马克思对《和谐与自由的保证》一书的评价，并且在1844年10月的一封信里向马克思表示他的友谊。他在写给马克思的信

去审阅。摘要的标题是：《宇宙的分类》，它同时也是一个“根据自然法则的普遍语言的分类”。在这里他一个个地列举并区分了种种概念、字、物体、存在与运动的形式、性质以及作用等等。1855—1856年所写的第二部著作：《在宇宙电磁作用中运动着的原始物质》一书显然是对他的体系的天文学部分的进一步发挥。在这本书里他想把在我们的太阳系中所能观察到的一切现象都归结为一种“宇宙力”，归结为一种“原始物质”。“在这种原始物质里有相吸与相斥作用，有流动、热、光、力、运动和生命……”魏特林把这部稿子送到美国去印刷，并把它分送给很多科学家和院士。第三个文件（1859年）是向柏林科学院秘书爱伦堡教授的第二次申请书，并说明他的1856年的作品。这个文件题为：《世界体系的理论》，是对《原始物质》一稿的继续发挥。在这里魏特林写道：“在我的《原始物质》一稿里，我还保留了哥白尼的学说，现在我已经摆脱了它，哥白尼的世界体系，和托勒密一样，都是错误的。……提科（1546—1601，丹麦天文学家）比较接近于真理。”此外，如魏特林的儿子所说，他手头还存有一份《论天体力学》的稿子；按这部稿子所说，太阳“从西向东围绕着地球在一个大圈子上移动，而这个大圈子的中心则是地球的运行轨道”。这一切作品都并没有任何科学价值（这些作品已经于1931年由巴尼科尔发表）。值得注意的是，在这些研究里，宗教问题已经没有任何地位。这无疑是伦敦的同盟领导人以及后来马克思和恩格斯对他的影响的结果。

① E.巴尼科尔：《被囚的魏特林及其〈法庭〉一书》，1929年基尔版，第268页。

里说，“我相信在《前进报》的若干文章里已经认识了您，因为我比较了这些文章的精神和人们所曾经告诉我的关于您的事，使我钦佩。我不需要在这方面多所费词，总之，我们是朋友，并且希望以朋友的身份能彼此时时有所相闻，也就是说时时互相寄几行信……”[①]。当他到达布鲁塞尔的时候，马克思和恩格斯以一切方式来欢迎他，并且企图努力说服他，使他相信他还在不断地宣传的那些早先的见解是既不够又错误的。“但这时他已经不是一个天真的年轻的裁缝帮工”，恩格斯这样写道：“惊奇于本身才能，力求弄清共产主义社会究竟应是个什么样子了。这时他已经俨然是个伟大人物，受那些羡慕其优越的人们所追逐，到处都觉得有人跟他竞争，有人跟他作对和暗算反对他了；这个从这一个国家被赶到另一个国家的仙人，口袋里装有一个能在地上实现天堂世界的现成药方，并且以为每个人都在打算偷取他这副药方。”[②]他到达之后没有几天，就在共产主义通讯委员会里发生了第一次原则性的争辩，争辩中表示出来，魏特林既不能也不肯放弃他那宗派性的乌托邦式的见解，而站到由马克思和恩格斯所取得的那种认识的观点上来[③]。

1846年3月30日在委员会里举行了一次会议，在会议上讨论了共产主义者的任务，特别是讨论了在德国国内宣传工作的组

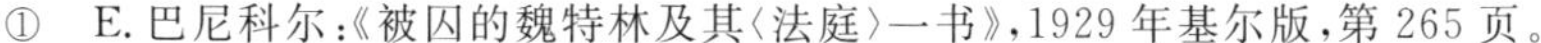

① E. 巴尼科尔：《被囚的魏特林及其〈法庭〉一书》，1929年基尔版，第265页。

② 恩格斯，《关于共产主义者同盟的历史》，《马克思恩格斯文选》两卷集第2卷，1955年莫斯科中文版，第343页。

③ 这里，我们是指马克思、恩格斯通过《神圣家族》、《德意志意识形态》和《费尔巴哈论纲》，在科学社会主义的形成中所已经达到的水平。

织问题[①]。在恩格斯致开会辞之后,就由马克思发言并且提出了两项主要的任务:第一项任务是在工人运动内部贯彻革命的理论。正是为了这一点,因此共产党人就必须和“真正的社会主义”划清界限,并且克服平均的,或是手艺工人式的共产主义。马克思把对于这些理论的批判和在工人组织里对这些理论进行斗争,看作是最重要的任务,因为他和恩格斯通过他们的实际工作知道,特别是那些所谓“真正的社会主义者”对于工人阶级起着什么样的消极的影响。这个时期的许多文件都表明了和格律恩以及其他人等等还有与“魏特林主义者和蒲鲁东主义者”的争辩,这些人和这些主义阻碍无产阶级认识它的地位和它的任务[②]。魏特林曾经声明过,“他的任务不是创立一种新的经济理论,而是接受那样一些东西,例如,在法国曾经表现出来的最适合于使工人认清他们的可怕处境;看清那些为统治者和现存社会作为口号的一切对于他们不公平的东西,教导他们不要相信任何诺言,只有把他们的希望寄托在



① 关于这次重要的会议可惜只有两份不甚可靠的报道。一份是魏特林 1846 年 3 月 31 日给莫泽斯·赫斯的信,信里叙述了讨论的经过情形。另一份出于俄国的自由党人巴·瓦·安年科夫,马克思曾邀请他参加会议,他在他的《回忆录》里叙述了这件事情。魏特林的信载入巴尼科尔的《被囚的魏特林及其〈法庭〉一书》,1929 年基尔版,第 269 页及以下部分,安年科夫的报道载于 1880 年的《欧洲使者》,并收入《卡尔·马克思,回忆录和论文集》,1934 年苏黎世版(现在已编入《科学共产主义经典作家论德国工人运动》,1953 年柏林版,第 37 页及以下部分)。恩格斯后来告诉倍倍尔(1888 年 10 月 25 日的信),说魏特林的最主要的观点是表述得多少正确的。又参看 E. P. 康德尔:《马克思和恩格斯——共产主义者同盟的组织者》,1953 年莫斯科俄文版。第 120—126 页。

② 参看《马克思恩格斯通信集》第 1 卷,1949 年柏林版,第 32、36、65、108、109 页以及其他有关各页。

他们自己身上，寄托在建立民主的共产主义的社会上[1]。对此马克思反驳说，“把人民煽动起来，而对于他们的行动却不给予任何牢固可靠的、详加考虑的基础，这简直是一种欺骗”[2]。此外马克思指出，现在去从事于研究共产主义社会的问题是无用的事。暂时先还谈不到实现共产主义，而是问题在于要通过资产阶级的民主革命来消除德国半封建状态，而在这里面资产阶级必须得到无产阶级的支持。

在这两个问题上，魏特林都起而反对马克思、恩格斯以及其他人等等。他认为，一切集团和流派都必须共同为反对统治阶级而努力，把他们之间的分歧撇在后面[3]。他看不到，科学社会主义的成长和它在工人运动中的贯彻，只有在对不科学的和反动的观念进行最尖锐的斗争中才有可能，在这里他客观上是在企图阻止必要的澄清过程，企图阻止无产阶级的意识形态和资产阶级的意识形态的彻底分裂，他站在前面掩护着那些反动的、有害于无产阶级发展的观点，并且试图把这些观点和无产阶级的社会主义调和。同时他对于资产阶级革命的态度也继续不变。他仍然和以前一样坚持他的乌托邦主义的观点，认为未来的革命必须直接导入共产主义社会，任何对于资产阶级反封建的支持只会延缓共产主义实现的时日。因此，魏特林——面对着日益成熟的资产阶级革命——是站在小资产阶级“真正的社会主义者”的立场上的，他们

① 见：《科学共产主义经典作家论德国工人运动》，1953年柏林版，第38页。

② 同上注。

③ 参看E. 巴尼科尔：《被囚的魏特林及其〈法庭〉一书》，1929年基尔版，第270页及以下部分。

也是用这些论调来反对资产阶级民主革命的必要性的。及至最后，他认为“他对于共同事业所做的一份准备工作”总要比马克思和恩格斯“远离受苦世界和人民的困苦所作的批判和书斋里的分析”更重要些，在这时，马克思以一句著名的话结束了会议：“无知从来不会使人得到教益”。[①]

除了这些主要问题上的分歧以外，还表现在魏特林在印行他在布鲁塞尔完成的“体系著作”（《法庭》和《思维及语言学》）这个问题上，由于显然的原因，没有能得到马克思和恩格斯的支持。几个星期之后，就公开地决裂了。

魏特林在伦敦所结识的海尔曼·克利盖，1845 年已经到纽约去了。在那里，他自称是“正义者同盟”的特派员，并以这个名义成立了同盟的一个支部。不久，他就和美国的“民族改良派”相结合，这是一种和社会主义、共产主义相抵触的土地改革运动。当时成立了一个秘密的“社会改革协会”，克利盖把他在 1846 年 1 月所举办的报纸《人民论坛报》供这个组织使用。他在这个报纸上展开了一种令人作呕的宣传，以同盟的名义鼓吹“一种以‘爱情’为基础的、洋溢着爱情的、甜蜜温情的共产主义”[②]，并且奴颜婢膝地向富人们呼吁，以便从他们那里取得实现他的计划（使每个公民有一百六十亩耕地）的经费。这种“共产主义”必须予以坚决驳斥，因为它纯粹是一种资产阶级民主主义的运动，不仅与无产阶级的共产主



---

① 转引自《科学共产主义经典作家论德国工人运动》，1953 年柏林版，第 38—39 页。

② 恩格斯：《关于共产主义者同盟的历史》，《马克思恩格斯文选》两卷集第 2 卷，1955 年莫斯科中文版，第 343 页。

义毫不相干，并且和它是相对立的。马克思和恩格斯完全承认美国民族改良运动的历史合理性，但是，一个真正共产主义者的任务——和克利盖相反——应该是引导这个运动使它超出当时的要求，而克利盖却停止在那个目标上，要把一切人都变成私有者，从而也就把同盟变成了资产阶级的工具。①

1846年5月11日，委员会作出一项决议。在决议中谴责了克利盖的行动，并且否认他有权继续自称为同盟的代表。② 在决议上署名的有马克思、恩格斯、日果、海尔堡、载勒尔、冯·威斯特华伦和沃尔弗，而魏特林是唯一根据下列理由拒绝签署的人，这理由是，按照他的意见《人民论坛报》是一个“完全合格的共产主义者刊物”，人们应该去批评德国国内的敌人，而不应该去攻击在外国的同盟的同志。他把对克利盖的批评拉在他自己身上，并且写信给克利盖说：“我是他们最痛恶的敌人，他们首先要砍下我的脑袋，……”③现在魏特林已经完全暴露了他那小资产阶级的态度。如

---

① “如果克利盖把解放土地的运动看作无产阶级在一定条件下的必要的初步形式，如果他认为这个运动由于发动它的那个阶级的生活状况必然会发展成为共产主义运动，如果他说明为什么美国共产主义最初应该以似乎和共产主义相矛盾的土地运动形式出现，那么他的意见也就没有什么可反对的了。但克利盖却把某些实在的人的这种只有次要意义的运动形式夸大为一般人的事业。克利盖把这件事说成一切运动的最终的最高的目的（虽然他知道这是违反真实的），从而把运动的特定目标变成十分荒唐的胡说”。马克思、恩格斯：《反克利盖的通告》，《马克思恩格斯全集》第4卷，1958年人民出版社版，第11页。

下面所说的“决议”，就是这篇“通告”。——中译本编者

② 马克思、恩格斯：《反克利盖的通告》，《马克思恩格斯全集》第4卷，1958年人民出版社版，第11页。关于克利盖，还可参看H.施吕特：《初期的美洲德国工人运动》，1907年斯图加特版，第7页及以下部分。

③ 参看H.施吕特：同上书，第38页。1849年魏特林对克利盖持反对态度，参看本书第350—351页。

果说，在此以前，还有这种可能他和以马克思、恩格斯为首的、团结在他们周围的一些重要革命领袖保持密切合作，从中检验他的见解，并继续为工人阶级事业而奋斗，那么，现在他已完全脱离了他们，因而也弃绝了发挥任何作用的基础——参加无产阶级的阶级斗争。克利盖趁此邀请他到美国去担任他那报纸的编辑，于是魏特林于1846年12月满怀忧愤地离开欧洲，他自信是一个真正的，但是被人误解的工人阶级的领袖。

在美国，他又和西蒙·施米特遇在一起，编写了许多传单，把《一个贫苦罪人的福音》一书出了一次新版，并出了英译本，还和美洲的傅立叶主义者发生了联系。（在这期间，克利盖的报纸已经停刊，克利盖本人加入了坦门内厅，一个民主党的反动政客的集团）此外，魏特林仿照美国自由圬工互济会的榜样成立了一个按等级划分的秘密组织“解放同盟”。及至人们在美洲听到革命风暴的消息，他被这个同盟的纽约盟部派往欧洲。1848年6月他到了巴黎，8月间——还有克利盖——到达柏林。他在德国的作用是完全无关重要。他参加过柏林的民主主义者大会（1848年8月和9月），并且创办了一个杂志《初选选民》，因为柏林为普鲁士军队所占领，在出版五星期之后又不得不停刊。它总共只有一百五十份订户。11月21日被弗兰格尔驱逐出境，他又跑到汉堡去，想在那里继续他的宣传工作，由于警察不允许他居留——汉堡的所有工人协会曾经对此提出抗议，但是无效——他被迫迁居阿尔托纳，并且从那里不合法地继续对汉堡进行工作。他在汉堡成立了一个美国“解放同盟”的支派，一个“家庭的或是解放的同盟”，同盟的主席就是他。在《和谐与自由的保证》的第三版里，魏特林又把它叫做

“民主——共产主义的家庭联盟”。

除了试图使他的“思维和语言学”问世以外，他主要从事《和谐与自由的保证》一书的第三版的修订工作，为此他加写了一篇新的序言。革命的发展已经超过了他的这本书，这本书——在1849年春出版之后——只能把在革命斗争中成熟起来的工人们从他们的真正的任务上引开去。新序言表现出魏特林对于他所遭受的批评感到懊恼，也表现出他对于自己在革命时期的德国毫无作用感到失望。他把共产主义运动的全部进展归于自己一人的成就，马克思和恩格斯的活动，以及“共产主义者同盟”的活动，他不是一字不提，就是轻轻略过或是加以贬低。在结语中，他列举了一些非工人阶级出身，但是成为工人阶级代言人的名字，其中也提到马克思和恩格斯，但是这些人，他说，人们却是不能倚待他们，因为他们“不是通过自己的困苦”而达到共产主义的。其实他正应该通过革命的事变取得教训，认识一种科学的战略和策略的研究和传播，对于无产阶级是如何的必要，以及马克思和恩格斯在同他的争辩里是抱着怎样的正确态度，但是他仍然不信任他们，坚持他的反动的敌视理论的立场。

第三版的文字和第一版相比有不少改动，这些改动——完全撇开它出版的时代不说——大大地减损了它的价值。一般的显然可见的是，魏特林的语调是伤感的、郁闷的，他的语调已经变得和“真正的社会主义”很近似。如果说在第一版里他还只是把乌托邦——和粉碎旧社会这个意图相比居于次要的地位——描写成一个值得赞美的目标，还只是希望别人把他的作品估价为供讨论的蓝本，那么，在第三版里所表现的就是一个独断、顽固的乌托邦主义者了。这个乌托邦主义者对于自己的体系是丝毫不肯让步的，不止如此，他还进一步把不能实现的种种见解分析为许多详尽的项目（例如交易小时）。内容上重要的和范围最广的是他在第二部分第四、第十、第十五和最末一章里所作的改动。他在第十、第十八章里详细地说明他关于交易小时、关于一种交易系统和“革命纸币”以及关于商品价值的意见。他用更长的关于无产者所具有的窃盗权利的说明扩展了第十五章。关于这个问题，他在《和谐与自由的保证》一书里曾暗示过，并且曾在《一个贫苦罪人的福音》一书里作过进一步的说明。在《和谐与自由的保证》一书的第一版里，他说到两种实行革命的手段：启发或是强力，在那里无疑义地他是把重点放在工人阶级的强力行动上。现在他把“社会的无政府状态”直接地称作第三种手段，也就是说对于富人财产的有组织的抢掠和由穷人占有这些财产[①]。在这里魏特林自居于怎样一种反动的、暴乱骚扰的立场，已经是清楚可见的了。至于他在这里如此夸大的恰恰是这样一种混乱的思想，这对于他的倒退发展来说正是十分典型的。在第四章里，对资本主义制度下的选举的尖锐批评作了重大的扩展。他否定单凭选举改变资产阶级社会的可能性，并且指出，这样的选举永远不会表达人民的意志，这一点是正确的。但是他把这种批判推论到那样远，以至于完全否定选举的益处，以及它对于工人阶级的组织和宣传作用。他认为一种真正的民主只有在共产主义社会里才可能，这同样也是正确的，但是在这里他同样也完全忽视了，资本主义比之封建的社会制度有它的历



① 参看本书第 318 页。

史进步意义。此外在这些地方也表现出来,由于他在英国和美国的居留,他如何扩大了眼界,认识了一个比较地更进步的资本主义社会的实际情况。但是因为他对马克思和恩格斯所发现的历史的规律性的无知和不理解,他只能从中得出这样一个结论,就是工人阶级在资产阶级的社会里什么也没有得到,因此和资产阶级共同去反对封建势力也就是错误的。因此他非难马克思和恩格斯,说他们曾经主张"无产阶级首先要和资产阶级联合起来反对封建君主"[①]。他的思想方法使他完全以一个乌托邦宗派主义分子的态度来认识问题。马克思和恩格斯在《共产党宣言》里写道:"在德国,当资产阶级还采取革命的行动的时候,共产党就同它一起去反对君主专制、封建土地所有制和反动市侩"。"但是共产党一分钟也不停止培养工人尽可能更加明确地认识资产阶级和无产阶级间敌对情形的意识,以期德国工人能立刻利用资产阶级统治所必然带来的那种政治的和社会的条件,作为反对资产阶级本身的武器,以期在推翻德国各反动阶级之后,立即就开始进行反对资产阶级本身的斗争"[②]。这个政策马克思和恩格斯在革命中也彻底地实行了。反之,如果按照魏特林所设想的战略,就将使无产阶级完全隔离孤立起来,并从而削弱革命的力量。其结果将是对于封建专制主义的一种支持。

第三版第十八章包括"解放同盟"的基本原则,魏特林曾经成立这个同盟的汉堡分部,并且把这些基本原则——和在最近将来

① 本书第 352 页。

② 马克思、恩格斯:《共产党宣言》,《马克思恩格斯全集》第 4 卷,1958 年人民出版社版,第 503 页。

的社会革命中所必需采用的办法一起——印成传单。“解放同盟”在汉堡据说有一千名以上的盟员，但是依据报道，参加大会的最多不过五十人，甚至更少些。无论如何魏特林曾经写到过，第三版有六百份预订；他总共售出了九百到一千本①。1849年8月，“解放同盟”的活动为汉堡警察局所注意，并且加以干涉。魏特林不得不最后离开了汉堡，并因而也最后离开了欧洲，这一年年底又回到了纽约。

他在美国的活动并没有为当地的工人运动带来什么良好的作用。相反，现在魏特林的组织和其他乌托邦主义的流派几乎已经没有什么区别，后者分裂工人阶级并延缓工人阶级成熟的过程。1850年1月15日他的期刊《劳动者的共和国》出版，在一年之内由行销九百五十份上升到四千份。这主要是由于1850年的经济危机，使大部分的无产阶级特别是德国工人加入了运动。随着德国细木工的罢工，营造工人、成衣工、面包工人、钟表工人以及其他职业部门的工人都连续举行罢工。魏特林要想设立一个职工交易银行，主要目的是为准备在将来建立的移民组织筹集款项。在1850年10月一次由他召集的工人大会上，虽然通过了他的计划，但是因为参加计划组织的人数不多，这个计划没有见诸实行。此外他建立了一个“工人同盟”，从1847年起就在衣阿华州建立的一个移民组织“公社”加入了这个同盟，他在1851年和这个移民团体发生了联系。他曾十分详尽地从事于建立移民区的计划，草拟了



① 魏特林：《宇宙的分类》，1931年基尔版，第60页。关于他在汉堡的活动，参看同书第50—59页。

广泛的组织计划和章程，尽管他在《和谐与自由的保证》的第三版里还在谴责各种联合组织，也就是说，“在现存社会秩序范围之内的一种大小不等的小社团”。“一种这样的联合组织并不能对资本势力进行任何抵抗，必须忍受大资本家的竞争，并且只要一旦大资本家要它们破产，它们就立即不得不陷于破产。因此，凭这种办法是搞不好的。”[①]在接收时，这个移民区由十个成员组成；1851 年末增加到十五个。1853 年魏特林被选为移民区的主席，但是在 1854 年 1 月，因为发生经常的争执不得不辞去了这个职位。1855 年这个移民区终于解散，同时“劳动者的共和国”只是宣传魏特林自己的见解，很少报道工人运动的消息，也不得不于同年 7 月停刊。在这个期刊上宗教的因素又居于主要地位，他不断攻击马克思和恩格斯，并且表示反对工会的斗争。和他自己的改革计划相比，他把罢工称之为愚昧无知，例如，他认为某一个工会为争取改善生活条件而进行斗争是不正当的，因为必须并且只能是一切工人都共同为争取建立交易银行等等而努力。

随着他在美国宣传的失败，他又重新从事于已经开始的天文学和技术问题的研究，完全退出了工人运动。但是，他之所以与其他许多人不同——包括这一期间在内——，因为别人虽曾参加过年轻的工人阶级的初期活动，后来就归结到与资产阶级和现存社会的和解上去了，而魏特林即使在他退出工人运动时，仍然保持着对资产阶级社会的仇恨，他过去向它斗争，现在还要求向它斗争，尽管他所找到的是一条错误的，并且最后完全迷失方向的道路。

① 本书第 384—385 页。

在“劳动者的共和国”的最后一期上，他还表示了他的意愿，希望能生活在巴黎那样一个“伟大的革命城市”里，而不愿活在美国的“钱袋共和国”和“欺诈共和国”里，“在巴黎无论如何不会不幸到这样，连跟压迫者作斗争牺牲的愿望都被剥夺了。”[①]虽然如此，他自从1855年以来，已弃绝参加无产阶级的任何斗争。1868年他拒绝在新成立的“社会党”执行委员会里工作，他是未经征得同意被选入这个委员会的。1871年1月25日他在纽约逝世，遗族处在十分贫困的境地。逝世之前不久，他还参加了一次第一国际的德国、英国和法国各支部的结盟典礼，或者这时候，他已经意识到愈来愈强大的独立的工人运动，在马克思、恩格斯所早已指示的道路上，正在向着社会主义社会正确地迈步前进。



* * *

1843年——科学社会主义开始建立——特别是1848年——马克思主义开始取得胜利——以后，魏特林的退步使他早先那些重要的成就也被大家遗忘了。但是，恰恰是马克思和恩格斯却对于他的重要性和他的发展，给予了一种客观的无偏私的评价，虽然为了给无产阶级指出必要的、科学的方向这个利益出发，曾不得不对他进行过原则性的斗争。1844年，马克思对他的高度赞誉，恩格斯在1885年还在无保留地加以复述。所以在学习德国人民的，特别是工人阶级的革命传统的时候，不容许忽略了魏特林的主要著作《和谐与自由的保证》。这本著作是德国无产阶级形成时期的

---

① 海尔曼·施吕特：《初期的美洲德国工人运动》，1907年斯图加特版，第124页。梅林编《和谐与自由的保证》纪念版《序言》。

一个突出的凭证，同时也是我们民族历史上的一份宝贵的文献。

*　　*　　*

现在的这个版本是根据第一版忠实复印的，其中在文字拼写和标点符号上改用现代的了，并且校正了一些印刷上的错误，原文并无变动。“附录”包括：魏特林第三版的序言，增补和修改以及本版编者的注释。[①]

贝恩哈德·考夫霍尔德

① 原编者的注释，中译本一律改为脚注。下面编者还有几句有关体例的说明，因中译本体例有所改动，所以这几句话未译。现将中译本的体例说明于下：魏特林在第三版所作的增补和修改，正文中用阿拉伯数字右面括上圆括弧，如1)、2)、3)、……顺序标出，注释则以圈码，如①、②、③……标出。全书的注释绝大部分是原编者注的，只有一小部分是著者，译者和中译本编者注的，这一小部分注释分别注明了著者注、译者注和中译本编者注字样，原编者的注释没有标出原编者注字样，请读者注意。——中译本编者

# 序　言

在凡有人类聚居的地方，你且用一种研究的眼光看一看你的周围，你走进穷人的茅屋草舍，富人的豪华宅第，登上商人们的船舶，走下矿工的坑穴，你详细检视一下你自己的家庭生活，追溯一下其中每一个烦恼和不幸、欢畅和快乐的经历，直到它的细微末节，你就会在每一个这些不同的居住和工作场所，随处听到那同样的怨恨的声音，埋怨事物安排得不当；埋怨社会上这个或那个行业的恶劣的经营状况。

现在，你且避开所有这些几乎在我们四周掩盖了一切的怨恨的声音，带着你的观察所得，回到你的精神小我的最遥远的角落，你所听到的就不是这些个别的怨恨的声音，而是远远地听到的一种共同的喃喃诉苦。

把你的一切思想集中注意一下这喃喃诉苦，比较一下各种怨恨的声音和它们的原因，把各个相反的极端在心里互相配合起来，并且把它们混合在一起，这个不满的喃喃诉苦就变成了交响乐中的一个和声。

一切立法者至少应该把他们的思想提高到这样一个观点上，而不是让他们的思想只是在古老的案卷橱和他们的钱柜的四壁之间团团乱转。

如果用这种方式你对于包藏在社会里的病态有了一个真实的印象，那么你就翻过这一页，再把我们的地球在心里想象成一个悬挂在你眼前的球体。

一个人的肉体和地球上的高山相比，还不如一粒尘沙和一个足球相比来得重大，而这些高山比之于地球，又和人与高山相比一样。

人是多么渺小！地球表面对于人来说是多么辽阔的空间！

现在我们把这个球体上带着古欧洲的那一面转到我们眼前。在那里纵横交错着怎样一些五颜六色的界线，在那些界线之中人们高唱着自由之歌，好像小鸟在笼子里一样："我们活得自由又自在"。小鸟当然不懂得它唱的是什么；而在那界线之间的人又是否懂得呢？

现在我们且用命运之手予这个球体以重重的一击（当然，是在心里的想象），你们看到吗？百万大军狂奔猛冲越过了所划的这些界线，但并不是为了要废除这些界线，而是为这些界线的形状和颜色而彼此屠杀；因为他们原来彼此不相了解！



但是，他们都从大自然赋有一个同样的语言器官。

这不是一个可笑的族类吗？他们聚集拥挤在若干点上，又凭着他们的幻想在人烟稠密的居地之间划上许多界线，为了好给必要的互相往来和互相帮助造成困难。

并且他们那些被称为语言的各不相同的方音土语，是使他们永久分离和痛苦的主要原因，而他们却认为是神圣的东西，至今还加以极大的重视！

结束这个地球仪的观察吧！这里你们已经有了一个门径，每个人就可以按照他自己的方式继续前进。如果谁还想对这一点有更进一步的了解，他只要想象一下这整个的地球又是如何微不足道，如果他把这个地球和无数大多都比它大得多的天体比较一下；这些无量数的天体在我们视线所及的无限空间里形成了一条闪烁的长流（银河），而既然在我们这个小得多的地球上是有人居住的，在那些天体上很可能也居住着比我们更完善的生物族类。

现代知识能达到的就是这样一个可思议的范围，由此再往上就是信仰的领域了。

但是我们也不要爬得这样高，以免在这紊乱的社会症结中迷失方向；因为现在还不是所有的人都相信这种紊乱的实际状况的广泛性。在全面地探讨这个问题之先，让我们首先把罪恶的严重性明白易懂地表述出来；然后也就有勇气可以伸出手去粉碎那千年来的紊乱状态。

我们将告诉社会，它在一个坏的组织里是什么！在一个好的组织里又能够是什么，如果它了解了这一点，我们就不必为建设存丝毫的顾虑，我们且不要过于重视我们那些心爱的、玩具式的建设计划，而是要全力去摧毁、彻底去摧毁那个破烂的旧摊子，打倒任何竖起来的新支架，扫除一切还包藏着旧罪恶任何一点残余的新基地。

宇宙之间没有十全十美的东西！从来没有过一个万古不变的、永远是最好的社会组织，因为这就首先必须假定人类精神能力的停滞和进步的停滞，这是不可想象的事。

既然没有十全十美的东西，由此就产生了不断改革的必要，神化旧秩序、神化旧习惯是有害的。

进步是自然的法则，停止进步就等于是社会的逐渐解体。阻止社会的解体，推动社会的前进是我们大家的事，不是某一个特权阶级的事。

因此我也把我自己贡献给这个事业，我的许多同志们鼓励我。他们说："你和我们的意见一致，你知道我们的要求和我们的愿望，我们给你机会，干吧，只要你还感觉自己有一分力量，就集中精神来搞这个工作。"

这是一种最大的鼓励！此外还需要什么呢？他们为我劳动，我为他们劳动；这件事如果我不做，自然还有可以替代我的千百个人来做；但是既然我有了这个机会。我就有义务来利用这个机会。

因此放在读者面前的这本书并不是我的作品，而是我们的作品；因为如果没有别人的支持，我不可能写出任何东西。

我在这本书里汇合了我的同志们所集合的物质和精神力量。但是这个总结以后还会有重大的改进，因为在宇宙之间是没有十全十美的东西。



现在这样吧，读者，如果你在这本书里找到真理，你就立即行动起来，传播这些真理；因为时间不容虚度。千百万不幸的生灵在对上帝呼号求救。捐税和慈善救济，法律和刑罚，诉愿和宗教安慰，一切都无济于事。旧罪恶的腐蚀已经太深。一场大变必然会导致善恶的分裂。如果每个人都尽力为它作准备，这场大变就不会不来。

万能的是我们的潜藏的力量，我们的言论自由和我们学说的日益提高和完善，这就是我们的胜利的信号。

著　者

# 第一部分

# 社会病态的产生

# 第一章　社会的原始状态

我们发现，最初的人类发展的踪迹是在地球上最肥沃和最美丽的地方。在这里人类度过了他的童年，他们在这里玩乐、欢笑、戏谑和享受，除了大自然加给他们的阻力以外，没有其他的法律和障碍，除了努力去克服这些障碍以外，没有任何其他劳作。

当时，丰富的大自然所供应给人类的，远超过他们的需要千百倍而有余。地球对于人类是辽阔而广大的。他们所认识的还不到地球面积的十万分之一；因为他们还没有必要，为了满足他们的需要而四面八方徨徨奔走，一直搜寻到地球的一切角落。

打猎、吃喝、恋爱、游戏，这就是他们最心爱的生活。劳动、懒惰、奴役和统治欲，私有财产和盗窃这些概念，他们还完全没有。

打猎、采集果实、建造他们的窑洞或草棚，这些事在他们看来，并不是像今天劳动这个概念。因此也从来没有人想到，把这些事让别人去做，把这些叫做劳动，而把休息叫做懒惰。

凡是人类所需用的东西，他们随时遇到就收集起来。有一个人准备好了一顿丰盛的餐饭，邻居们不必邀请就坐下来共享。因为当时的人类根本还没有我的、你的这种观念。

人类，这个慈爱的上帝和大自然的骄子，在那洪荒初开的原始时代，在这个美丽的地球上所享受的，真正是一种极乐的幸福。

在当年和今天之间有怎样一道鸿沟！在我们今天的各个文明国家里是怎样一种完全变更了的社会状态！

真的，今天的美洲野蛮人生活在他们的森林里，要比我们生活在这些筑上围墙的城市和画成小圈圈的田地、篱笆里幸福得多；因为他们的生活是自由的。

但是，真正说来，原始人类根本没有现代文明所提供的这一切生活上的便利，那么，他们的幸福生活状态主要的原因究竟在于什么呢？

在于他们全体都生活在里面的自由和独立。

他们所需要的不多，而当时还是人烟稀少的大地，不必付出劳动，就可以满足他们的需要而绰绰有余。而正是由于这种状态，它使每一个人都能够对于其他的人保持一种独立、自由的地位，没有必要经常防范其他人的侵犯，来保卫他自己的独立和自由。

一个人只有感到满足才能感到幸福，而一个人只要别人所具有的他也都能具有，就能感到满足。因此愈是使社会里每个人都有可能得到其他每个人所有的一切，这个社会也就愈是满足，并从而也就愈是幸福；但是只要任何一个人，在社会里感到在他周围和在他近旁有这样一些人享有一种比他更优越的生活地位，他和他们接触，或者——更烦恼的是——如果附属于他们，他就既不能满足，也不能幸福，即使按他的社会地位说他也许还算是富足的、有权势的。

并且这也是一种不该有的情况；因为满足并不是一种道德，并不是像人们数千年以来，自从不平等和压迫的统治开始以来，向我们喋喋不休地宣传的那样一种道德，满足是一种出于自然的欲望和能力之间的和谐感。那被人们作为一种道德向我们推荐的满足，只是一种怯懦。如果一个人的需要得不到满足，而这个需要在别人却是能得到满足的，他就不能、不该，也不容许满足；因为这是一个奴隶的满足，这是一个在鞭挞之下的畜生的满足。

满足，这是人类欲望和能力的平衡。凡是某一个人凭借这种欲望和能力而侵害到其他人，在这里就有不满足。

今天的社会，不做它应该做的事，它不是努力用一切可能的方法去为每一个个人保证这种平衡，而是去包庇那种最可恶的不平等。

难道你们不觉得，现在该是时候了，把那为了另外一些人的利益而压抑一个人的欲望和能力的钱袋抛掷于你们的道义的秤盘以外，以便恢复原来的平衡吗？

是的，已经到时候了！让我们把那伪造的砝码，把那使明眼的人变成瞎子，会说话的变成哑巴的发光的财神抛开，以便在我们之间重新恢复自然的平衡，从而重新建立起满足、和平和自由。

人类在他的童年时代生活得自由自在，因为每一个人都能够按照他的喜好满足他的欲望，按照他的心意发展；今天，如果你们要想使人类重新自由，就要给社会一种组织，这个组织便利一切人在同等的地位上满足他们的欲望，发展他们的能力。

一个人的欲望和要求产生于社会能力的产品在他感官上所造成的印象。因此人所贪求的主要只是眼前所实有的、对于它们的存在和用途有所认识的东西；因此人类的欲望从属于人类的能力。

正因为这样，因此人类每一代的能力的总和和它的需要的总和永远是一致的。如何使这种总的一致和每一个个人的能力与欲望的不相等互相和谐，这就必须是社会的任务。大自然给了社会执行这个任务的手段，但是如何运用这个手段则委之于社会本身。

正是由于这种能力和欲望的和谐，人类在他们童年时代的状态是一种幸福的状态，因为那时候每一个人都具有他所需要的一切东西，并且每一个人都能够得到另一个人所具有的一切东西。

因此他们是满足的、幸福的；因为如果说他们还不知道今天豪门富户的山珍海味，他们也不知道饥饿、贫乏和随之而来的一切罪恶。

如果说他们还不知道咖啡和糖的享用，他们也不知道奴隶贩卖，奴隶鞭笞及其一切恐怖。

如果说他们还不知道我们的大量药品，他们也不知道我们的大量疾病和体格上的缺陷。

如果说他们还不知道我们的含酒精的饮料，他们也不知道酗酒的恶习及其一切可怕的后果。



如果说他们还不知道我们的华丽的住宅和宫殿，他们也不知道我们的监狱、兵营和碉堡，我们的刑事监所、关税署、劳役所和警察局等等。

如果说他们还不知道我们的华美的家具，他们也不知道那种牺牲别人而装满自己的箱柜的恶癖，也不知道伪学者的讲座和贪污议员们的讲台。

如果说他们还不知道我们时髦的服装，他们也不知道缝制这些服装的辛苦，他们也不会由于长年累月地坐在那里而造成健康上的残疾。

如果说他们还不知道我们的种种发明、艺术和科学成就，这是因为，为了生活的幸福，他们还不需要这些东西，并且他们也不知道那种可怕的不平等，后者正是由于某些人为了私人利益而利用发明，利用艺术和科学所产生的后果。

如果说他们还不知道我们的真理，但是他们也不知道我们的异端邪说。他们不知道我们的享受，但是也不知道我们的艰难和辛苦；不知道我们的道德，但是也不知道我们的丑恶。

幸福在于满足，而满足在于自由。但是自由而没有共有共享，对于某些人部分地来说也许可以，但是对于全体的人来说是不可想象的事。

如果从今天起，地球上的一切穷人都能过一种王侯一样的生活，而王侯们则都过皇帝一样的生活，并从而每一个人都生活得比从前好一百倍，人并不因此就能感到满足，因为在这样一个不平等的组织里他并不自由。

但是如果地球上的一切人都生活在一种共有共享的生活中，并且是从这种共有共享的生活中培养起来的，他们就全体都会比今天这个不平等状态下的特权阶级生活得更自由、更满足，即使他们每个星期只能吃一次肉，只能喝一次酒。



# 第二章　私有动产的产生

不久，兽类的乳汁开始成为人的食品，为了能够不费很多力气就可以取得这种生活资料，人们就驯养一些最驯顺的兽类，把它们集中在他们的帐篷、草棚或窑洞的周围。这样，就发生了牧人的生活，并且在社会里产生了职业的区分。于是不久就产生了牧人和猎人彼此不同的利益。所有权是双方都还不习惯的观念；

牧人首先提出了这个要求，他禁止猎人杀害放牧在他保护下的野兽，但是他把兽乳供给猎人。猎人——他原来对于那些成群地驯养的野兽的生活以及阻止他吃食这些兽类的禁令是毫不尊重的——现在，他信服了畜牧的利益；人们互相交换和分享牧群的兽乳和猎人的猎获物；于是牧人就开始来计算他牧群的头数，猎人也开始查点他的兽皮的件数，这样，在不知不觉中，就产生了动产这个概念。

现在，牧羊人以一种严肃的态度对别人说："这一只羊是**我**的牧群里的"，这使得别人好笑。"我的"这个词他还不明白是什么意思，但是牧人的态度他是完全懂得的，这显然是要告诉他："你不许拿走！"

现在每逢猎人和牧人亲切聚会的时候，不再说："我们宰一只羊吃吧。"而是说："我来宰我的一只羊款待你吧。"

这样，人们就逐渐地习惯了所谓我的、你的，逐渐地习惯了私有产权和分别你我的原则。

在当时，这种制度是完全合宜的，它对任何人没有害处。任何人没有因此被剥夺了他的权利，可以同样拥有他自己的牧群。野兽、森林、草地和果实毫不缺乏；因此这种对于任何人无害的事，人们也就听其自然。

这种我的和你的概念产生于自我维持的本能需要。人们因为分成猎人和牧人，他们生活得日益分散，因而彼此也日益疏远。这样就造成了每个人必须依靠他自己的力量去维持他自己和他家庭的生活。于是人们也就开始要去计算必要的日常需要。这种自我维持的本能推动着一切社会成员，并且，按照我们如何指导这种本能而可以对于社会产生最有利或最有害的影响。

这种自然的，自我维持的本能，使人要想去获得一切只要有任何一点用处的东西。一切东西，不论是地上跑的，天上飞的，地里藏的；一切动物、植物，凡是人能看见、听见、尝到、嗅到或触摸到的东西都引起人的欲望。一切他都想要享受，虽然他并不一切都能得到，因为大自然给他的欲望设下了种种障碍，而他则不息地努力去破除这些障碍。

人类破除这些障碍的成就愈大，他们给自己造成的前进的道路就愈宽阔，愈平坦。因此，为什么我们不全体都努力去破除这种障碍，而要用强力把某些人摒除在这个努力之外呢？

大自然说：这里是土地和果实，每个人都把他所需要的拿去吧。但是人回答说：你应该让土地为我生长比现在更多的果实，因为我们的人数增加了。于是他开始耕作、施肥，迫使大自然提高三倍的产量。但是只有地球表面很少的一部分土地是通过犁锄而感觉到了人类的统治的，还有千百万人在为面包而呼号，他们要求去扩大这个被农业打破了的大自然的缺口。是谁拦阻了他们？正是人类自己和那个糊涂的什么我的、你的。

大自然对人说：你有两只脚两只手，用你的两手两脚你爱到哪里就到哪里去吧，好去寻找我给你庋存的那些宝藏。但是人说：你使我在飞跑、游泳上不如禽兽和水族；于是他发明了车船和乘骑，火车、汽车、轮船，甚至几乎在天空中赛过了飞鸟。但是，虽然有这一切，而雇工、贫农和他们的妻子以及手工学徒依然是肩负重载从乡村跋涉到城市，从城市跋涉到乡村。勤劳的工人徒步走，而懒惰的游手好闲者却坐着车子；年高体弱的白发老人迫于疲惫倚靠在街道的墙角上，而不逊的年轻纨绔子弟却踞坐在华贵的高车大马上疾驰而过。

所有这些贫苦的人，这**千百万**普通人民，都要求扩大由于车船、铁路这些快速工具的发明而在大自然壁障上打开的那个缺口。为什么不允许他们？为什么不给予他们这些工具？本来人们可以很方便地办到的事，为什么要让他们在无谓的肩挑背负的劳动中浪费这么许多光阴？还是因为这个可诅咒的我的和你的。

大自然对人说：这里，我给你一个发音器官，随你的喜好来发音吧，以便和你那些同类互相表达意思彼此了解。但是人说：我是好交游的，我要地球上的全部居民都能了解我的意思，所以我不能满足于我的这个微弱的声音；于是，他发明了文字、书写和印刷术。从那时候起，就使一个微弱的声音有了可能使全地球上凡是愿意听的人都能永恒地听到它，即使那发音的器官久已化为尘土。但是仍然有千千万万的人，他们嘴里有一句真理却不允许说出来；如果他们只许用当初自然赋予他们的自然的语言器官，他们宁愿放弃使他们的声音永恒化的权利。一些人可以任意传播真理和谎话，而另一些人却不许说一句：“正人君子被关进监狱，而窃贼却受到崇敬。”为什么不许？又是为了那个我的和你的。

大自然对人说：如果你觉得我所给予你的还不足够，如果你觉得它对你不合适，你可以按你的喜好对它加工改造。人回答说：加工改造的劳作对我愈来愈成为重负，我们要想办法解决。于是，他发明了机器，通过对原始机械力量的巧妙运用，能够做前人所做的十倍以上的工作。但是现在在英国的工厂里仍然有无数儿童，他们每天要做十九小时工作，并且被鞭子驱迫着去劳动。我们现在比机器发明之前还要受更苛刻的剥削。这又是怎么回事？原因是那个我的和你的，它定下了这样一个基本法则：机器愈多，劳动者愈少，游手好闲的人愈多。

大自然又说：你们拥有我的这些财宝，你们这些人类，什么也不缺少了；现在，按照你们的意思处理吧，看一看，你们该怎么办吧。

但是人说：这可能造成一种混乱。我们中间有老弱，有病人，我们不愿意抛弃他们；因为我们之中每个人都可能有老弱和疾病的时候。为了人们将来也不抛弃我们，因此上帝要我们爱一切人，像爱我们自己一样；曾经有一位救世主为了这个信念死在十字架上。——并且在他以后又曾有许多人为此而死；而且牺牲还并没有到头。但是，你们可敬的殉道者们，这只是为了好使那具有三十个银币的人们的罪过更加恶贯满盈。为什么有殉道者，十字架和银币？为什么不代之以爱的信条？

还是因为那个我的和你的。

# 第三章　私有不动产的产生

当时，人们还没有想到把地球划分成许多国家，设下疆界和地标，竖立起围墙，栅栏，篱笆，掘下壕沟，以及用板壁来把人与人隔开。当时，土地对于每一个人和今天的空气一样，可以自由享用。当时并没有像在今天许多文明国家里那样，禁止在草地和牧场上休憩的禁令，其中有些国家甚至连公路泄水沟里的草都是订户承租的；如果有人在旅途中摘取了树上一只果子，更是要按盗窃庄稼来论罪。

当时的人类将要怎样悚然惊奇，如果有人对他们说：不是吗，今天你们走来走去像天上的飞鸟一样自由，比林中的走兽还要安全，你们趁你们兴之所至，随处打猎、捕鱼；你们随时随地，愿意在哪里就在哪里摘取树林和田野里的果实；但是不能永远都是这样。将来将会有一天，大地上纵横交错着美丽的、人造的道路；但是在这些道路上从一个关卡到一个关卡有五颜六色的杆子和人们把守着，这些人对过路的人大喝一声：站住；等我们给你签证。那时候会有这样一些人，他们早上起来不知道今天一天怎样能够去填饱他们的肚子，到了晚上不知道到哪里可以去谋一席安身之地。摘取果实的通路，人们将用围墙、壕沟和篱笆把它挡住，谁想要越过这些障碍，人们就会给他以肉体的苦楚；而且由于这种原因而受了暴行、侮辱之后，还受到每个人的蔑视和不齿。到那时候会有这样一些人，他们将没有权利捕水里的鱼，林中的兽，没有权利拔他们脚下的一根草。这样的人，但是，却是占绝大多数的人，而使得这些人处于这种境地的却同样也是人类，只是在数量上非常少的少数。试问，原始社会里的人如果听到这样一段话，将要怎样判断？

绝不会比我们今天这个自负教育程度很高的社会对这类问题的理解和评判更无知、更糊涂。

当时人类社会的状况绝不像我们今天这个号称文明的社会那样可悲；因为它和它全体成员的需要是相符的。一个社会的教育水平和它的前代相比究竟是高些，还是低些，这对于社会整体的福利来说既没有丝毫增加，也没有丝毫减损。只有当同一世代的成员在教育程度上分成了不同的阶级，这才在社会里产生一种恶劣的关系，这种恶劣的关系是和社会的福利对立的。

每一世代的教育水平必须和它的一切成员的需要成正比，而我们现在的教育远远落后于这种需要。在发明、艺术和科学方面我们有了重大的发展，但是我们还没有决心和勇气，使我们的社会制度适应于我们知识的新成就，以致发生这样的情况：我们的精神上的进步不但不能减少群众的痛苦，反而有利于少数人的利益而给大众增加痛苦。正是因为这样，因此我们远远地落在时代的需要后面。

因此，我们并不应当来特别夸耀我们今天的教育水平。

听任我们的后代来评判吧，他们会对这一点作出公正的论断的。



牧人和猎人在社会的原始状态里，既不识字也不会书写，现在我们这里每一个农民都会读、会写，但是，就是这样，我们对于读和写的利用也并不是什么可以使我们骄傲的事。自从我们庆贺这些发明以来三百年，我们才想到要去证明，整整三百年印刷技术的发明究竟是为了什么，而在某些人才开始理解到这个问题的时候，斯巴达人和伟大农民战争中的人民在短短几天早已就理解到了，而他们却并不识字。

一般人都是这样说，由于古人的无知，造成了偏见和迷信。

但是我们时代的贤哲们也做同样的事，不过是有条件的，只要给他们钱，他们就干。

残暴、野蛮是无知的结果。——但是我们时代的贤哲们并没有改变这种情况；我们虽然不再把人钉在十字架上或者缚在分尸车上，但是我们让他们慢慢地饿死、冻死，或是在过度劳累的压迫之下慢慢死去。

艺术和科学在一个文化教育程度低下的社会里不可能繁荣。

但是，在我们这个号称高度文明的社会里，尽管有无数发明，有艺术和科学上的飞跃进展，人民却不能享受繁荣，因为每一个新的发明人们不是用来减轻我们的劳苦或是增加我们的享受，而是用来愈益增加游手好闲的人而减少劳动者的数量。

在古代的社会状况里，人们根本不能想象今天文明社会所供应的这样一些纯粹的、美好的享受。

但是文明社会把这些美好的享受供应给他，而并不因此以三倍的劳累加之于他的有谁呢？一百个人之中未必有一个人；而其余的人都必须为此出钱出力。不止如此，人类在他的童年时代的自然的欢乐是否比今天文明社会里的一切加工造作的享受更加有益些，还是一个很可以研究的问题。至少，我们觉得，童年时代的天真的娱乐，如果我们的礼俗并不禁止成年人参加的话，是更适合于人类的自然的兴趣的。

在美洲的森林里，在大洋的海岛上，至今还有很多停留在最低文化阶段上的民族，很可能正是因为这种情况，他们不会肯和我们文明社会的享受交换，至少绝不肯和我们的劳动者的地位交换。相反，有很多受过高等教育的旅行家曾经长年居留在这些民族中，并且非常喜欢和他们生活在一起[①]。如果我们想一想，要使一个

① 有一个美国将军自愿地在野蛮人中间居留了两年，并且和他们一样赤身裸体在他们中间跑来跑去。

已经习惯于文明享乐的人再返回到人类原始的、自然的衣食状态中去是一件多么不容易的事，就可以知道上面这些事例说明多少问题了。

但是，是什么东西使得一个文明人容易在一个野蛮人——应该说是自然人——的社会里生活呢，是自由和平等；这个自由、平等，文明人在野蛮人那里找得到更好的表现，而在他自己的祖国里却是找不到的东西；反过来说：自然人所最反感的正是这种地位上的不平等；正是这个东西，纵然有一切生活上的舒适便利，他也是不能容忍的。如果英国的纺织工人们能够携带他们的眷属离开本土，跑到野蛮人那里去，这个纺织之国将会在短短的时间里为之一空，那时候厂主们如果不愿意或是不能够合理偿付工资，他们将只有自己去开动他们的那些纺织机。

如果有一天，我们那些养尊处优的先生们只有两条路可走，或者让他们每天劳动十二到十四小时，或者被遣送到美洲的原始森林里去，我相信，会没有足够的船只装载那些宁愿遣送不愿劳动的人。

有人觉得今天的社会状况很不坏，他们根本不能想象它怎么还能更好些。好吧，但是也试问一下绝大多数人的意见；因为绝大多数人的意志迟早有一天总是要起决定性的作用的。这绝大多数人对于今天的社会状况是不满意的，他们知道得很清楚，什么地方总是有点毛病，但是他们说不出来，究竟这个毛病在什么地方。因此我们要设法给他们证明，这毛病在于私有财产这个概念，这个概念已经不能和今天的社会需要并存。

私有财产的概念不再适合于我们的时代，因为每一个时代有它的独特的需要，但是私有财产和我们的需要是完全对立的。至于为什么，我下面就要来说明。

上面我们看到，曾经有过一个时代，那时候任何人没有想到要完全为了他自己之用来耕作一块土地，并且把它叫做财产。后来，开始有些人为自己占有一块土地，并且把它叫做私有财产。这没有什么不好，对于社会秩序并没有妨碍，因为那时候每个人都可以这样做；土地并不缺乏。但是今天土地已经完全分割尽净了，几乎没有一块土地不是属于一个地主或是属于一个私有者的，而此外有一个在数量上大得多的群众，他们一无所有。

至于究竟是什么时候人们拿走了最后的一块土地，并给它以一个私有主？这，我不知道；总之，在德国，和在英国以及法国一样，都曾经有过这样一个时候。也许这已经是很久以前的事，在这些国家里土地的最后残余也被人瓜分完了，于是分地的事也就此结束。现在，有地的那些人占有了土地，而且利用这些土地为他们自己谋利，并从而为社会带来不利。



当每个人，只要他愿意他就可以成为私有主的时候，这时候私有财产对于社会并没有害处。当时，在我们这儿和其他的地方人类是这样稀少，他们甚至对于大地的辽阔还没有一个正确的概念；但是从那个时候起，人类的数量已经大大增加了，并且还在继续不断地增加着；但是土地还是那么多。正是因为这样，难道几千年以前定下的土地分配能适合于我们今天的时代吗？

不能了！因为今天有着千百万人，这些人没有半分土地，土地的私人占有制就成了一种违反社会利益的不公正的制度，一种不可饶恕的、可耻的窃盗行为。[1]

当人们初建立私有制的时候，如我们上面说过的，是可以原谅的，它并不剥夺任何人并不同样成为一个土地私有主的权利；因为当时还没有金钱这种东西，而土地也很充裕。但是自从那时候以来已经有了这样一些人，这些人已经被注定不可能成为私有主，原因很简单，因为一切土地都已经被人占去了，少数人已经把一切土地攫为己有，并且禁止别人享用他们所攫取的土地利益，从这个时候起，土地私有就成了对于社会的自然权利的一种侵犯。一种无情的，同类相残的，亵渎人类尊严和天职的行为。

把大片小片的土地攫为己有这种行为，只有在每一个人都有这种自由和可能，都可以为自己垦殖一片或大或小的土地的时候，才是在道德上可原谅、可允许的行为。当并不是每一个人都能这样做的时候，私有制也就不再是一个人的正当权利，而是一种最残忍的不正当行为，特别是当它已经变成了千百万人穷困和痛苦的根源的时候。这个真理是和晴天的太阳一样明白的。

打开你们的那些监狱和拘留所，我告诉你们，那里面有很多正直的人。打开那些东西，告诉他们说：你们过去不知道私有财产是什么。我们过去也不知道；让我们联合起来共同推倒这些围墙、篱笆、栅栏，填平这些沟壑，以便消灭这些使我们隔离的原因，让我们重新再成为朋友吧！

---

① 魏特林看过蒲鲁东（1809—1865）1840 年出版的第一本著作《什么是财产?》，1849 年他把蒲鲁东的这本书称为社会主义文库里的一颗永远灿烂的明珠。（参看本书 346 页）马克思也指出这本书是蒲鲁东的最好作品。在这本书里——说到布立索的时候——提出了“私有财产是贼赃”这个命题。

在今天的社会里维护私有财产这个概念，这就是屠杀大量的劳动者。因此按照基督教的博爱观念也是完全不应该、不可能为它辩护的，可以这样说，对于一个真正的基督徒来说，这种辩护本身就像残杀自己的同胞一样可耻，不论这种残杀是用的毒药、匕首或是饥饿，还是用暴力或诈骗手段去剥夺他们的生活资料。

野蛮人所以不劳作，因为他们没有这种必要，但是他们至少必需有方圆要走一个钟点路程那样大的空间才能维持生活，我们的祖先也曾经一度生活在这种状态中；但是在这样的状态中德国至多大约只能养活三万人，今天人口增加了一千倍，甚至不止一千倍，可是土地依然如故。难道能说现在的三千四百万人不和从前的三万人一样具有对土地的权利吗？如果说这三万人定下了一种私有土地的法则，这法则却并不限制任何人，只要他愿意去占有，也可以成为土地私有者，是不是这就证明了，当时的那个概念对于今天的社会状况也是同样适用呢？绝不能这样说，这些土地属于我们全体和我们的后代；它不能分给某些少数人，它不能也绝不允许分给任何个人。它对于任何人都不例外，它是我们全体所共有的。

一旦人们认识了贫穷、困苦和早死并不是因为命运，而是因为社会背离了自然的规律和基督博爱的精神，他就应该大声疾呼地宣告：这是我最神圣的职责。在这里，默不作声和表示懦怯是最可耻的对于上帝天赋本能的亵渎，是对于人类社会最卑鄙的叛卖，是一个人所能犯的最下贱的罪行。因此让我们不要再默不作声了，让我们把真理的声音传遍全世界。把你们的呼声和我们的合并起来吧！你们那些可敬的高贵的人们，在你们胸中对于崇高和美丽、对于人类的生存和进步还有一种崇高的感觉，你们那些愿意把日日夜夜贡献给社会福利的人。把你们的呼声和我们的合并起来吧，你们那些在讲坛上在学校里宣扬博爱信条的人，让我们联合起来高呼：**私有财产是一切罪恶的根源！** 主啊，让我们从这一个罪恶里摆脱出来。

人们把私有财产这个概念加在尚在摇篮里的人类，尽管它那柔嫩的身躯暂时还能在里面适应，但是这对于它说是一个铁制的、不舒服、不习惯的襁褓。但是，这个孩子在一天天长大，而且他愈长大，也就愈感觉到这个襁褓的不舒适。

但是现在快给这孩子脱下这个襁褓吧，因为在他那紧束的肉上已经刻上条条的血痕了。怎么，你们还要迟疑，难道为了一种幻想的美丽的形式，你们宁愿把整个健康的身体弄成残废吗？你们宁愿把一个天生的健康人变成一个装饰的木偶，一个没有意志的机器？

只要在那里有一个人死于劳苦和穷困，私有制就是犯了一次劫盗杀人罪；如果在你们那个社会里第一次有这种事，你们就可以知道，应该到那里去找这个杀人越货的凶手。

不论那些好心财主们觉得这些话怎样奇怪，可是他们在深思熟虑之下也不能不承认这里面所包含的真理。当然他们可以自己安慰他们自己的良心，说：“谁要是愿意劳动，乐于劳动，并且他是一个能干的劳动者的话，他到处混得到一碗饭吃。”这差不多是实在的；而且这碗饭也常常是这样混出来的。但是如果一切人都是熟练的劳动者那时候又会怎样呢？财主们会肯自愿把工作时间缩短，以便让一切人都有工可做吗？一定不肯；那么那时候又有什么两样呢？那时候熟练的人还不是同样因为缺少工作而陷于贫苦和死亡，或是由于过度的劳作精疲力竭而病倒，完全和今天一样吗？所不同的不过是这种命运到那时候才落到熟练的劳动者头上，而在今天则不熟练的人更感觉这种境况罢了。

今天，困苦的命运并不完全是专对着不熟练的人，这个命运普及于一切不能不依靠双手劳动为生的社会阶级。但是今天劳动者的数量这样大，财主们可以从中大批挑选。他们没有必要专从灵巧、熟练着眼，而是也从利益上计算。

又有些人要说：什么？我的财产是我凭正当的本事挣来的，现在要我拿出来和这些讨饭的花子们分？他们这种人没有上过学，没有出门见过世面，他们这种人好吃懒做，喜欢游荡，酗酒而不爱工作，把我的财产和他们分？

这是人们经常听到的一种呓语和混话，但是只有那些连最浅薄的集体观念都没有的人才说得出这些话来。

他们相信，如果一切都分了，每个人就得到同样大的一小块土地，因此人们是要用强力夺去他们的财富。这种陈词滥调人们已经听够了。

不要怕，你们这些搜刮财富的人，绝不用强力夺取你们分毫。如果人们拿去了你们那所谓私有财产，你们将会比我们这些讨饭花子们更穷得一无所有。我们知道得很清楚，包围和充满了你们整个心灵的只是自私和自利。

还有其他的方法，这种方法，即使你们之中最自私的人也一定不会把它称之为不道德的。但是采取这种方法将会更加促进你们去争名夺利。

现在我且试着来更详细地说明土地私有制的产生。

紧接着第一个私有动产的思想，也就产生了私有不动产，也就是说，分割土地的思想。

当时，在森林和山谷里，人们还可以找到供应他自己和他牧群的足够食料。但是有时候也产生这种情况，很多人都带着他们的牧群挤到了同一个山谷里去，以至于他们所遇到的不是充足有余的果实和牧草，而是最好的果子已经被摘去，最好的牧草也已经被吃光了。

于是人类四处找寻果实和牧草的事开始渐渐变得困难起来，并且正是在人们最常去的地方首先感觉到了，因为在那里，人们维持生活的必需品最先稀少起来，并且找寻这些必需品对于人来说也最先感觉困难起来。

这就使得有些人去找寻一些比较辽远的、比较为人少去的地方；但是，另外有些人产生了这样一个想法：翻松一小块土地，把一个他们用作食料的籽实种下去。



这就是农作的发明。

我们试想象一下那个首先从事翻种一块土地的人和那些在旁边睨视和诘问的邻人吧。那个人是否要受许多人的哄笑和讥讽，认为他愚蠢呢？很可能是这样！就像今天我们的理想受许多人的讥笑一样。

通过农业的发明，大自然给人们发出了走向团结和联合的第一个指示。大自然仿佛告诉人说：你们没看见这种养活你们的植物的一颗小小的种子吗？它就是植物借以繁殖的东西。当它成熟了的时候，它茫无目的地洒落在地上，在那里，它为林中的鸟兽所啄食，为树丛荆棘所窒息，为洪水所冲刷，为大风所飘散，这样就夺去了你们的十倍的享用。去吧，搬开那些石头，引走那些流水，斩除那些荆棘，翻松那些土地，然后撒下你积攒起来的那些种子，既不要太密，也不要太稀，以便每一株生长中的植物能得到它的空间、阳光和养分。

农作发明人照着大自然给他的暗示做了。幼苗茁然而出，他眼里看着高兴，心头怀着欢喜。从前，孤立的棵条常常被风吹折。现在风吹在上面如同吹过一片金黄色的海。如果一棵棵孤立着，它们会抵抗不住风力的冲击，但是全体合起来，就只不过是引起微微的一摆，它们依然无恙。

有些孤立的小树，狂风过后倒折在地上了，而庄稼并无损害，被风摇摆过的丰满的谷穗又昂然迎着太阳。

农作的发明是一种指示，通过这种指示，大自然使人注意到了集体和团结的利益。



在今天这种个人主义的制度里，集体观念的这个种子正被高压的石块所压制着，正被迫害的荆棘所窒息着，一棵棵分散的幼苗正受狂虐的风暴吹击着。人们绝望地望着那荒凉的、不毛的田野；社会制度这块土地的更好的耕作方法已经发明了；但是很少有人敢于从事这个艰巨的工作。为什么现在还要迟疑呢？干起来吧！让我们来搬开这些石头，斩除这些荆棘，芟除这些断干残枝，把它们刨出来，抛开去，把那些人类苦痛的河流转换一个方向，以便使这些河流，不只不再为害于这些幼苗的繁荣，反而变成对于这些幼苗有益的、必需的东西。

农作发明人翻松了他的土地、撒下了他的粮食种子，邻人们冷眼旁观；他们吃净了他们的粮食籽粒，而且对农作发明人加以讪笑。但是种子的幼苗长起来，粮食成熟了，邻人们瞠目惊奇，再不说那些存有成见的话了。

但是农作的发明是和劳动的必要性不可分的。从那时候起人类就应该牢牢记住：谁不劳动，谁就不该享受劳动的果实；但是他们还并没有理解到劳动的这种情况，劳动还没有成为他们的一种负担。因此他们也没有想到，把劳动规定为一种义务；但是主要的也是因为严格意义下的劳动，当时还没对于人成为必要的事。这是从游牧民族走向农业经营者的过渡时期。这还是第一次人类把他的脚踏上了文明的最低阶段。

农作发明得到了欢迎和仿效。不久，在许多地方土地都被开垦起来；但是在收获的时候，发生了不愉快的障碍。这是第一个农田耕作者所没有预想到的。

在收获的时候通常会有些来帮忙收获的人，这些人并没有参加过这块土地的耕种，结果变成了少数几个人为了大家而劳动。这就使人发生了劳动的价值这个思想，于是有些人开始拒绝这些不速之客。因此发生了争执和殴斗；我的、你的这个词现在成了农业经营者所常说的话。



人们渐渐地日益习惯于这些名词，劳动的价值和必要因此也就得到了承认。最后，农田耕作者彼此联合起来，互相保卫他们的劳动果实。但是他们并不共同劳动，而是每人按照自己的兴趣和需要各自耕种一块土地。这样不久，又发生新的困难，往往第二年来了一个劳动和农作的新手，他不自己去开垦一块土地，而是在现成的、别人已经开垦好的土地上播种。

由此发生了新的混乱，新的冲突。什么，他说，我凭着血汗把这块地开垦出来，你却来这上面播种。**“这块地是我的！”**他加上这句话，但是说完这句话满脸通红地背过身去，他对他自己的这种说法感到惊骇。

**“这块地是我的！”**这句话的回声振荡，**“这是你的？”**那惊讶的播种人问道。旁观倾听的邻人们也重复掂量，说：**“我的，他的，我们的！”**

私有制发生了，而且得到了承认。以后，整个氏族都出现了私有制，他们把周围的土地自己划分开，并且立下了一个契约，彼此共同遵守这种私有的划分。

于是，大家都来占有迄今还是无主的土地，连同那些土地上的果实。每个人都可以得到他所需要的土地，并且绰绰有余，这种不动产的发生，因此，并没有带来任何矛盾。这种法律完全适合于当时的时代，但是并不适合于我们的时代。

每一种法律都产生于时代的需要，而时代是在不断地变更着的，因此法律也必须变更。

古代的法律，仅仅因为它年代古远，因此认为它神圣不可侵犯，这正是在人类进步道路上倒退或停滞不前的原因。

**一个完美的社会没有政府，而只有行政管理；没有法律，而只有义务；没有刑罚，而只有治病救人的手段。**

# 第四章　遗产继承的发明

如果人们在不良的地基上造了一所房子，就会不断地需要修理；人们可以用各种办法撑住它，支住它，但是永远不能保险这所房子不会有一天因为一点变故，诸如风暴、地震或是洪水，一下子整个倒塌在他头上。于是一般就用些小木棍、石灰、石头来修修补补，以便尽可能久地防止住宅的倒塌。而不是立刻就从地基上重新另盖。私有财产这个概念也就是这样。

时间并没有经过很久，由于地产所有人的死亡而引起的纠纷就日益繁多，特别是如果这些业主在他们生前并没有把产业指定赠与给某人。即使有这种指定的赠与，也往往被死者的子嗣或是强悍的邻人所否认。为了补救这种混乱，人们想出了一个办法，这就是遗产继承。

现在，按照这个新的观念，死者生前如果没有其他规定，他的财产就直接归于他的子女；关于这一点，社会立下了一个公约，这种公约成了神圣不可侵犯的法律，并且要求以后的世世代代也都继续遵守这个法律。

这样，由于遗产继承的发明，就平息了那种永远有利于弱肉强食的产业所有权的争夺，并从而给了私有财产的观念以生存的时间，并在这个社会制度里日益巩固地扎下根来，如果我们重新要把它挖掘出来那是非常困难并且要花费许多力量的事。

人们曾经花费多少气力，把私有财产和遗产继承的观念灌输给青年人，并且千方百计要他们习惯于这个观念，除了其他事实以外，古代德国的历史也可加以证明。古代的德国人把子女领到田地的界标旁边去，把这些界标指给他们看，然后就当着这些界标把他们痛打一顿，好使他们对私有产权这个概念深深地有一个印象。

如果说让他记住私有财产这个概念曾经花费过这么大的气

力，这就足以证明，并不像有些人断定的那样，人生来就是坏的。

遗产继承的发明，使私有财产的观念达到了它的极点。就像昆虫的幼虫在果子里一样，私有主的子嗣们就这样凭着这个新法律的保障盘踞在财产和财产的生产品之中，吃空了、败坏了这些果子，除了和他们的上一代一样在里面孵化他们的子嗣以外，没有作出任何其他的贡献。

其结果是，每个人都试图攫取那么多的财产，好使他自己连同他的子孙过一种安逸的、懒散的生活。

如果说过去私有财产的后果是造成了主人和奴隶，那么今天它更在制造出大批游手好闲的人，并使灾难变得更加深重。一个错误的、违反自然规律的制度就是这样地惩罚着它自己的。

长子继承了父辈的财产，因此得到一种可以不劳而食的生活地位。但是只要他一听到人家说：他的生活和幸福都是靠他的双手劳动来的，总也不能不面红耳赤，自觉羞愧。



这样一个被遗产继承法造成为懒汉的青年人，我总觉得他像一块躺在路上的石块一样，行人如果想不碰着它，就不得不绕过它走；人们在走路的时候气足力壮还不大注意它，愈是疲乏，就愈感觉到绕过它走的可厌；但是果真人们疲乏的脚步碰上了它，如果它还不是一个无知无识的东西，人们还可以对它发发脾气，否则对着一块石头恼怒也是枉然的。但是我们应该让那道路看守人滚开，把那管理机关赶跑，换上另一个好的管理机关和看守人，能够把每一块石头都摆在恰当的地方。

但是，这里需要特别指出的一点是：这一切有缺陷的社会制度，劳动的不公平分配，私有财产和遗产继承制的发明等等，对于在这些制度中生长的第一代，还不像对于第二代那样有巨大的恶果，而是这些社会组织随着年代的愈是久远，它的恶果也就愈是严重，因此，这些社会立法在最初施行的时候还不是那么有害，随着年代的发展而变得愈加落后、愈加有害。

现在我们试着更详细地说明这一点：

我们设想有一个小岛，岛上的产品可以供给十个人不劳动而生活。我们又设想，这十个人繁殖增加了三倍，并因此不得不按照他们增加的程度，去考虑如何可以保障他们在这个小岛上维持生活的办法。最适当的办法是，提高和改善那已经成为必要的劳动并且调整劳动的分配。如果说这十个最初的岛上居民，从前是在森林和山谷里采集野生果食为生的，如果说他们是在感觉到饥饿迫促的时候才去捕猎野兽的，那么在人口增加之后，继续这样做就不行了。

野兽和果实在日益地减少，于是就发生匮乏，他们不能不想办法克服这种匮乏。于是他们垦殖土地，因为他们发现，如果他们以这种方式来培育有用的植物果实，他们的维持生活的资料就可以增加许多倍。同时，和培育植物一样，他们驯养兽类，饲养牧群。

这样，他们的人口增殖愈多，他们就愈是从田地里争取更多的产品。但是，如果那最初的十个人把岛上的全部土地都彼此瓜分了，并且每个人同样又再分给他的子孙，有一天将会变成什么样子呢？就要和我们今天的情况完全一样；一个家族的人数增殖愈多，子孙所继承的部分就愈少；无产者的劳动日益为有产者的利益服务，每个人，为了保障他的生活，将不得不或者卑屈逢迎，或者暴力劫夺，或者欺诈狡骗。现在，如果这个部族增加到了一百个人，其中最富的十个人就会对其他的十个人说：如果你们做我们的听差，你们就可以有饭吃；对另外十个最强壮的人说：你们来保卫私有财产的法律；又对另十个人说：你们来保管我们储存的物品，又对另外二十个人说：你们来给我们建造宫殿、围墙和壕沟，给我们制造兵器、豪华的奢侈品等等，这样就有五十个人是为了这十个富人的特殊利益而服务的；此外十个是老弱幼小没有劳动能力的人，其余的三十个人，为了生活，就必须在别人为他规定的任何一切条件下听候摆布，而且不能不满足于最微薄、最恶劣的一点生活必需。如果他们敢于抱怨，人们就会停歇他们的工作，让他们挨饿，如果他敢偷窃，人们就会把他们关到监狱里去，如果他们敢于暴动，人们就会用其他可怜的奴隶们手里的武器来对付他们。

在这个比喻上再加上金钱制度，这样，你们对于今天的社会就有了一个总的概念了。



通过遗产继承，数千年来富人把他们的财富世世代代遗传给他们的子孙，就像穷人把他们的贫穷世世代代遗传给他们的子孙一样。难道一个人就永远不可能转变了吗？不，问题不在于这里，问题不在于这一个或那一个可敬的先生得到了一份产业，而是只有任何人都没有产业，或者人人都是全部土地的继承人，事情才能改观。

如果没有一个人不被允许进入一个国家、一座城市、一幢大厦，如果没有一个人能任意支配那为全体生活所必须的一部分产品来谋他个人的私利，那时候，不也就是整个地球真正成了一切人的财产了吗？

# 第五章　战争的发生

争端愈来愈严重，发展成为一种流血的争斗；主要是因为，人们逐渐把武器的使用变成了一种手艺，而这种手艺对于那些爱好自由的自然人来说，要比那不平等的、不规则的劳动更有兴趣。在这种争斗里不只掠夺动产，并且人们也互相夺取已经成为私有财产的土地，并且把这称为占领。为了从这种占领中获得期望的利益，人们把这些土地的原业主赶走，或是连同他们的家族一齐屠杀掉。害怕自己的产业被人掠夺的恐惧心，日益促使私有主们结合起来，并且教会他们。为了保障大家的生存，在危难的日子里应该如何克制他们的个人利益。

这样，对于许多部落这种危险的威胁愈久，他们彼此的结合也就保持得愈久，以便抵御这种危险，于是通过一种彼此更密切的了解，通过一种由此而产生的共同的语言和风俗，这许多部落习惯于把自己认作是一个特殊的社会，这样就产生了民族。

正像每一个人对于另一个人有他特殊的利益一样，每一个部落对其他的部落，每一个民族对其他的民族，也有他的特殊的利益；但是个人的利益究竟超乎一切其他利益之上。

当个人的利益面临着其他民族的更大威胁时，他就紧靠着他的民族。而当个人利益看到反对他的本民族有更大好处的时候，人们就反过来对他的本民族作争斗。

由于民族与民族之间经常处于敌对状态，每一个民族日益把希望寄托在养活武士用以劫夺和抢掠上，这就逐渐造成了一道鸿沟，把民族与民族隔离起来，他们互相采取一种疏远防范的态度。为了尽可能明白表示这种隔离，人们借助于大自然，并且发明了疆界。现在，这种疆界也成为一种私有财产，一个民族的私有财产，一个民族为了不和邻近的民族相混，用一种特别的服装，特别的语言，特别的风俗习惯来表现自己。

就是这样，私有财产把那最可厌恶的、把人类降低到禽兽的怪物——战争召唤到世界上来；为了好使它那恶魔的眼光时刻恐吓着人类颤抖的心。

原始森林里最野蛮的怪兽也不像人类这样疯狂地对待自己的同类；即使那些怪兽为了填饱自己饥饿的肚子，也不至于这样对待其他兽类。

但是人类，成千上万集合起来，高歌呐喊开到正在茂盛生长的田地里去，他们的车轮马蹄践踏田地里的庄稼，他们在疯狂野蛮的叫嚣欢呼声中彼此互相斫杀。一场野蛮得可怕的傀儡戏，一片荒凉的废墟，遍地血迹和尸骸。面对着这种可怖的野蛮和疯狂的证物，人们还说什么人是上帝的肖像；如果人把他最可贵的青春和力量用于破坏，他就绝不是上帝的肖像；一个上帝的肖像绝不会使自己从事于杀人的事业。

如果我们观察一下，并且想一想，人的身体是多么娇嫩和脆弱。人患病了，要恢复健康，需要别人多少关心照顾，多少的努力和辛苦，要多么细心地调护服侍；病人自己，医生和护士又要花费多少耐心；病人在这时变得十分驯顺，可是，从这个景象里忽然一下子跳到屠杀和战场中去，为了毁坏这个脆弱的娇嫩的身体，人却想出了怎样一些可怕的机器；这就不能不令人怀疑到，他那所以异于禽兽的理性究竟是否存在。至少有一点是可以肯定的，如果说他那理性的运用一方面把他提高到禽兽之上，另一方面却往往把他降低在禽兽之下。

现在有一些人会说，人原也反对战争。只是如果真正过着一种冗长单调的、永久的和平生活，人类都到哪里去呢？他们最后将会繁殖到还是不得不互相人吃人的地步。

首先，在这里要指出的是，今天的战争并不是通过公开的双方厮杀来阻止人口增加的；如果说它给人口过剩拦上了一道坝，还并不是因为战场上的大量牺牲，而是因为全体居民遭受战争引起的困苦、灾荒而发生的连年死亡。

战场上的屠杀并不能防止人口增加；因为在战场上牺牲的都是男人，他们虽然能生，但是不能养；假定有一天成千上万的女人互相厮杀，人口的减少就要达到可惊的程度。如果今天忽然五分之四的男人从地球上消失，不过一百年，人口会恢复到和原来有足够数量的男人时一样。因为女人们一定会注意到，她们在大自然的滋生繁育中作出各自的一份贡献，这是一种天赋本能，是不可扼杀的。男性的大量减少的唯一后果，将会是婚姻制度在法律上的改变，或甚至是这种制度的根本废除。

由此已经表明，现在所进行的战争，对于解决人口过剩是一个既达不到目的，而且有害的方法，何况我们现在还根本用不着惧怕什么人口过剩。

我们先让地球上的人口再增加五倍，如果已经达到了这个数量，而且人类认为有必要，应该想办法给人口过剩拦上一道坝，到那时候也还来得及。因为那时候我们立刻就可以办到，用不着做一些毫无益处的事先预防，而是采取一种很简单、很有效的方法，这方法并且还可以用来美化和提高人类的种族。

当生活在集体制度中的人类一旦达到了这样一个阶段，他们认为有必要来对于人口过剩采取办法了，那时候就会在社会里发生最重要的改革；那时候离这种时代就不远了，在那个时代大多数疾病都要消灭，那时候人类将重新恢复他那原始的强健的体格、发育和体态；那时候再没有活死人、残废者或是带病延年的人在我们中间憧憧往来，把他们的缺陷通过他们的子孙再留传给未来的世代；那时候医院将要比以前任何时候空闲，那时候随着身体上的疾病的消除同时也日益克服了种种精神疾病的根源。

战争是一种罪恶，但绝不是一个永远长存的罪恶。如果说我们要求战争，那只是为了希望有一天能看到结束我们的压迫和痛苦；如果说我们的压迫者今天要求战争，那只是为了增加他们的享乐和特权。再假定说是大自然要求这样，因为没有比人类更强大的生物，所以要让他们自相残杀，以便给他们的增殖加上一道自然的堤防，又假定这种方法，就像今天人们必须屠宰牲畜来做食物一样，千百年后也是必需的，那也不必要无计划地屠杀他们之中最强健、最有用的分子，并且这也是和一切道德原则相悖的。

把战争看作是一个**必要的**罪恶，因为它可以防止人口过剩，这是一种什么谬论！

抚养起千千万万的儿童，发展他们生来还不具有的知识，就是为了当他们一旦成长，正是能够报答社会对他们所尽的力量，正是能够对社会有所贡献的时候，让他们去互相残杀吗？

因此我们可以不必像替皇帝的胡须担忧一样;胡子长的太长了,他自会剪去的。我们把战争看作是一个罪恶,但并不是一个永远必要的罪恶,我们需要战争只是把它用作消灭另一个更大罪恶的以毒攻毒的手段;因为只要不公平在地球上还存在一天,战争就必要一天,就必须对这不公平进行战争;因此耶稣说:我来并不是为了送来和平,而是送来刀剑。

# 第六章　奴隶制度的产生

战争,作为它的后果,带来了种种最可恨的、人类迄今所没有见过的罪恶。人类在文明程度上高出禽兽多少倍。他在许多其他方面比禽兽还要低多少倍。这些可恨的罪恶之一就是奴隶制。因为劳动对于人已经开始成为一种负担。而武士是看不起劳动的,于是发生了这样一种思想,对于那些在战争中抓来的俘虏,不是杀害他们,而是从他们身上榨取尽可能多的利益。人们把他们用索链拴起来,分配给武士们;武士们强迫这些俘虏替他们劳动,给他们耕种,给他们制造家庭用具以及从事其他劳役。这些俘虏因此可以有饭吃,但是他们除了他们的主人的意志以外不能有自己的意志。

在这里,才第一次公开了这样一个最丑恶的名字;在这以前,人类的本能还始终感觉羞惭,不敢把这个字公然说出来;现在随着奴隶制度的发生,在那已经在自私和统治欲的冰壳下冻结了的人心里,最后一点兄弟友爱的感觉也都窒息了。

起初，人把他的手伸向森林中的野兽，他那罪恶的嘴同时说出了**我的**这个字，然后他又动手攫取土地和它的果实，说：**这是我的财产**。现在他把他的手伸到他的同类身上，为了用他那可恨的**我的**把他的同类造成和林中的野兽、脚下的土地和土地上的产物同等的东西。

人还能被降得更低吗？

主人是不会。但是奴隶，我们下面将要看到还要更低。

请你们别对我再说你们那上帝的肖像吧；我们很容易就可以习惯于这种讥讽的用语的。不，人不是上帝的肖像；无知和开玩笑的人捏造了这样一句俏皮话，我们的浅薄无聊把它随处用成了口头禅。

走开，奴隶！滚，私有主们！还有你，财主先生！不，你们都不是什么上帝的肖像！难道不是吗，你们都不是？——他们不回答！他们明白了我的意思。现在让我们继续往前走。

放松了自私的缰绳，自私就像脱缰之马跑下去再没有止境。因此私有财产这个概念今天已经扩展到人自己头上。任何东西都不再保险能逃脱这个称号，甚至连神灵也不能；因为不久就会不再说我们的神灵，而是说我的神灵，不再说我们的上帝，而是说我的上帝。如果他们能够把空气占为己有，他们也就早那样做了。

但是我们还是退回到人间来，退回到这个被他的兄弟们造成了私有财产和奴隶的人间来。

不公平分配产生了对劳动的轻视和懒惰；懒惰产生掠夺的贪念，掠夺的贪念产生战争的爱好。于是人们宁愿彼此残杀，而不肯为自己、为别人劳动。但是因为战争只能是一个暂时的时期，当时人们还不能一生都要这种血腥的手艺，因此在战争之后，人们究竟不能不又被迫去劳动，去耕种所占领的土地。为了免得费这种劳苦，人们发明了奴隶制度。

现在人被人当作牲畜一样用棍子和鞭子驱逼着劳动。——但是我们也需要注意：他究竟还因此被给一碗饭吃。

从这时候起有了两种人：一种是劳动的人，和另一种不劳动的人。奴隶和主人。

今天，世界上有许多种人：

1. 从事有益事业的人；

2. 从事无益事业的人；

3. 完全无所事事的人；

4. 从事有害事业的人。

或是换一句话说：世界上有正直的人、无知之徒、白吃饭的人和流氓无赖。

当时奴隶的价值对于他们的主人并不比牲畜的价值高。人们让他们生育繁殖。并且利用他们的儿女再做奴隶。人们把奴隶带到市场上，用他来和牲畜或是其他器具交换。1)①

人类由于私有财产的发生，就堕落到一种这样可怕的境地。从这里，人们可以看到，如果不知道怎样善于引导这个洪流，这种永无餍止的贪欲会汹涌泛滥到什么地步。人本身、一个有理性的人本身，连同他的才干和能力会变成那些不义的人们的私有财产。

不止于此。这还不过是在人类头上腾涌而来的大苦难的第一



① 见本书第59页注①中译本编者关于体例的说明。——中译本编者注

个序幕。人们愈来愈精密，愈来愈机巧，愈来愈熟练地想出更完善的方法，从一个人的苦难的骨髓中榨出蜜来，供另一个人的享受。

唉！不幸的人类，你还远没有达到你的苦难的尽头！你的那些暴君是不会这样早，这样便宜就放弃骨髓和眼泪的榨取的。只要你还有骨髓、血和泪，你就准备着倒出来吧，因为就要轮到你的。你望着那行刑者害怕，但是又不得不挤向前来；因为你饥寒交迫。而且你是不至于完全丧失了你的骨髓的，那最薄如水的一部分骨髓，人们会留给你当作你的饭食。你的血和泪用不着白流，人们会把你的血和泪调和起来，给你润湿一下干枯的喉咙。

呀，他们怎样争着挤向前来献出他们的骨髓和血泪！——有些人已经受到拒绝，他们的血管里已经没有血，肢体里再没有骨髓，也再没有眼泪来哭泣他们的命运了。哪，他们已经完了，他们倒下去了。一霎间，这里又是另十个人来替代，都是面色红润的年轻小伙子。喂！你们对于那些大爬虫正是最好的猎获物哩！他这次又熬过去了；呀，可怜的奴隶，你还在夸耀你那殉难的事业呢！你不害羞！——不，不，上帝可怜这些穷小子吧！

你，两足的、理性的怪物，你想骑在你同类的头上做他们的主人，你想在残忍和恶毒上胜过恶豹和鬣狗，你想把你那虚假的、伪善的眼光，把你那山猫的头昂到天一样高；你糟蹋神灵，玷辱你的本能，你无所顾忌；把你那眼光垂下来对着大地，只要还有一声悲叹从奴隶的地狱里透出来，只要朝阳还照耀着一滴受难者的眼泪，只要在甜蜜的乐曲里还混合着一声压迫的叹息，把你那眼光垂下来吧！而还有你，奴隶！你那匍匐在地上不肯起来的！什么，你在你主人面前这样懦怯，畏葸地低垂着的眼光，你也敢把它朝向天上么？你难道要使天也照映在你那屈辱里么？

# 第七章　商业的发生

由于农业的发明，人的享受多样化了，为时既久，人也就习惯于这些享受，并因此成为一种需要。随着人们的不同的嗜好，这种需要是各式各样的，并因此生产这些享受品的劳动也同样有各式各样的。这个人善于种谷类，另一个人善于种豆类，第三个人种果树，第四个人种蔬菜，如此等等。农田耕作本身要求农具的制造，而制造这些器具的技术又各个人不同，于是有些人积存的器具多些，而另一个人，由于缺乏必要的训练不能同样熟练地制造，对这些器具就感到缺乏；因为一般地说，一个人比别人训练得多些，这个人的工作就要比别人好些，而每一个人所造成的产品，对于全体来说，或者是必需的，或者有要求得到它的欲望，于是人们开始把各种不同的器具和农产品互相进行交换。人们用农具交换谷物，用果品交换豆类，用衣服交换武器等等。决定每一个产品价值的，不在于用于这个产品上的劳动时间，而毋宁是在于这些产品是否剩余或缺乏，在于它们的质量和数量。

随着霸占的土地被承认为私有财产，当然土地上的产品也就成了私有财产。

于是在这种方式下，因为人的劳动是完全由偶然支配的，因为并没有人来调整劳动，因为每一个人都把劳动看作是取得他个人的需要和享用的手段，因此也就没有人去认真注意，是否一个人为了达到这个目的所采取的手段会对于其他人的手段和目的有所损害。

一些人把建造房屋，制作农具和武器的最好的材料作为他们的私有财产囤积起来，使另一些人在需用这些材料时，要花费许多辛劳，最后不得不忍受损失用其他产品去向囤积者换取这些材料。

而在交换行为本身中，人们试图欺骗，把一件坏的产品夸扬成一件好产品。从而引起了彼此的不信任。

不止如此。被欺骗的人又试图报复。用强力夺回别人从他们那里用诈骗所多得的利益，而且夺取的更多些。由此发生争吵，殴斗，流血，杀人。

这样，随着私有财产又发生了偷窃和抢劫。这两件事的发生是不可分的。私有财产是偷窃和劫杀的根源！但是不久，人们就认识到这些新的罪恶的可怕。于是采取了对付的办法，制定了法律，这些法律把某些人的私有财产神圣化，而对于另一些人，如果他们也采取前者所采取过的同一的攫取私有财产的手段，则加以处罚。

不同的个人利益日益把人分成为彼此敌视的集团。为了给新的法律以力量，需要有强力的防御措施。因此私有主们就更加紧密地集结起来，用篱笆、围墙和壕沟把私有财产围起来。由这种方式就产生了城市和圩寨。

现在，战争是在这个寨和那个寨，这个城市和那个城市之间进行的了，在各式各样的战斗中，许多从事于有益器物的制造的人丧失了生命。人们在保卫私有财产的时候，在建筑围墙、壕沟、碉堡，打造兵器等等的时候，在加入战斗的时候，又不能不搁下那些有益的劳动;于是,由于要保卫私有财产而引起的时间损失,需要人去做的有益的劳动变得更加繁重了。

因此劳动已经开始对于人成为一种负担。它的沉重的压力只是因为习惯才使人觉得稍稍减轻一些。

物物交换的商业愈是扩展,就愈是有更多的人从更远的地方把产品带来交换,这些产品是人们迄今还没有见过的。这种外来的产品当它第一次在一个地方出现的时候,交换特别有利,并从而引起了别人的羡慕,同样也到远地去搜集这些货物,以便这样来增加个人的利益。于是,人们到迄今还不知道的地方去旅行,访问从来不曾认识的人。

因此,人们见识了无数以前所没有见过的产品,并因此而更加提高了享受和加强了劳动。



人们把某些这种外地的产品试着也在本地生产;这种试验成功了,于是那些迄今只生长野苹果、刺李、萝卜和少量谷物的未经精细耕作的地方,现在变成了繁茂的园圃,其中盛长着葡萄和南方的果实。

但是培植这些产品的劳动并不是每一个人都参加的,因为,上面我们已经说过,劳动是没有很好调配的;因为有大量的人手从这种培植新产品的劳动中,被抽调走了,由于要去从事那些无益的,但是由于有缺陷的社会组织而成为必要的劳动。因此劳动开始成了一种负担,人人都想方设法,尽可能地少担负些劳动。

最大胆冒险的、最强悍有力的人拿起了武器,并且把使用武器的技术变成为一种行业。和商业一样,现在抢劫大为流行。由于有很多梭巡窥伺着猎物的盗群,使得远地旅行的商队不能保证安全。于是保持相当数量的武装人员保护商队以防盗群的袭击，或是自愿把一部分商货送给盗群作为贡赋，就成为必要的事。但是由此所产生的损失，在以其他产品和这些产品交换的时候部分地已经计算在内，因此实际上只是生产这些产品的人主要地负担了这种损失。

由于物物交换商业的扩大，现在造成了这种情况，许多经营商业的人都占有很多的财产。通过财产的占有，这就使得财主们具有一种能够左右财产较少的人的很大影响；因此财主们可以毫不费事，把财产较少者的利益牢牢地缚在他们的利益上；于是人们就习惯于按照一个人的财产的数量来评定一个人的价值。

人们开始对于财主们特别表示尊敬，希望因此取得他的好感，通过这种好感可以和他做一笔好交易，或是通过他得到其他的好处。



人们对于拥有财产的人尊敬的程度愈高，没有财产的人在大众眼里的地位也就降得愈低。自私开始把它的柔嫩的根芽在私有财产的概念里四处伸展出来；平等之神离开了人间，为了报复，逃进了阴暗的森林和辽阔的沙漠里的盗群中去。

从这时候起，人们把一切偷窃来的东西叫做财产，而把赃物的交换叫做商业。

# 第八章　金钱的发明

人日益增长的需要和因此而增加的劳动产品使得物物交换的

商业大大地扩展和多样化了。由于产品的增加和多样化，在产品交换中发生了许多纠纷和误会。这一个人带着皮革到市场上来，为了换工具；但是那个有工具的人往往不需要皮革，而是要求交换木材或是铁；而有铁出换的人既不要工具，也不要皮革，而是要换取衣料或是果品或其他类似的货物。因此原来很方便的物物交换的商业就遇到重大的障碍。为了消除这种障碍，人们有了一个新的发明，这就是**金钱**的发明。

人们把金和银叫做贵金属，把它切成小块，在上面印上大人物的肖像。

这块金属品，人们给了它一个假想的价值，就被用作为被交换的货品的价值标准。通过这种方式，这块金属品就具有了一种它原来不具有的价值，而这种价值是按照所有者或是收受人的情绪、运气和心机而或增或减的。

这种新发明在后来的时代里，对于社会引起了一些怎样可怕的后果，金钱的发明人当初显然是没有料想到的，就像火药的发明人没有料想到火药的后果一样，甚至比火药发明人更加料想不到，因为火药发明人还可以意识到他的发明所包含的有益和有害的两种用途，而金钱发明人既没有想到前者，也没有想到后者，尤其是没有想到后者。

从前，人们用鞭子强迫奴隶去劳动。奴隶由于私有财产的概念变成了一种劫掠、交换或是继承来的财货，因此他和牛、驴、马一样也具有一个价值；因此如果财产所有者一旦丧失了他，就是一个损失。

自从有了金钱，人就没有丝毫价值了，他还不如牲口；在德国、英国和法国，人们尽可以放心大胆地贩卖人口，不会有多少生意可做的。在这些国家里人已经失去了价值；凭一小块面包就可以弄到一个人，而且是一个精神抖擞、年轻力壮的人，并且还可以挑选，并且还受到鞠躬，感谢。

当初，每个财主都关心他的奴隶，不叫他们劳累过度，因为他怕奴隶病死受到损失，就像今天有人怕自己的一匹马死了一样。现在，人们为了吸取利益，不惜尽量榨取奴隶，以至吸干他们的血，一旦奴隶病了、老朽了，就把他们从车间、工厂和住所里赶出去，免得还要给他们饭吃。反正外面还站着成千上万的人争先恐后要挤进这个受苦的地狱里来。就这样，这些牺牲者一旦气力耗尽，就会一个接着一个的从地狱里踉踉跄跄地被撵出来。

常常用不着费丝毫气力，就可以找到一大群志愿为最沉重的劳动服役的奴隶，人们只要随时随地在窗口挂一块面包，就可以把他们成百成千地引进来。

从前，奴隶的主人关心他的奴隶，给他一点有营养的食物，以便他有气力劳动，主人可以从他身上得到更多的利益；现在人们为了奴隶的劳动所给予的食物，仅只是让他们不至于倒地饿死。人们在这种方式下慢慢地耗尽了年轻气力，一旦气力枯竭了，就被赶出去，另换别的更年轻的人进来，仍然照样办事。

随着金钱的使用，奴隶制度就变换了一种和从前完全不同的方式。奴隶制度的粗劣的外表更多地为契约和法律的阴影掩盖起来。在名义上，奴隶制度在我们时代里已经部分地废除了，但是奴隶制度的实质在许多方面还以更恶劣的程度继续存在着。

真的！如果我们只要有三天时间执掌了像我们的压迫者那样

的权力，我们首先要怎样来消灭这种奸诈、不平等和欺骗的假面具啊！

我忽然想起若干年来所上演的一出喜剧，人们把它叫做废除奴隶制度。在这出戏里博爱的英国人首先上场；这些英国人，就像他们对中国人所说的那样："我愿意你把这些鸦片拿去，以便你好毒死自己；作为交换，你得给我们茶叶，好让我们更容易消化我们吃下去的牛排。"他们在遥远的国家里禁止奴隶贩卖，而在自己的国家里却麇集着不幸的奴隶，成千成万地为饥饿而死去！

到处都开着这种同样的假面具舞会，到处都扮演着类似的喜剧。人们甚至于还组织了防止虐待兽类的协会。

如果我是一个这种爱护兽类协会的会员，我就要天天把两条腿的兽类带到他们面前作为控诉人，给他们看一看这些两足兽类的枯瘦如柴的肋骨，空洞的眼睛，塌陷的两腮，并且说："诸位先生们！看一看这个可怜的牲口吧！被它那狠心的主人虐待到这个样子；它每天要做十四小时到十八小时的工，而且还要受无情的虐待。再看一看这里！这就是它的全部食料！它还得奶它的幼畜；这些破烂东西就是它盖窝用的，为了好让它的幼儿和老母挡寒。"那爱护兽类协会的主席将会回答我什么呢？

这是一种怎样辛辣的讽刺！把部分黑人的解放叫做废除奴隶制度，他们设立禁止虐待兽类的协会，而不干预对人类的虐待!!

随着金钱的使用，这种苦难达到了可怕的顶点。它给人类制造了一条鞭子，它的伤痕深入人的心肝和骨髓。

自私已经把它的限制远远扩张到自我维持这种感情的范围以外。任何羞恶感都控制不住自己了；统治人物、传教士、立法者、教师、法官、强盗、凶手、窃贼，一切的一切都向黄金伸出那贪得无厌的手，人人都相信他那现世的幸福必须在这里面找寻。

凡是能博取这种金属的一切手段和途径，都无不用尽了。为了向大地深处探取这种为上苍所小心埋藏的金属，牺牲了千百万人的生命。

在以前强悍者的威力所办不到的事，现在凭着贿赂和收买都可以办到。

以前，奴隶还有保障，可以从他那狠心的主人那里得到食物和一个栖身之所；现在他被赶了出去，陷在痛苦的生计忧虑中；这种忧虑耗尽了他生活的第三部分[①]，在他的面貌上烙下了受苦的烙印，使得他在他那压迫者的眼里更加显得一无可取。

从前任何人都没有生计的忧虑，就连奴隶也没有；对于无业、无产的人来说，当他们饥饿的时候，也还有一条临时的、不得已的出路，因为当时殷勤好客还是一种神圣的权利。但是随着金钱的通行使原始人类美好风俗的一点残余也黯然消逝了。现在，大规模进行的利欲竞争产生了迄今为人所不知道的无数罪恶。

从前人们用强力把人变成奴隶；现在奴隶自己出卖他自己；出卖他的健康，出卖他的青春，出卖他的血液，换来的是人们告诉他的所谓祖国；祖国的意思也就是说：这个国家里的一切私有财产和全体私有主；奴隶生长在这个国家里，但是他和他的同类在那里没有丝毫财产。也没有希望可以在那里获得丝毫财产。

从前，人们抢掠年轻的妇女，拿她像牲畜一样来交换，用强力

① 指睡眠。——中译本编者注

把她们从父母兄弟和丈夫的怀抱中夺来；现在金钱制度能够做到这样，使得妇女自行出卖给有钱的人，拿美貌和娇媚，良心和贞操与浪荡子的万恶的黄金交换。

而如果她们不这样做，也许就只能咬牙忍饿而死；但是那好心的浪荡子不愿意她死；她应该活下去，忍着耻辱活下去，从这种耻辱里，她父亲、母亲、丈夫和兄弟往往也还分享到一小块面包。

从前，人们彼此偷窃，抢掠物质的生活必需品；而在金钱制度下，除此以外，任何人的荣誉和名望也都不再保险。

诱人的灿烂的金光造成了千万个伪君子和谄谀小人，匍匐在这个世界的有权有势的大人物面前。天赋的大丈夫精神变成了狗的精神！——狗的精神？不！不是！至少那还是一种忠实的精神，一种这样的狗的精神。在禽兽之中我实在找不出更恰当的比喻，谄谀小人远在禽兽之下。一个公正、正直、坦白的人，如果他不肯在这条卑躬屈节的道路上追随这种下流的丑行，就要被侮慢、讥笑、迫害、虐待以至于处罚。

从前，任何人不会拒绝他的邻居从他的田地里拿走一捧粮食，以便解除迫切的饥饿；现在我们的大街小巷里徘徊着许多枯瘦褴褛的人们，从他们那高耸的颧骨间的深坑里人们可以看出那第四种请求[①]。对于这些人，现在很少再有大门是敞开的。这些人，在精疲力竭之后，当他们的肢体已经不能再从事劳动了，他们应该做什么呢？偷盗吗？自从你们的祖先发明了私有财产和金钱以来，你们的法律已经禁止偷盗了。自从他们的气力被榨尽了以后，他

① 指祈求上帝恩赐面包。——中译本编者注

们已经不能再像从前一样的劳动了；或者他们应该来协助你们，也就是说：和你们一样游手好闲吗？你们却又不肯让他们分享你们的生活。那么，应该怎么样处理他们呢？你们是不是想把他们杀掉？——你们又吓退了；但是对于他们终究要有个办法啊。你们想：让他们讨饭吧，我们不时施舍那么一小块面包给他们。——但是你们把讨饭也禁止了。因为你们觉得乞丐对于你们很不方便；可是你们要注意，是不是盗窃有一天会对于你们更不方便些；因为在这样一个盛开着最可爱的花木的花园里，忍着饥饿而死去，这将是除非结合着最大的豪气和最大的懦怯的人办不到的事哩，这样的结合我实在给它找不出一个适当的名称。

如果这些缺点的可怕的形象是一只猛虎，它把它的猎物一口就吞下肚去，那么你们那金钱制度，你们那私有概念，你们那社会制度的一切缺点很快就会被送入坟墓，因为全世界都会老远就听见了它的吼声。但是这些缺点是一种暗下的毒药，它逐渐地、慢慢地破坏着人的身体；人们逐渐的凋谢、软弱、衰病以至于死亡，而完全不知道他所以衰病死亡的原因是什么。



自从私有财产发生以来曾经有过不少叛徒；但是像自从金钱使用以来那样可怕的叛徒以前还不曾有过。只有那和金钱相结合的自私，才使叛逆行为达到了所可能想象的最可耻的顶峰。

凡是看到这段文字的可耻的人类的叛徒！不论你是谁，你将遗臭万年，永远免不掉世人的咒骂。

我们的德意志青年，那些没有祖国的，希望要和别人一起有一个祖国的德意志青年，从他们那黑暗的牢狱里用他们的灵魂的声音对你喊道：你把我们和我们的父母兄弟拆散，你这可耻的叛徒，你该永远受诅咒，你将永远从弟兄们之中摒除出去！

我们的德意志姑娘，那些在监狱里叹息的出类拔萃的姑娘，用一颗破碎了的心对你喊道：可耻的鬼东西！永世受人咒骂的！我们那白发苍苍的老父老母在悲愤绝望中紧握着两拳；你夺去了他们在这个世界上唯一的欢乐和希望，夺去了他们老来唯一的倚靠，把她投入了潮湿黑暗的牢狱。如果你还有一星星忏悔的火花，就去把那三十个银币扔到你们那法官的桌子上，连同你那小小的官职，小小的纱帽，并且在上帝和全世界面前说：我已经悔过了！这里是你们罪恶的钱，你们罪恶的官职，你们罪恶的纱帽！我要去忏悔赎罪，改造我自己。

无论我们把眼光投到这个社会制度的陈旧发霉的建筑物的那一个角落里，我们到处看到的是罪恶和缺陷，它们的原因就是不平等，而那维持这种不平等的工具，就是金钱！



访问一下我们的苦工队、教养所和劳役所，访问一下我们的审判厅、救济院和孤儿院，你试把他们那里所谓的罪恶和罪行一件件记下来，并且完全不抱成见地把每一件事一直追查到底，你们就会发现，如果没有金钱制度这个东西，十分之一的这些罪恶都不会发生。

把富裕手工业者的儿子变成商人，把商人变成骗子，把骗子变成游手好闲的懒汉，把懒汉变成自私、狠心的吝啬鬼，只要对他有利，甚至把劳动者的皮剥下来换钱他都干得出来的。试问造成所有这一切的，除了对金钱的贪欲以外还有什么？

那些富裕的小业主的打扮得整齐的女儿们，当她们偶然的不得不和一个劳动者打交道的时候，要先捂上鼻子，是什么使得她这样做呢！其实这些劳动者比她们的装腔作势的玩偶的父亲知识往往更高，手艺更巧，何况她父亲过去根本也是劳动者？她们为什么要藐视那些劳动者呢？除了金钱作怪还有什么别的！

这个人的态度自然、大方、毫无拘束；那个人的态度呆板、怯懦、小气，这都是从哪儿来的呢？因为这个人有钱，那个人没有！

为什么平常愉快的夫妇一旦会锁起了眉头，为什么有这种忽然产生的冷淡和由此而来的不愉快？同样还是为了金钱。因为在金钱制度中，人的幸福和不幸福都是由命运摆布的。

为什么社会里有这种可恨的等级区别，以及由此而生的这些可厌的请求和拒绝、命令和服从呢？为什么有这些丑恶的伪善和谄媚、污蔑和出卖呢？还不是为了钱！因为每一个道德败坏的人，每一个怯懦、卑鄙的人都试图通过这种被公认的，甚至被欢迎的罪恶手段来达到某种利益，而对于他所妒忌的具有优裕生活地位的人，则暗地里去陷害他。是什么冻结了温暖的友爱，是什么在仇敌的侮慢和不逊里滴下了苦辛的刺人的毒药？——也是金钱制度。通过它那贫穷和富裕、丰足和穷困的更迭变换。

是什么引起兄弟和朋友之间的不和、猜疑和漠不关心呢？——金钱制度。因为这个穷的想靠那个富的周济，而那个人却不加帮助。

为什么这一个拉长了苦脸，那一个满面愁容呢？因为两个人都需要钱，而两个人都得不到。

为什么穷人的孩子们成群的死亡？因为他们的父母缺乏健康地养活他们的费用，因为金钱制度拒绝给他们这种费用。

为什么对于穿着华丽衣服妄自尊大的糊涂虫这样尊敬，而看不起那衣衫褴褛有知识的人呢？——因为地位的不同，因为一个有钱，一个是穷光蛋。

为什么这些孩子们昨天做了坏事不被斥责，而今天却受他们那狂暴的父母痛打呢？——为了钱。因为他们今天丢了钱，而昨天孩子们所做的坏事，在他们的恶劣的教育者的一钱如命的脑子里是毫不介意的。

为什么这个姑娘要对这个丑陋的、愚蠢骄傲的贪财无厌者，比对那年轻多才的一无所有者多看几眼呢？因为那个丑陋的有钱。而这位年轻多才的却没有。但是那个蠢才，直到他旁边的人都暗笑他已经上钩了，还没有看出原来他那钱袋的重量在那美人儿的心上压得这样深。但是后来由婚姻变成了痛苦，由喜剧变成了悲剧；在这出戏里痛苦的怨声和叹息，绝望的呼喊和暴怒的咆哮同那金钱的铿锵声构成了一曲交响乐。

这就是金钱婚姻！——保罗说，谁要结婚，是好事；谁要不结婚，更是好事。为什么？因为他，和今天的许多穷鬼一样，也没有钱。

如果一个手工业者由于幸运和投机获得了一份大财产，也就是说，他懂得了怎样从工人和顾客身上吸取尽可能多的利益，他的孩子们也就大半从早年起就被灌注了对劳动者的蔑视。这种蔑视在一切指导特权阶级教育的人身上几乎已经成了一种习惯和风俗。尽管人们不是故意去传布它，但是它是从社会阶级的区别中——从那种人们从少年时代起就习惯了的阶级区别中——早就已经产生了的。母亲们特别费很大的力，把虚荣和愚蠢的骄傲观念印入她们那些小妮子的心目中去，这些丫头们将来只要她们还有希望找到一个男人，无论如何不肯在手艺人里找一个丈夫。为什么？因为对于劳动者阶级的习惯的轻视，因为这样一家子就可以毫不费力而赚得到钱。人们能够因此责备她们吗？不能！因为家庭和婚姻幸福只能建立在一种比较安适的、尽可能无忧无虑的生活地位的保障上。凡是生活受威胁的地方，一切道德都失去了维护和平和自由的力量。

嫁不上阔丈夫的姑娘们，因此，宁肯在职员、小官吏、小商贩以及其他半吃闲饭或完全吃闲饭的人里去挑选对象，也不肯先把她的选择放在一个诚实手艺人的身上。

就这样，一个幸运的手艺工人靠他的劳动辛辛苦苦挣来的东西，由于结婚，就不再为手艺工人所有，而被转入了那些不从事，或只从事对社会益处很少的人的手中。

如果发明金钱的目的是在于调整产品的交换和调整制造这些产品的必要劳动时间，那么为什么人们不在钱币上印上某种一定的价值，例如：一磅面包，一斤肉的价值，一小时收割庄稼的劳动的价值，一小时缝纫劳动的价值，一瓶酒、一只鸡、一只鹅的价值，等等。不论在那上面印上一大批不同的执政者的头像连同纹章，还是印上一些鹅、牛、驴、猪的头像，不论在那上面印上王笏和王冕还是印上熨斗和锤子。如果人民在钱币上看到："一小时劳动的价值"，在钱币的另一面看到铁砧、锤头、针锥、熨斗、锯、凿、斧子、圆规等等，他就不至于这样容易地被欺骗和愚弄。所有这一切以一个标记证明了，这些劳动时间和由这些劳动所造成的产品一样，同样是具有一定的价值的。

但是正像人们把凡是有关特权阶级利益的法律定得尽可能愈

明白愈好一样，人们试着把凡是有关公共利益的事搞得尽量愈糊涂愈不清楚愈好。

当法利赛人要对耶稣捏造一个罪名，或者是在政府方面把他说成是一个反对君主的逆贼，或者是在人民方面把他说成是一个为罗马统治压迫辩护的叛徒，他们暗藏奸诈地问他说："人们给君主纳税是对的吗?"于是他要他们拿出一个钱币来，问他们那上面印的是谁的像，人们回答他说："是皇帝的像。"他说："那么，把什么是皇帝的还给皇帝，把什么是上帝的还给上帝。"但是，他接着又说："在你们腰包里既不该带黄金，也不该带白银。"可见耶稣也是反对金钱制度的，所以金钱制度把他卖了三十个银币钉在十字架上。

从前，除去具有权势和具有暴力的人以外，只有一种人能在他的同胞头上发号施令，这就是拥有某种动产或不动产的人，例如：货栈、牧群、房产、土地等等所有者；现在，奸诈的人已经更容易对别人施行压迫和诈取。如果有一个人渴望得到某一种产品，他就不需要再用暴力去抓一个奴隶，让他来为他制造这种产品，也不需要用任何由他自己制造的劳动产品来和它交换；他只要宣布一声，他有钱，他要买，自会有许多最勤劳、最熟练的手和最有天才的头脑来听候他使唤。而劳动者也可能站到那里去，把他那些辛勤制造的有益产品陈列出来，大声喊道："也给我你们那些美丽的衣料来做衣服，或是给我你们那些好家具，我把我这些劳动的产品和你们交换。"但是人们回答他说："你的劳动？它值不得这些美丽的衣料和家具，这些东西不是给你们这些劳动的人用的，而是给有钱人享用的。"

在物物交换的制度下，不可能像在金钱制度下那样容易轻视劳动的真实价值；因为每一次对于物品的直接比较，绝大多数情形下都防止了对物品价值的过低估计。

在金钱制度下，劳动者逐渐地忘记了对一块钱所应给的产品和一块钱所应得的产品之间的关系作正确的比较。这样，人们不久就根本不再提出比较，而把金钱看成了一种真正的劳动产品，它的价值几乎可以不知不觉地听凭有钱人随意增减，是增是减就看那样对他有利。金钱制度对于有钱有势的人还有这样一种方便，它能够随时随地立刻满足他们那些五花八门的享受和贪欲，并且这样可靠，这样容易，仿佛金钱就是专为懒惰和统治欲的利益而发明的。因此在新的交换制度下，特殊阶级的贪欲和享受日益增加，日益无餍，并且最下层劳动阶级的劳动负担以及生活必需品的恶化和减少也随着日益显著。这是很自然的事，譬如好多人抬一根大梁，其中有一个人故意把肩头缩下去，那重量当然就落到其余人的肩上；如果有一匹马在拉车的时候不出力，其余的马就必须更努力地拉；如果有一个人先把肉汤里的油都捞了去，其余的人就只有吃那剩下的稀汤水。

金钱制度给社会带来的道德败坏，真是可怕。因此在我看来这种金钱搜刮就像一个大鸽子笼，人们把少数钱放出去，以便把更多钱引回来，只要一下子进了笼，就紧紧抱住不放了。资本家们彼此投机取巧就像嗜好养鸽子的人互相诱夺鸽子一样；而正像鸽子吃尽了穷苦农民地里的种子，财主们用捐税和利息吃尽了他的劳动的最好果实。

这种对于懒惰、统治和享受最适宜的金钱制度，现在变得日益更加完善。人们已经使劳动者习惯于金钱和金钱对他所产生的有害后果，而且劳动者自己还没有意识到这种害处；于是人们更加肆无忌惮地继续走下去；人们又施行了利息制度。

例如，有人企图囤积某种产品，但手头现金不够，尽管这样，他并不放弃这个打算，因为他这样做，本来不是为了自己的需要，而是想通过这种收买可以造成人为的市场紧张，然后他就可以对于这种产品任意要价，从中谋取暴利。于是他从别人那里去借一笔为进行这种投机所缺少的钱，但是借钱的人也不肯在这笔强盗生意里一无所获，而是有一个条件，要把所得的掠获品的一部分在利息这个名义下分给他作为他好意帮忙的报酬。

如果人的机巧才智一旦选定了自私作为他的用武之地，那它就再没有止境了；他用欺诈的方法从别人身上获利的次数愈多，他就愈想去做更大的投机。凡是人所看到的东西，他都想要；这本来是一种完全自然的而且很好的本能，如果不是这种本能在某些人身上被扼杀，而在另一些人身上变本加厉的话。哪些孩子最会偷吃和偷东西呢？正是那些被管教得最严的孩子；大人什么都不许他们动，而且只给他们很少一点东西。如果别人家的孩子所有的，你们也都给他们，你们就不至于受人责难，说你们养成了他们偷窃的恶癖，而如果以后他在社会里依然成了窃贼，罪过就在于社会，因为社会不给予每个人以同等的机会。凡是别人有的，他也都能具有；办不到这样，这个罪过就不由你们来负。

但是在今天的社会里通行着一种正相反的原则：如果一个年轻人成了窃贼，一般人就说："这是他父母的罪过，他们娇生惯养纵容了他。"不对！这是金钱制度的罪过。这种制度容许某些人愿意享受多少就享受多少，容许他愿意不劳动就可以不劳动，但是却强迫另一些人忍受一切由此而来的不利后果。

为什么新闻记者要说谎，为什么窃贼要偷窃，为什么商人要欺骗，为什么律师要为一件坏事辩护？一切都是为了钱。

为什么债权人和债务人互相辱骂，互相打架互相告状；为什么伙计和老板，顾客和店主互相争吵？——永远都是为了钱。

为什么酒馆主人在酒里兑水，农人在牛奶和奶油里掺假，为什么面包师做的面包愈来愈小？——一切为的是钱。

为什么农人把不熟的果子送到市场上去，为什么屠户卖病畜的肉或是不足龄的小牛肉，为什么有些大城市的饭馆用马肉或猫肉供应顾客？——一切为的是钱。

为什么有些人在教学、著作和其他行动中竟然违反他们的良心和信念？——为了钱。



那些成天制定法律的人，只会制定法律，这是他们的本性；如果有人让他们注意一下罪恶的种种根源，他们就会立刻定出新的法律和新的刑罚，为的是阻止真理的传播。为什么这样？因为他们本身就是依靠这个罪恶的根源来养活自己的，他们没有勇气为了社会的福利而牺牲他们的特殊利益。

他们的法律像一尊大炮一样，炮口是对着人们要求具有和别人一样具有的欲望。有钱的人架起的这样法律和刑罚的大炮，炮口就是对着没钱的人的。其结果是造成暴力的或是欺诈性的劫夺，而去犯这种劫夺罪的人，或者是憎恶劳动，或者是劳动了而得不到他必要的生活资料的人。强者公开地掠夺弱者，这种公开的掠夺，法律是不会处罚的，还给它冠以各种名称，例如：贡赋、捐税、私有财产、盈余、利息、典押、诉讼费、工资扣除、高利贷等等。弱者如果暗地里掠夺到强者，那就要加上骗子手、窃盗、伪造者等等罪名。在我们的刑事案卷里充满了这种双方互相掠夺的可惊可笑的历史；甚至世界历史本身也无非是一部大强盗史，在这里面任何时代，正直的人总是被欺压的人。

我们今天的婚姻至少一半是金钱投机，不是看中了妆奁、遗产；就是把希望寄托在对方的爵衔上，为此甚至于有巴望对方早死的。尽管这一切都是无可争辩的事实，有些学者却认为，对于金钱制度的批判有损于自由的事业！！！

这是血和泪，人民迄今原想用它们来浇活这棵枯萎的自由之树的，都是白费了，因为它的病比人们迄今所设想的隐藏得更深。弟兄们，让我们一直挖掘到它的根吧，因为在那里隐藏着自私的幼虫，在那里这个幼虫以一种隐蔽的方式吮吸着这棵小树的生命液，并使它快要枯萎而死！

可鄙的金钱！地狱的恶流！你把人们心里的爱的种子活活烫死，如同从利比亚沙漠里吹来的热风吹枯了南欧平原上的嫩绿的草原；但愿有一个奇迹能把你重新沉入地底，当初自私用整个整个民族的生命作为牺牲，才把你从地里挖了出来的！

无用的渣滓！在那上面沾满了千百万人的血迹，它使贫穷的劳动者连同他们的妻儿老小在困苦中死亡，为了好使那些饕餮、纨绔、懒惰、闲散的人能够从劳动者的身上榨取脂膏，从他们的骨头里吮取骨髓。无用的渣滓，劳动者在泪水和汗水中辛勤地乞求得来的，又不能不带着诅咒和眼泪拿出去，滚吧！永远从这个被你那偶像崇拜所亵渎玷污了的社会里滚出去吧！

你那灿烂的光辉是那些穷人、孤儿寡妇们的泪水的反照。这些泪水是这样的辛酸，这样的炽热，落到那铸成的君王的像上，也不能使它软化，因为它已经埋在一块冰冷的金属里了。

僵死的、无用的金属！你那带着魔术的光辉燃起了第一个战争，铸成了第一把匕首，架起了第一座断头台。从我们中间滚出去吧，好让谅解、安全与和平再在我们中间定居下来！

虚假的偶像！在你的崇拜之下，成见、迷信和无知的阴影夺去了人类的开朗、快乐、光明和生活，带着你那惯于说谎的传教士离开我们吧，以便人们醒悟过来，他是人，不是生来自己让自己受苦受难的。

丑恶的金块，你为不公平服务，出卖最神圣的事物，把千百万人投入监狱，拖上断头台，你把一个救世主钉到十字架上，因为他攻击你那有害的影响，从现在起直到千年万代你永远被咒骂吧！



使精力旺盛的人在潮湿、黑暗的监狱的四壁之中凋谢，这就是你的事业！你的重量拖住了那面色惨白的叛徒的颤抖的手，缠住他的舌头，使他说不出一句“不要引诱我们”。就是你，把这些满怀希望的青年赶到炮口面前，你强迫他们为战争而死，因为你不允许他们为劳动而生。

那些在白发苍苍的父老眼中闪烁着的悲愤的泪水，那些把母亲的面包滴湿了的悲哀和痛苦的眼泪，那些落在贫苦无告的姊妹们胸前的滚热的泪珠，都是你压迫出来的。

呀！这些可怜的、不幸的、无助的人们，他们怎样在他们僻陋的小屋里哭泣、呻吟、呼吁、叹息！他们怎样在他们穷困的空床上痛苦转侧呵；而对面，却是欢乐沉醉在天鹅绒和绫罗绸缎的锦绣之中。这里是绝望的伤心呼号，那里是放荡的狂欢。

这里是华丽的贵妇人的世界，珠光宝气、金玉交辉，服装上加缀着贵重的花边；那里，要让那可怜的病儿抵御冬季的严寒，却连一片毛毡也没有。

这里是佳酿美肴，供这懒惰世界里的人滋润唇舌；那里是一罐冷水，给那在一天的辛苦和酷热之后精疲力竭的劳动者。

这里是宽大的、雕梁画栋的宫殿，供懒惰的人安居；那里是潮湿、阴暗、臭气熏天的角落，给劳动者栖宿。

你们听见了吗，他们怎样地呼喊着钱，从地球的这一个角落直到那一个角落？

侯爵和强盗，商人和窃贼，律师和骗子，传教士和江湖术士，全都喊着钱！

还有你，讨饭的乞丐，也喊着钱？

他们不知道而且没有感觉到，他们的时刻就要到来，在那时候喊着要钱是一种耻辱，想榨取钱是一种罪过。

可怜的乞丐！你还是讨你的饭吧。人们把你青年时代辛苦挣来的银子拿去了；现在，去吧！因为你已经不能再劳动了，去向他们把你的小铜钱要回来吧，因为你已经习惯于拿几个小钱了，如同魔鬼已经习惯于地狱一样。但是终会有一个时候要到来，那时候人们不再喊：钱！钱！而是喊：不要钱！不要钱！

终会有一个时候要到来，那时候人们不再乞求和讨饭，而是正当地要求。

在那时候人们把纸币、支票、遗嘱、税单、租佃契约、债券等等都付之一炬，每个人都把他的钱袋扔到火里，穷人扔掉铜钱，小康

的人扔掉银钱、富人扔掉金钱。

在那时候手足友爱的泪水又会回到那被自私所枯竭了的眼眶里，在恶毒的心里又感觉到一种从未有过的道德感，不信上帝的人将会对天发出感谢的祈祷。

生活在那个日子里的人们多么幸福啊！在世界史的纪年里找不到第二个这样的日子，因为这将是一个理性和友爱的日子。

那时候，乞丐，你用不着再去求乞；你，强盗和窃贼，用不着再去盗窃；你，商人和小贩，也用不着再去造假和欺骗；因为那时候人们将剔除那些旧的人类，而社会也如同经过了一次新生。

但是，在人类再生之日的幸运之星对着我们欢笑之前，我们还要跨过一条黑暗的深沟。在这个日子实现之前，还要有多少新鲜旺盛的生命在监狱的窒人的气氛里萎折，还要有多少眼睛和心碎裂，有多少勇敢的战士倒下去。还要有多少和谐与自由原则的不坚定的宣扬者陷入财神的诱骗的罗网里，麻痹、腐蚀了他那青春的活力。还要有多少可怜的、精疲力竭的人被彻骨的穷困夺去了他们最后的生命，苦难沾湿了他们的睫毛；还要有多少年老的母亲为了盼望她那被无情的命运投向遥远异域的独子而心碎。

但是，也会有很多献身于伟大事业的热血的战士，不顾自己的生命、幸福和财产，加入那由于监狱、穷困和死亡而稀疏了的真理保卫者的行列，通过他的勇敢坚持重新鼓起了那些弱者和信心不坚定的人的勇气。在和谐与自由的王国开始之前，还有许多积年的成见要推翻，许多怀疑要消除，许多真理要宣扬和传布。

有两条通向目的地的道路；那条平坦宽直的道路被独裁、统治的野心和自私给堵住了，我们只能从泞漓狭窄的小路到达目的地，为此就必须付出劳苦，必须耐心的坚持。但是只要勇往直前，苦难的同路人，我们终归会走到的，所费的辛劳愈大，所得的成果滋味愈甜。

你们看见那跟着我们拥上来的一眼望不到边的群众吗？尽管暴虐、出卖和欺骗的大炮从这个队伍的两边打倒了若干人，而其余的人毫不犹豫地拥上来，对那些倒下去的人安慰地说：

没有能和你握手，

**因为我的手正做着大事；**

你永垂不朽吧，

我的忠诚的同志。

前进吧，兄弟们！诅咒那司理金钱的财神，让我们期待着解放的日子。那时候我们的泪水将变成清凉的甘露，地球变成一个极乐的世界，人类变成了一个大家庭。

# 第九章　爵位和职衔的产生

现在，人类的一切知识力量都被引导到这样一点上，就是，怎样保证某些少数人的欲望得到最大可能的满足；但是，知识力量如果用在有利于大众而可能予有钱有势者的欲望以限制的地方，它的发展就会受到阻碍。凭着金钱制度的帮助，享受欲很快就穷尽了一切属于自然欲望的范围之内的东西。这时有用的知识即使提供再新的、有益的产品也已经不能满足那些有钱有势者的贪得无厌的欲望；于是他们就用他们的幻想为自己创造出一些东西，这些东西是现实所不能够轻易就提供给他们的。

人们愈是能剥削别人而享受，就愈是贪求更多的享受。人们既然已经通过遗产继承和金钱的发明解决了困难的私有财产的获得问题，现在，依靠由于遗产和金钱而不断增长的权力，他们就要来解决获得名誉、光荣、威望、势力和特权的问题；人们把这些也造成世袭的！他们把凡是自问没有胆量和能力去争取的一切都造成世袭的。

从此就有了这样一些称呼：小王爷、小公爷、小爵爷、老爷、夫人；此外，还有大法师、阁下、陛下、殿下、教皇陛下、主教尊前、麾下等等。

至于我们，不说像他们那样成年累月地狂欢，只要闲散欢乐几天，人们就会给我们加上种种头衔：游手好闲的懒汉、混事虫、流浪者、浪荡子等等。



还有另一些人，称作：枢密参议官、公使馆参事、最高法院参议官、教廷参议官、宫廷参议官，以及等等。

试问在一百个农民之中是否有一个能说得出来，上面列举的这些官衔每一个所负的职务究竟是什么？我相信没有。例如有人问我，宫廷参议官究竟干些什么，我也一样瞠目不知所对。也可能一个宫廷参议官本身对于这样一个问题比我和那一百个农民还更加茫然。

无论如何有一点是可以肯定的，这些大人先生们即使真正想要办一点儿公事，也绝不会让自己累着。凡是他们那官衔职位上麻烦的事，他们都委交下属、秘书、助理和练习生等等去办了，至于他们官职上顺心如意的事和收进来的耀眼的东西，他们都归在自己的名下。

在许多大城市里，每逢我看见佩戴勋章、奖章的人在工作日闲散地逛来逛去，我常常拿来作个比较：按照我的想法，首先，自高自大是要不得的，一个人工作干练，受到奖励、崇敬，他也不应该以此自夸，因为一切赞誉其中往往有一半是过于夸张的，而余下的真是值得推崇的也就因此令人不敢相信，还有什么比这种卖弄品德令人听起来更刺耳的事呢？

这种五颜六色的勋章绶带和那同样无味的镀金饰品有什么区别呢？假设有一种风尚，老师传给技术熟练的工人在纽扣上挂上一个五色带子，以便每个人可以从这个标志上认识他的技巧熟练的程度，如果他带着他那纽扣上的镀金布条趾高气扬地在大街上走，你们将会怎样地嘲笑讥讽他！

如果你比别人有优越之点，你对人类曾经做过有益的、重要的工作，你自己心里知道就行了，就是这样子，那些爱拨弄是非的人还往往把你的事张扬出去让别人听了讨厌；哪里还用得着再加上一个这样五颜六色的招牌呢！



一个小木匠捉住一只麻雀，在它头上粘上一顶小红帽子，然后把它放了；从这时候起，别的麻雀见了它就躲着它，而如果是大群的麻雀见它来，就要撵它，直到它们把它的头磨秃，撕下了那顶小红帽子，才算完事。

我想所有这一切人连同他们那爵衔、勋章、官职和帽子，如果忽然一下子从地球上消失，无论我或是地球上的任何其他一个劳动者都不会为之伤心得白了头发的。而你们，你们这些爵衔的贩子，也能对我们说这样一句话吗？

很困难吧！现在至少你们要承认，原因在这里：因为你们需要我们，而我们却并不需要你们。

你们以及一切有钱人的生活，我们知道得很清楚，都是依靠我们所尽力缴纳的捐税，依靠增加我们的劳动时间以及克扣我们的工资来维持的；除此以外，我们不知道世上还怎能有像你们这样一些八哥鹦鹉了，因为你们那些头衔在我们听起来是一些很古怪野蛮的调调儿。

而我们的生活地位是你们所否认不了的；你们的公馆、家具和车马，你们的服装，你们的饰品和你们的丰盛的筵席都可以对此作证。

难道不是这样吗？这是诉讼当事人的一造对于另一造所执的铁证；因为我们是两造，这是毫无疑问的；因为你们消费，我们生产；你们有职位、有官衔，我们除去我们光明正大的名字而外什么也没有；你们有钱，我们想有而不得；你们有权利，你们是对的，而我们永远是不对的；并且无疑在我们把权利交给你们的时候是最不对了。

金钱制度把所有这一切带着大官小职的老爷、大老爷、小老爷压在我们的头上，而我们的贫困和辛苦就是我们养活了他们所得的报酬。

眼下还在发明更多的新职位和新官衔，以便在那下面掩护游手好闲，包庇逸乐、奢华和浪费。所有这一切不事生产的人连同他们那些过度的享乐，就是增加我们的劳动减少我们的享受的原因。

凡是他们喜欢的，一切都是他们的！剩下的残余才是我们的。

精美的糕饼、巧制的糖果、美味的酥饺、野味、家禽、鱼类和南方的水果，最好的香槟酒和白兰地以及其他种种山珍海味都是**他们**的！

设有豪华厅堂的壮丽的宫院，贵重的家具、字画、地毯，在城市里的最优美的大街上的最新式的建筑，其中的宽敞的、美丽的居室，带有喷水池和大理石雕像的美丽的花园，藏着奇花异草的温室，所有这些都是**他们**的！

他们房间里的壁毯，辉煌的陈设，上了蜡的平滑的地板，丝织的窗帘，他们床上柔软的锦褥，他们衣服上的贵重的花边，往往一件衣服要费长年累月的工夫而只供几小时之用，所有这些都是**他们**的！

那些最精致的手套，只是供高贵的老爷和夫人们偶然带一次，付给那缝纫女工的代价只有两角钱，而那女工纵然勤快，一天也不过能挣两角钱，这种手套是给**他们**的，而他们可以什么也不动手；只有这每天两角钱的工资是给我们的，给我们的老婆孩子的，好使她们长久坐在那里年纪轻轻就成了驼背，而戴手套的人散散步就随便扔掉了。

各式各样精工制造的货品，精致的金银器皿，钻石珠宝的首饰，藏着大批装潢华美的书籍的巍峨壮丽的图书馆，最高贵的饭店，最美丽的舞厅、音乐堂和剧院的头等席位，都是他们的。疗养温泉和海滨浴场是他们的；幽雅的别墅是他们的；大好春光的享受，游山玩水的生活是他们的；我们两只臂膀的气力，我们血管里的血是他们的；我们的青春和我们的妇女的美貌是他们的；总而言之，凡是有用的、舒适的他们都能拿钱买到，这一切都是他们的。

这一切都是他们的。是谁给他们的呢？我们，为什么？大概

是因为通过多年的奴隶制度我们已经变成了驯服和胆怯的人物了。凭什么给他们？大概是我们从他们那方面得到的友爱待遇表示感谢之忱吧！？

那么，一切都是他们的了，剩下是我们的还有些什么呢？我们总不会完全空着手出去啊？

当然也还不至于那样；因为除了上面列举的那些产品而外，还有很多别的东西，这些东西在习惯于上面那些东西的人里，是没有人愿意要的。

污秽的粗布床和坚硬的草垫子，满布臭虫窝的木床架子是**我们**的。

破烂的，虫蛀的木器，霉烂了的地板，潮湿的墙壁，污秽的破旧的窗子面对着一堵秃墙、一道房檐或是一堆垃圾，这是**我们**的！



赤脚或是穿着没有后跟和底的鞋子，单薄的没有衬里的裤子，或是屁股和膝盖上打补丁的裤子，褪成了红灰色的、边子是既脏又破的帽子，这是**我们**的！

土制的烟斗，劣等烟草，变质的、坏的、掺假的劣等酒和水罐子是**我们**的！

腐败了的肉屑做的香肠，冻坏了的马铃薯，老得像木头一样而且变苦了的萝卜是**我们**的！

不能挤奶的老牛肉，生下来就宰的小牛，老死的羊是**我们**的！

凡是坏了、馊了的，一切都是我们的，这我们完全可以放心；如果贫苦劳动者不吃它谁还去吃它呢；为了在我们这个颠倒的社会里能活下去，只要能在我们这些为填饱肚子而付出几分小钱的人身上还可以榨出一点油水来的人，有谁肯去吃这些东西呢？

因此，除了日常生计上的忧烦而外，也还常有那么一种不是出于他们自己的罪过的这一个人对那一个人，那一个人对这一个人所造成的负担、气恼和烦怨。这样，这个乐园世界对于劳动者就成了一个苦难的深渊，一个血泪斑斑的水火坑。

这些为富人、有钱人根本不了解的穷人的泪水总是在不断地流着，并且无疑比我们自己所能描写的还更辛酸得多；因为那受难者在他感觉最大的痛苦的时候，并不会走到大庭广众之中或是到亲友面前去放声大哭的；恰恰相反，他还要强颜欢笑，却把眼泪偷偷地往肚里咽。只是他在自己家里没人的角落里，在他那硬板床上，也许在他独自一个人散步的时候，他的眼泪才流下来，这眼泪是无论敌人和朋友都看不到的，它是那些用在尘世上受苦死后就可升入天堂的欢乐来安慰他的传教士看不到的；它是法官看不到的，法官不会过我们这样的日子，因此，他说我们的诉述太激烈了，它是那些挥金如土的浪荡子更看不到的，他几乎不相信有贫困的眼泪，就像他不相信他的马或是他的狗会流眼泪一样。

一个生活富裕的人能对我们的贫困作出什么评判呢？他不可能对贫困有一个真实的概念。假定在我给你们描写贫困景象的时候，桌子上摆着佳肴美酒，我有很多的钱和一个可爱的太太，我是否能够正确地描写出贫困和被压迫的真情实况来呢？我相信是不能的！因为围绕在我们周围的事物，我们所处的生活地位，对于我们发生重大的影响，一个专心于私利的人，是不能为公共的利益挺身采取一种有力的行动的。我们要切记：如果人们把他们的利益和希望委托给这些人，这些人现在是富有的，而且要求长期保持富有，或是现在有收入很好的职位，而且还要往更高处爬的人，社会情况就永远不会改善。

# 第十章　军事制度

这是一架有生命而无意志的机器。它由我们的最优秀的血肉之躯所组成的，它的目的是用来碾碎我们最好的骨头，倒出我们最好的血液和榨出我们最好的骨髓。

有强权的人定出计划；有特权的人按照这个计划开动这部机器；有固定居处的公民出钱；劳动者献出他们的青春、残存的体力和他们的自由意志。孤儿寡妇则用她们的眼泪绘出一幅整个的背景。

这架机器的工作是制造恐怖、残酷、破坏和**战争**！！！

天空闪烁着有多少星星，大海在它的岸滩上冲刷着有多少沙粒，战争就碎裂了多少人的心，折断了多少脊骨，熄灭了多少生命。

在大地的草坪上挂着多少露珠，战争就从受苦的人类榨出了多少眼泪，而且在它和血腥的世界历史告别之前，无疑还不知道要榨取多少泪水！

你乐意当兵吗，小伙子？去参观一下操练和兵营生活吧。我可以在你们眼前举几个实例。你知道吗？我也是和你们一样，听到那喧天的军乐就怦怦心动，我在你们这个年龄的时候，军队中耀眼的、庄严的阅兵式同样也会立刻把我诱进罗网里去。

耀眼的发光的东西并不都是金子。我们且暂时抛开不去想那迷人的军乐和那庄严的步伐，而是冷静地深入地观察一下其余的情况。

例如在普鲁士是禁止军官鞭笞士兵的；但是那些军官仍然为所欲为。我曾经见过一个下级军官，借口在他训练下的几个强壮的农民小伙子托枪姿势不好，用步枪狠命地一次次从前面砸他们的肩骨，痛得这些庄稼汉眼里忍不住滴下泪水来。因为他要求他们必须这样用力做枪上肩这个动作，必须枪筒子碰到肩上震得铮铮有声才行。非常感谢你们这种酷刑的训练！你们不打人，对！这不算是打人；在波茨坦，有一个卫兵把他的肩膀指给我看，这不也算是打坏的！你们猜一猜这是什么一回事。原来在肩头上有一层老硬皮，就像裁缝脚踝骨上由于蹬踩缝纫机、铁匠和木匠手上由于长期磨练而起的茧子一样；而他的整个左臂从上到下紫一块、红一块、蓝一块、青一块，交织着各种各样颜色；而这个人还是有八个星期没有参加操练了。好啦！我自己想，如果你们需要士兵，就买几个去吧。又一次我看见一个普鲁士下级军官忽而走到小队前排，忽而走到小队后排，用枪托子狠狠地打那些没有排整齐的膝盖和脚跟。据说这些都不算打人！

如果有一个被打的新兵，脸上表现出痛苦的神色——见他的鬼，人总不是木头做的啊！——或者，这个少尉看他不顺眼，干脆，这个乳臭未干的贵族小子就跳过去，嘴里带着下流话，扭着那个新兵的鼻子或是耳朵把他扯出来，狺狺地又叫又嚷："哼，这样！！！野小子！！野小子！！这不合你的意？你给我装洋相？你给我脸子瞧，你这个鬼东西！"加上这些谩骂的口气和脸上讪笑的神气，士兵都必须忍受，必须让那个纨绔儿牵着鼻子走。把这一切丑恶的事情尽可能清楚地想一下，你们就不难得出我当时所见的这出戏的景象了！——好啦，好胃口！我不禁想。你们普鲁士人愿意干就去受那侮辱的惩罚吧！你们奥地利人愿意干就去受那鞭子吧。

在普鲁士的下级军官中，有许多人是结过婚、有家累的。这些人在只要能掏摸几文钱的地方，就无孔不钻，因为那有限的饷银几乎使他们不能在伙食之外喝一杯啤酒。这又是那些可怜的新兵首当其冲，天可怜，如果他恰巧是一个穷鬼，孝敬不起的话，他就要被另眼看待，受极端的虐待，而且常遭惩罚。我曾经有好几次亲眼见过这种道德的、现代化的刑罚。特别令人气愤的是，那新兵往往是一个受过教育的、熟练的手艺工人，而那下级军官是一块废料，因为他没有能成为一个熟练工人的机会，就宁肯长远地当兵。他自从放下了启蒙读本就拾起了粪叉子，自从放下了粪叉子，就扛起了枪杆子，他从他那小茅棚走进庄稼田，又从他那小村子一直走进了联队。而如果一个这样的人结过婚，并且担任了一个新兵的教练，而这个新兵又不能够孝敬他，人们就常常会听到下面这样一些话："立正！要不就你的肚子倒霉！——那只山羊站在那里，好像是线团子一样。把枪抓紧一点，枪杆子折不了的！"或是："你以为你手里拿的是一根针吗，成衣师傅？臭皮匠，你指头上粘着柏油吗？这能行的，你今天不行，明天会行的。托枪！一！二！三！如果这是一根上了油的麻线，或者是什么好吃的，你会干得比这好些。"这些话都带着讥笑和发怒的神气说的，一边说一边戳，一边推一边踢，而且不许被骂、被戳、被推、被踢的人出一声气，也不许动一动或有一点反抗的表情。不过下级军官之中也有例外，我自己曾经看见过一个，在他的领导下全班士兵都带着高兴亲切的神情操练，但是这是绝少的例子，谁都不能期望一定会遇到这样的军官。

固然有这种说法：如果士兵受非分的虐待，有向上级控诉的权利；可是士兵们很明白，这种控诉的后果会是什么。这里有一个士兵被认为是一个爱多说话和爱诉苦的人——当然他的确也是这样的人——不管他调到另外那一班，他就要受那个班的下级军官的不信任和歧视，纵然那军官是个不算坏的家伙，他也害怕这个新来的士兵也许会抓住他什么错处向他的上级控告去，因此就要严加监视。所以向上级控诉的权利等于没有，控诉不只不能改善新兵的地位，而且会使他的处境更加恶化。有些新兵实在气极了，在语言上或行动上表示反抗，他们就会受到严厉可怕的处罚，因此不论他反抗上级的程度如何，结果几乎都是一样的；任何反抗的结果几乎都是反抗者未来一生幸福的全部毁灭。一出由于反抗恶劣虐待而引起的悲剧，其终场几乎总是徒刑和死刑。

在维也纳的卫戍司令部里，一个月总有一个或几个人因为杀人或违抗上级的罪名而被判处绞刑的；还有一些人开了小差儿，又有一些人开枪自杀，而这种自杀的人为数正是不少。军事制度就是这样可笑！——人们想出这一切可怕的刑罚，原是想用威吓和恐怖把人造成一架没有意志的机器。但是这个计划却永远不能实现，这是我们三十余年来所亲眼看到的。在哈劳曾经有整个一营人拒绝向人民开火；又有一次在汉诺威，整个一旅人违反他们军官的命令，不但不对起义者镇压，而且和起义者并肩走向一条道路；还有一次在果尔利茨，一部分普鲁士国防军拒绝向波兰边境进军；另有四百名入普鲁士籍的波兰人，调往一个普鲁士碉堡驻守，在半路折回，各自回家。还有乌屯堡的军事叛变，当时，监狱里填满了这次叛变的牺牲者！这件事对于旧制度在当时是一个危险的时刻，但是那个时代缺乏懂得利用它的人物。在整个参加运动的人里面没有一个处于确切的领导地位的人，而在那些比较突出的人之中，又没有人敢于去发动他们去做一桩对于德国以及人类的命运可能有深远影响的事业。在西班牙和葡萄牙，人们行动得比较有力。在那里有一些普通的士兵曾经好几次起来实行根本的政治性的革命。有一次我们在那里看到有一个少尉带着五百个人没有任何其他的高级军官据守一座邮政大厦作掩护，和全部卫戍军对垒。又有一次，在马德里附近担任保卫一座王宫的一个团的士兵和它的下级军官行动起来，迫使女皇宣誓立宪。在这次行动中，他们把高级军官先都囚禁起来。起事成功了，结果叛变的人全部都提升了军级。假如不成功，人们就会枪毙他们。在革命的道路上任何停顿都要造成失败。这里，谁要走了第一步，就必须立即把第二步走下去。



谁又知道，在最近的下一阶段将会发生些什么事情？

在危机的日子里，一个单独的人，无论他怎样平凡，没有口才，简单，都能够干出令人不敢相信的事业来，只要他有胆量和镇定的精神，特别是在这样一个民族里，对于它来说起义和革命还是全新的事物。

谁又知道，这三十年来培养起来的青年们的头脑里酝酿着一些什么思想，谁又知道未来会提供怎样一些机会给他们，来满足他们的事业心。[2)]

上面关于军事制度的不法的和野蛮的行为，我特别举了普鲁士的军事制度为例，但是我忽然想起一件事，它在奥地利是很通行的，在这里，我无论如何不能放过不谈一谈，因为也许除我而外没有人肯找这个麻烦去引起对于这种不法行为的注意。

我在维也纳有一个同伴，一个布拉格人；他接到一份通知书，要他到兵役站去报到。他不大高兴去当兵，所以探听有什么办法。人们告诉他说："你必须去找一个兵役站的医官，让他给你开一份证明书，说你不适合服兵役就行了，我想，这大概要花五十块钱"，好啦，这个人就去打听，并且找到了一个兵役站医官，这个医官立刻告诉他，这样一份证明书要多少钱。第二天，那个老经验的人问他："怎么样，你找到人了吗？"他说："找是找到了，不过他要多少多少钱。"——"呵，这样！"那个老经验回答说："那么，你去找某人某人吧，他要的价低些。"呀！我心里想，在那里对官员的行贿原来比做估衣买卖还公开哩！那个布拉格人果然去找那被新推荐的医官，并且想要和他讲一下价钱。"不行"，那医生说："我是不能随便减价的，因为我们三个人合伙，我、兵役站的少尉和还有那个"——我也记不清他说的是谁了，反正也是一个这一类的人吧——"如果他们"，那医生继续说，"肯对你减低他们应得的那一部分，我也可以答应照办。"那布拉格人看到不可能以更低的价格得到一份假证明，只好把钱付给了他，并且立刻得到了一张证书；那医生并且嘱咐他，在遇到上面检查的时候，他应该怎么说，在检查这部分或那部分肢体的时候，他应该怎样做。

对于这种公开讲价钱的流氓诈骗，我几乎难以相信我的眼睛，那个可怜人物，我的同伴，他那如此辛苦地一角一角挣来的钱，竟就在这样可耻的方式下投入了皇家官员们的血盆大口。

但是"为什么"？我不禁问，"这些官员们就这样敢于轻易冒这个被告发的危险呢"？"因为**只有**行贿的人才能告发"，人们回答我:“而这样一来那**行贿的人**就要受法律惩罚!”

常备军给贫困的、被吸干了膏血的人民加上了一个怎样可怕的重大的负担,并且由于这个军队而丧失了一些怎样的东西!

最优秀的力量,最壮实的人手从社会里抽走了,把他们在一种对于公共福利最有害的作用下为了保障我们暴君的特权而浪费掉了。

如果把全欧洲各种各样的军队加起来,它的总数约在二百万人左右。

而这个由最强壮的人组成的大军,不但不生产任何有益的东西,而且其余那些比较不强壮的人还不能不为这专门从事破坏生命、工作和财产的二百万人,提供生活必需。

如果说贫困日益可怕地蔓延扩大,这也何足为怪!人民必须供应一大群懒猪和大肚汉的生活;这还不够,人们又从社会的有益劳动里抽调出整队整队最强壮的青年,强迫他们去保卫这种压迫制度,而人民则必须供给这整个大军的衣、食、住。

或者只能是令人笑死,或者只能是令人发疯,人们对此几乎已经不可能再敢生气了。各种不同的军队被各种不同的当权者派出去从事战争,而在他们背后教士们在神坛前和讲台上大声疾呼:上帝保佑我们,保佑我们的正义事业!在混乱里还要拖出那可爱的上帝来!任何一个暴君的事业,上帝都必须认为是正义的,而且还必须保证这个事业的胜利;上帝必须管这些无聊闲事,例如:国王、国境、语言、祖国,等等;这些无聊的东西,并不是上帝,而是人和人的分化,他们的顽固、愚蠢和统治欲所造成的。

因为他们要把我们的上帝大人也拖来做他们那些蠢事的同

谋，并从而好使这些蠢事在受迷惑的人民面前神圣化起来。

这种喜剧还要演多久呢？——这真是到时候了，该结束这种蠢事了。

# 第十一章　祖国、疆界和语言

祖国！好一个甜蜜的欺骗！神圣化的谎言！它用一种魔术似的狂热陷弄人类的心灵，迷惑他们的理智，混乱他们的感情；它对于那些进步和自由的最凶恶的敌人来说，是他们的谬论的最后的救急太平锚，是他们的特权的救生圈；你这古旧、暧昧的传统！撕下你那蒙着数千年尘土的画皮来吧，以便人们可以看到你究竟是个什么鬼东西！

所谓祖国，究竟说起来是什么呢?! 所谓爱国心又是什么呢？现在我们来看这出戏吧。

请看在我面前的这幅欧洲地图上，祖国打扮成怎样花花绿绿的一片！还有她那些姊姊妹妹们也都在或大或小的疆界里团团围着她！到处都是政府、警察、教士，而他们有一件共同关心的事，那就是如何教导这些五色缤纷的疆界里的每一个居民，用他那一部分爱国心来反对他那另一部分为此必须被扼杀的人类爱。

现在，我们来考察一下，这个欺骗性的喜剧是怎样开场的，这些疆界是怎样树立起来的。

如果回溯一下德国历史的开端，我们看到在耶稣降生前数百年，有一些勇敢冒险的民族从高加索高原下来，从东方沿着黑海逐渐向西，经过长期的巡回迁徙，最后定居在这一块土地上，后者就是今天德国的一部分。

无可争辩，这些民族并没有祖国的概念，就像那些毕生从一个地方流迁到另一个地方的游牧民族一样，一般地都不可能有这样一个概念。他们来，只是为了给他们自己和他们的牧群找寻食物，而那荒无人烟的、森林密布的大地也绰绰有余地供应着他们所需要的食物。

在人类还没有成为必须劳动才能生存以前，他总是带着他的牧群和武器从这个山谷游荡到那个山谷，从这个森林游荡到那个森林，遇到最肥沃的地方就逗留得最久。

这些巡回流动的牧、猎人民族，他们的人口愈增加，各个部落在经常流动中也就愈来愈遇到一种同一的食品缺乏的情况，特别是按他们在狩猎中猎取的猎获物的多少和他们为他们的牧群所找到的牧地的好坏而定。



这种缺乏使人们变得小心谨慎起来，于是人们停留在好的地方，因为他们恐怕离开这里反而落到更坏的地方，而再回来的时候，原来的地方却已经被其他的部落占去了。

当时的人以无可奈何的心情来适应这种严酷的必要性，不得不寻求固定的居处；因为这意味着对于个人自由的重大限制。但是，因为不同部落间的互相敌视对于那些巡回游牧的部族的生活和自由威胁愈来愈大，人们势不得已而两害相权取其轻，把他们的居处固定在按照各个部落在战事中获得胜利或是遭受败衄而为他们所划定的一块土地上。

不止如此，人们又发明了农业和私有财产制度。于是生活必需、愚昧、错误就把人类日益牢固地束缚在这块土地之上。

这就是一幅祖国的最早图景，而它的概念也就不久随之而发生。

和私有财产的概念密切结合在一起的是窃盗的概念。现在，为了给私有财产的第一个窃盗者或占有者以更多的安全保障，人们发明了法律，其中首先的是**遗产继承法**。这种法律保证每个人把他划出来的那一块土地遗传给他的子女。由于这种方式，于是以后的世世代代就从他们的**祖先**那里继承到一块土地，并因此把这块土地叫做**祖国**。

所以祖国这个字的正确的、原来的概念是一块由父亲遗传给儿子的土地，一份私有财产。因此**只有那种**自己专有一份财产或是和其他人共有一份财产的**人**，才有一个祖国。

在各个部落中还有许多个别的人，他们不愿意束缚在圈成小块的土地上而宁肯凭着狩猎生活，虽然狩猎只给他们带来极少的收入。这些人，于是利用那处于各个部落的疆界之间的，还没有为个别人所占有的全部共有土地作为他们的共有财产；这些人因此也对于他们祖先土地的一部分——祖国的一部分享有权利，这一部分土地或这一部分祖国保障着他们的生活，并因此是他们的独立地位的基本条件。

因此谁有祖国，谁也就有一部分私有财产，或是有成为私有财产所有人的自由和手段；谁要**没有**财产，又**没有**成为财产所有人的自由和手段，谁也就**没有**祖国。这一点你们要注意到，你们这些祖国的保卫者！

现在我们既已把祖国这个名词的定义解释明白，再来解释爱国心这个名词也就不费难了。

如同我们上面已经看到的，在太古时代爱自由的人类所最反感的事，莫过于定居在一块限定了疆界的土地上。后来，人类在若干地方繁殖得特别多之后，人们才决定在一块土地上定居下来，因为人们在不断迁徙之中遭遇到食品缺乏的威胁。

有些人为了惧怕其他的好战部落而逃往深林里，在那里定居下来，以免被那些好战部落发觉。这种好战部落不那么容易就定居下来。他们爱好自由，并且把狩猎和战争当作保卫他们的自由的唯一方法。他们既不知道也不尊重什么私有财产，什么遗产继承权和什么祖国，他们到处为家，凡是落到他们手里的东西，一切都为他们所有。所以只要他们和其他部落发生接触，到处都是战争，只要他们获得胜利，到处都是抢掠。——因此发生这样一种情况，爱好和平的、经营农业的民族往往为其他那些随处流徙的部落所驱逐或被沦为他们的奴隶。在后一种情况下，这些沦为奴隶的农业民族就不得不去为他们那些新主人的利益而耕作那同一块从前被称作他们的私有财产的土地，因为这些新的主人把所占领的土地连带所俘虏的土地上的居民一齐分配给全体战士。

古代战争的性质就是这样：人们把敌人的土地夺过来，残余的居民被沦为奴隶，连财产带人都一齐分配给胜利者，使每个胜利者都得到其中的一份。

谁要是能对这种情况明白想象一下，谁就很容易理解我们远祖的火烈的爱国心。他们在每次战争中都可以失掉生活上所有的一切。他们只有通过奋勇保卫他们的祖国，或是同一个意义，奋勇保卫他们的世袭产业，才能保持住他们的土地，他们的私有财产，后者是他们每个人的食物和独立地位的保障。

但是今天我们对于外来的敌人有什么可怕的？这可怕的一切不是和我们所怕的内部敌人是一样吗？——

外来的敌人不会再夺去我们的财产，因为内部的敌人早已把我们的财产抢光了。自从我们已经习惯于为他们而劳作到死，人们已经不再为了消灭我们而把我们打死了。

今天，一个人在一切外国所不能获得的东西，在祖国内也毫无所有，这个人对于所谓祖国能有什么爱呢？所谓祖国既无非是祖先的土地、继承的遗产，也就是说，无非是一个人为了保障他的生活和独立于他人意志的生活地位而必需的东西；但是，如果我根本没有这些东西，或是，为了在祖国生活，我必须为他人的利益而劳苦，以便这些人能够更傲慢地表现出他们的主人身份，我又怎么能爱这个祖国呢？

一个这样的祖国，它养活它的一切成员，而不养活游手好闲的人，我可以喜欢它；为了它值得尽力，去为反抗非正义的事而斗争；为这样一个祖国，人们能够牺牲生命、血肉和自由；但是为了我们的祖国？伟大的上帝啊，我们真正有一个祖国吗？假装的伪君子，正是你们，你们知道得很清楚，我们并没有一个祖国，但是你们不喜欢，不愿意我们把这一点说穿。我们当然应该要求有一个祖国，而且有十二分的权利要求一个祖国。我们本来应该把异族分子驱逐出去，把同胞召唤进来。我们原该有一天拿起扫帚重新打扫出一条干净、清洁的路来；到那时候只要发一个命令我们就立刻照办。

可惜你们除去祖国这个名称以外，其他什么也没有留给我们，但是不久我们就要把你们这个名称扔到你们脚下的垃圾堆里去的，我们要站到人类的旗帜下去，在保卫这面旗帜的人的行列中是没有高低、贫富、主人和奴隶之分的。

今天我们是在自己的祖国里被敌人所包围，这些敌人和异族敌人一样凶狠，一样残酷。他们给我们所造的奴隶制，是一种使穷人受富人鞭打的奴隶制，是一种使劳动受金钱任意摆布的奴隶制。

他们使我们死亡的方法，是精疲力竭和缺乏营养的缓慢的死亡。我们所忍受的贫困是奴隶在主人的傲慢嘲笑下的贫困。

这些人难道是同胞吗？他们是吸血虫，外来的异族暴君，他们窃据了我们的国家，无论他们是用欺诈或是暴力，都是一样的篡窃。这些人不是同胞，这些伪装的爱国者，他们比哥萨克和法国人更和我们是不同的族类。



他们和我们素朴、和睦的家族们不同，他们不参加劳动，和我们的勤劳辛苦不同。

他们和我们的信仰不同，他们伪装、嘲弄我们的信仰，他们和我们的希望、我们的爱好不同，而且是敌对的。

他们和我们的辛勤工作不同，因为他们是游手好闲的人；他们和我们的贫乏不同，因为他们是挥霍奢侈的人。

一切对我们必要和有益的事物，他们都和我们不同，他们比蒙古人、法国人更和我们是不同的族类，而且更为敌视。

他们和我们的礼俗不同，甚至他们和我们的语言也不同；一切我们所喜爱和宝贵的事物，他们都和我们不同并且将来还要不同下去。所以如果一旦祖国得到解放，要把这些异族驱逐出去！

什么！——他们可以这样回答我们——谁是异族？总不会是

我们吧？因为这块土地是属于我们的，你们所以在这块土地上只是为了耕种和保卫它。你们的祖先是被俘来的异族奴隶，以后他们成了农奴，再以后我们释放了他们，他们就成为如同现在这样的农民和手工业者。

好吧，就算是这样，结论总之是一样：我们和你们是不同类的异族，我们的利益和你们的利益彼此极端对立，所以我们不久要另想别的办法，不再保卫那**你们**的富裕和我们的贫困，那被你们所称为祖国的东西。

当初，各民族都是自己保卫他们祖先的土地，而不是用奴隶去保卫的，因为他们害怕奴隶会把武器倒过来对付他们的压迫者；今天，他们在训练奴隶的技术上已经熟练到这样的地步，如果大人物、富豪和有势力的人要攫取某种利益，他们就把他们的奴隶大批驱遣出去，彼此十万百万的互相厮杀，而这些奴隶竟会想不到利用交在他们手里的武器去做一件有益的事。

就像人们训练一只小狗一样，只要某一个特定的、往往是完全无意义的标志就可以使它产生暴怒，他们训练人也是这样。某种民族色彩，一个国徽，一个君主的名字往往可以用于发动整个的民族，嗾使民族与民族血腥地互相残杀。

激起群众的偏见和激情，以便在爱国心和民族性的名义之下把他们造成一架无意志的机器，这样虚荣和统治欲也就能够更容易，更把稳地统治这架机器。于是他们成千论万地开出去对付一个假想的异族敌人，而这个敌人同样不是别的，也是一架没有意志的机器，由劳动者所构成的，被人从犁锄和工场里硬抓出来的，为了用他们来排演一场血腥的戏剧。

在这时候，主人们稳坐在两个以疯狂的热情互相斫杀的大军后面，尽量搜寻一切在国内能搜寻到的年轻力量，尽量搜刮一切用经过了无数辛勤劳苦才积聚起来的财富，以便把战争的火焰挑弄得日益猛烈，为了把更多的物资输作战火的饲料。

祖国在危难中！他们这样呼叫。可惜我们知道的太清楚了，自从你们无耻地把祖国完全当作你们的私有财产以来，它早就在危难中了。荣誉在危难中！——什么，荣誉！好吧，如果你们认为这很严重，你们可以自己去想办法；我们的荣誉早已在危难中了；自从荣誉落入自私之手，自从人们发明了私有财产，世袭制度和金钱以来，自从人们制定了许多法律，建筑了许多监狱、教养院和济贫所以来，我们的荣誉久已在危难中了。宗教在危难中！——呸！呸！今天你们还想让谁再相信这些？——我们的财产在危难中！这更好，因为你们这就该知道一个一无所有的人是什么心情。这更好！这样我们才又有了希望，可以让你们清醒过来，我们重新再成为朋友。

现在你们看明白了吧，将来你们尽管去叫喊：财产、荣誉、宗教、祖国等等在危难中，这一切都不足以引起我们丝毫惶惑。对于我们来说这一切已经不可能比目前更可怕地在危难中了。但是在我们这方面却还有更多的，并且是眼前就在危难中的东西，你们却一字不提。例如：

我们的待遇在危难之中！因为你们这些作祟的钱鬼子日益围着钱团团转，在钱上剥皮，把工资日益压得更低，把日用必需的价格日益抬得愈高。

我们的健康在危难之中！因为你们让我们劳作的时间太长太

长了，一个人对着他从生到死一生无尽的劳作是根本愉快不起来的，这个生命是从劳作到床榻，再从床榻到劳作的生命，与其过这样的奴隶生活不如去死，因为我们死也丧失不了什么。

我们的孩子们的生命在危难之中！我们不能给他们应有的抚育，因为我们没有这笔费用。

我们年老的父母的生命在危难之中！他们已经不能再劳动，而我们又不能充分地帮助他们。

我们的青年们在危难之中！我们不能给他们以足够的教育，因为我们既没有钱，也没有时间。

总而言之，凡是你们那毒蛇一样的目光所注视到的，凡是你们那肮脏的、无厌的手所伸展到的东西，一切都在危难中。

为了激起我们的敌忾，用不着外部的敌人，内部的敌人已经在这里盘踞得够安稳、够巩固的了。但是每逢我们嗅察出内部的敌人的时候，人们总是让我们注意外部的敌人。变戏法的鬼！仿佛我们真不知道，那外部的敌人也和我们完全一样，在被他们的主人当成傻瓜愚弄；在我们背后和在他们背后一样，那真正的敌人手里拿着报纸，正在对于他们所嗾使的血腥逐猎的结果欣赏和高兴。



只要社会还继续生存在不平等里，只要一个民族还是由主人和奴隶构成的，不论是谁，不论是拿破仑、威廉第一还是尼古拉大帝，谁来行使统治权都是完全一样；我们劳动者无论在这一个统治者或是那一个统治者之下，都同样的必须作牛马。一切社会的上层阶级，不论是本国的主人也好，不论是外族的主人也好，都把那不堪负担的重负加在我们身上。他们想，我们很能忍耐，很能持久，吃苦耐劳，所以也就能够负担很多。不论是邻家的猫或是我们自家的猫吃了我们的鱼都是一样，为了追逐邻家的猫跑到大街上去，而把自家的猫留在厨房里，这是值得令人大笑的事。但是我们迄今还是常常做这样的事。

我们把邻家的猫逐出去了，而让自家的猫大吃特吃。

一个外族的敌人并不像一个本国的敌人可怕；同样，外贼不如家贼可怕。假如整个德国被俄国的哥萨克或是法国的宪兵占领了，人们可以看到，只要振臂一呼，我们就可以很快解决了他们，因为在对他们的反抗中，那至今还起作用的民族仇恨的偏见可以帮助我们。但是现在的敌人，他说我们的语言，他让我们的同胞给他做保镖，而且在大众面前表演正义的把戏，这种把戏已经由于习惯而神圣化了，这种敌人是更难驱逐的。

现在我们没有祖国；只有到社会以平等的一视同仁的方式照顾到它一切成员的生活的时候，我们才会有一个祖国。这样的一个祖国我颂扬它，乐于为它而死，为它而斗争；但是绝不是为了我们这个被人们称作王国的强迫劳动的监狱，在这里面典狱长手持王笏，头戴王冕，管理员和看守人身佩长剑、勋章，脚踏刺马靴，狱卒们手执武器、锁链、鞭子和绳索。这些人不是同胞，这些人！这是个监狱，这不是祖国！这些被奴役、被侮辱的人，他们不是人民！

要推倒这些围墙，铲除这些统治和臣服的标志，彻底消灭这些恐怖、刑罚和压迫的工具；要做到这样——人们不再把幸福的和不幸的、罪犯和法官、刽子手和可怜的死囚区别开来。

大自然给我们大家创造了一个乐园；有什么理由你们非得把它为你们自己造成一个天堂，而把它为我们造成一个地狱呢？

这种高和低，穷和富，辛勤劳作和游手好闲的喜剧是为了什么呢？推翻这种愚蠢和荒唐的事业吧！那消失了的乐园是那样的美好，足以容纳一切人，比你们那天堂要美好一百倍，而且还没有那可诅咒的地狱的牵累。让我们来试一试，重新建立这个乐园吧，以便不只是少数人，而且是一切的人都有一个祖国。这样一个祖国不是一个地狱和监狱，像你们所叫做祖国的那样，这样一个祖国值得为它努力，为了保卫它甘愿牺牲我们的血肉和生命。

由这一个或是那一个典狱长来执政，由这一群或是那一群雇佣的狱卒来站岗守卫，这对于监犯们有什么相干呢？只要他们的前途仍然是必须在这个监狱里待下去，他们对于这种换班就毫不感到兴趣；但是如果有一个人想要打开他们的牢门，解下他们的锁链，并因此和狱卒以及典狱长发生了一场争斗，所有的监犯就都会跑去帮助他，这是他们的人，无论是谁都应该是他的战友。

是不是有一个人能给我举出社会应该对祖国这个概念感谢的**一点**好处，**一件**好事来！我认为丝毫没有，但是坏处却有一大堆。



单就这种疆界的划分，这种人和人之间强迫的、不自然的分隔来说吧，它已经是多么荒唐，不可理解和可笑了！我们试设想，这整个世界是一座大花园，创世者是那园丁，全体人类是一大群蚂蚁，如果那个园丁看到，这些蚂蚁怎样把这整个花园用种种不同的疆界分开，为了扩大或缩小这些疆界而彼此抵死咬啮，那个园丁一般地不会觉得这是非常荒唐，而且特别对他来说是奇怪、可笑的事吗？谁又知道，也许不正有一种至善的东西在观察我们的愚蠢行为，而我们却毫未觉察呢。如果它看到，我们怎样为了一片我们既不会失掉也不会得到的土块而互相斫杀，怎样对于那砍杀得特别卖力的人用染色的蚕丝挂在胸前以示荣宠；如果它看到，我们大家虽然都具有同样的语言器官，虽然我们费了多少辛勤努力来发展、改善这种器官，而仍然彼此不能了解，反而试图去抑制和阻碍凡是有助于逐渐结束这种巴比伦的钟楼式的混乱的一切，是不是我们也要被看作是一些糊涂的蚂蚁呢。

永远结束这种疆界争执的最好的方法，就是：完全废除疆界！疆界正像那许许多多不同的语言一样。是一代一代遗传下来的许多错误之一，语言的差异并不是什么神圣的、美好的东西，更不是什么有益的东西，它是科学进步的重大障碍。

我们且问一问：各种不同的语言是怎么发生的？它是大自然创造的呢，还是一种人类的发明？

大自然给了一切人一个同样的语言器官，他们可以按他们的需要而训练发展这种器官；因此他们都天然具有一种能力，能学会说同一种语言。正好像大自然给人类创造了一双能劳动的手；它并没有规定：这只手或是那只手只能做这一种或那一种工作，同样它也没有规定，这个民族或那个民族只应该说某种与众不同的、自己专有的语言；大自然听任每个人自便，按他的需要来运用大自然所给他的工作和语言的工具。为了使人免得在这个美好的地球上感到单调无聊，大自然又给了他不断改进、不断提高自己的能力；所以大自然绝不是要强迫人千年万代地永远做同一的工作，更没有给他立下法则，在不同的地域一定要用不同的方式发展他的语言器官。大自然一方面尽很大的努力在促进它的发展，另一方面又相反地去阻碍那语言器官的原来的目的——互相了解，绝不会如此！整个的人的本质就是为了进步和永远不断的完善而创造的，凡是违反这种进步和完善的东西，一概都不应该，也不容许是神圣不可侵犯的。同样，大自然更不会在地球表面上画上一幅地图，说：这样！你们在这里说德国语，那里说法国语，那里说俄国话，那里说一种莫名其妙的什么话，等等。即便是曾经有过这回事，也正和其他许多事物一样，是一种过了时的恶事物。语言的不同是一种由隔阂和分离产生的结果。各个不同的家族迁徙到各个不同的地方去，在那里，每一个和其他家族隔离的家族发展成为一个民族。到后来，由于他们大大地繁殖而彼此更多地往来的时候，他们在语言上已经互相不能了解了，因为每一个小民族在分离的经过中已经各自用一种特别的方式训练了他们的双手和语言器官。正因为这样，因为每一个民族在分离的经过中已经逐渐习惯了一种各不相同的语言、礼俗和喜好；正因为这样，因为他们互不了解，因此他们互相争斗、厮杀和迫害。

语言的差异和那已经成为欺骗工具的祖国，不只今天而且永远只有一种用处，那就是在社会里培养盲目的民族仇恨；因此凡是人类的朋友不应该畏缩，同样要把这种爱国心和民族性的偏见踏成齑粉。

即使我们听任这种愚昧和谬误扬扬得意，而且煽起保持这种愚昧和谬误的热情之火，它们最后终究也抵抗不住进步，后者通过日益增多的新发明使得扫除这些陈旧的罪恶日益成为必要。

如果我们今天从每一个民族选出若干儿童安置在一个岛上，并且他们在那里能够生活下去的话，不出五十年我们就会在那个岛上见到一个说一种特殊语言的完全特殊的小民族。同样：如果我们可能把三十三个德意志小邦用深沟高垒和不断的战争数百年间彼此分离开来，也就会由于长久的分离，从许多小邦的不同的方言里形成了许多种不同的语言。

我们只要想一想，为了学会许多种语言费了多少时间！有这些时间可以教会和学会多少有益的东西！到了一个异国，为了语言不通，须要经过若干年之后才能了解那里的人和整个的民族以及它的风俗习惯，这是多么不方便的事，如果人们语言相通，彼此了解，又是什么情况呢!!

为了学会一种外国语要费好几年工夫，这在一个人的一生中是一段不算少的时间。这种时间的浪费是为了什么？

即使我们假定教育方法日益完善，因此**每一个人**都有时间和可能要学会多少种外国语就学会多少种外国语。即使这样，但是，又何必要浪费这些时间呢？

我们假设，一个人学会一种语言平均只要六个月，并且除去本国语一个人只学一种外国语，这样，单从欧洲计算，在每三十年的期间内要有一万万年的时间和力量损失在无用的学习上。一切现在的和未来的世世代代在语言上只是损失宝贵的时间而已。如果人们可以用一种语言更千百倍有利地得到同一的成果，为什么人们不该应用这一种语言呢？



莱布尼茨已经有过这样一个理想。在他之后又有许多人提到过这个理想，但是这个理想只有在共同一致共享合作的原则下才有可能实现，凭强力是不能推行的，也不是一朝一夕所能办到的；但是，没有任何东西比在共同一致共享合作的原则下的一种世界语的可能性更容易、更明显的事了。

在这个原则之下，有可能推行任何一种伟大的理想。消灭瘟疫和害虫，提高、加强和美化人类的体质，预防饥荒、洪水以及其他无数灾害，都只有在共有共享的社会生活中才有可能。一切现有的语言都含有很大的不完善性，为了这一点，也已经有必要发明一种全新的、美丽的、悦耳的、完善的语言，如果发明这种语言有可能，为什么使用这种语言就不可能呢？没有共同一致共享合作的原则，当然这就不会有可能了。

不！语言、疆界和祖国的概念和一切现存的宗教教条一样都是对于人类不必要的东西。所有这一切概念都是过了时的传统，它存在愈久，它的坏处也就愈是日益显著。

但是不可能全部地球居民的社会组织直到最小的细微末节都是同一个模型印出来的；这既不必要，也不适宜。永远会有各种不同的特性，但是这些特性恰好可以组成一种美丽的和谐，成为一切地球居民的福利，这种和谐不但不会由于各种不同的特性而被破坏，相反，正是由于各种不同的特性而被加强、被促进了。

如果人们认为每一个民族都有它自己的特性，这是一个很大的误解；只有很少数的几个民族是这样，并且在这少数几个民族里，这些特性也只是那种在他们那里占统治地位的停滞不动的制度的后果，这种制度不允许任何进步，以改变他们那古旧的风俗和习惯。

例如人们说，法国人有一种好动、轻浮和征服狂的性格。从什么时候起他们有了这种性格，这种性格又是从哪里来的呢？是从法国的气候来的吗？是**所有一切**法国人无例外地都有征服狂、好动和轻浮的性格吗？如果这种性格是从气候来的，那么上奥地利的居民也同样应该有这种征服狂。或者是不同的地域造成不同的性格吗？那么在外国多年的法国人就应该逐渐失去了他原有的性格。但是在德国的法国侨民，他们自从弗里德利希二世以来就世世代代子孙相传用法国话做礼拜、做祈祷的顽强意志却不能为这个论断作证明。

如果说法国人是有征服狂的，至少他们并不永远是这样。路易十四以来法国人所经历的历史，以及共和国、帝国、一八三〇年的革命这些荣耀的日子造成了他们的征服狂、好动和轻浮；如果我们德国人也曾经经历了这样的历史，我们也会成为这样的性格。我相信，如果我们在最近时期曾出过一个拿破仑，如果我们也有过一次像 1792 年那样的革命，我们的鼻子要比法国人翘得更高些。我们在现在太平无事的时候，尽管有所谓的对于政治叫嚣的抑止，已经有足够的人怒气冲冲，在啤酒瓶边上为了那假想的莱因占领者而在裤袋里暗暗捏起拳头来了。

但是假定这种征服狂在一切法国人身上真正成了一种特性，而且在地球上除去法国人而外再没有征服狂的人，这种特性，就像它是怎样得来的一样，它也是可以失掉的。法国人只要在路易·菲力浦的制度下再生活几十年，并且有若干次 1815 年的经验，这种征服的热情也就会冷却的。[3)]

我不记得有什么人曾把我们叫做是一个征服狂的民族；政治上的庸人也正为这个烦恼，指斥我们太过于是世界公民了。

让我们骄傲吧！如果真是这样，我们还有一个**未来的前途**；而那些古旧的分离和孤立的垃圾，那祖国、语言和疆界差别的概念却是**没有**任何前途的。

人们喋喋不休地向我们说：每个民族都有他的特性。我并不否认特性，我只是说，一个民族与其他民族不同的特性不是天生的，而是偶然的，是一个民族的习惯、历史、风俗的结果。而这些习惯、历史、风俗是可以改变的，不是一成不变的。只是因为一种僵死的制度，这些东西才似乎成了一成不变的东西，正是凭着这种僵死的制度，那陈旧顽固的旧事物的势力才一个世纪一个世纪地排除压制着新的进步的思想。

除此而外如果说还有天生的特性的话，那么这种特性也绝不会以由于统治者的癖好、运气、强权和诡计而给一个民族硬画上的疆界为限。

如果是这样，那就必须各个民族的性格在一切疆界上要像刀切的一样截然不同了。这是多么荒诞无稽！而我们今天的政治家却正在要想造成这样的事！这就是他们从他们的高等学府里带到世界上来的智慧；这就是，当他们想要破费祖国而为他们的肚子和钱袋服务的时候，使他们痰迷心窍的东西！[4)]

人们能否给我指出什么特性是德国人所独有的，而此外的任何民族所没有的？即使对于语言也不能这样说；只有很少数民族的语言是特有的。但是，如果说各个民族真有特性的话，并且是每一个民族所独有而为其他任何民族所没有的，那么第一个最重要的特性必然还是语言。然而，即使是语言，无论对于德国人、法国人或是英国人来说，都不能算是什么特别专有的东西。在瑞士、法国、古代普鲁士、俄国、波希米亚、匈牙利、波兰、美国不都有大群的人民是说的德国话？在瑞士的若干省份，在萨伏衣、比利时、海地、路易斯安那州和加拿大不都有人说法国话吗？在那里这种语言的特性又贬低了什么身价，而语言不是完全专有的东西又有什么关系呢？

气候对于人的性格起作用，对于食物、住所、服装以及嗜好、能力有很大的影响，这是肯定的，并且很可能还会永远影响下去，但是气候与民族和祖国的概念却毫无共同之处。

在人烟稠密的欧洲，在许多民族麇集在一起并且有频繁的交通把他们联系起来的情况下，这种阻碍新思想、新发明的疆界和语言差别是绝不可能长久存在下去的。在人们能够并且必须分离地生活的时候，还可以行；但是自从铁路发明以来，以上这些概念的害处和缺点在今天已经是更加显著了。如果在五十年内有一个铁路网遍布了全欧洲，是不是人们想，疆界和祖国那时候即使对于最保守、最顽固的头脑也要成为一种讨厌和障碍？难道人们会看不出来，几天之内就可以走遍了全欧洲，但是却没有可能和许多不同的民族互相交谈了解，这是一件多么不便利不愉快的事？单是铁路一项就足以使人注意到有推行一种世界语的必要了，更不必说改进和提高航空工具的可能性。今天还有哪一个学者能否认这种可能性吗？如果说我们必须把这一个可能性也包括在远景之中，那么岂不更加明白，一种**唯一**的语言对于我们在科学上的长足进步是绝对必要的？——因此我们不要让人笑话，不要永远把那外国人的征服狂这个傀儡把戏放在手里玩弄。我倒要看看这个外国人，他怎么能把一个追求**真正**的自由的民族镇压下去。但是只要我们是拿自由当作喜剧来表演的，在它脸上涂上各式各样的民族的颜色，把它囚闭在疆界之内，只要德意志的奴隶是为了德意志的奴隶主去争自由，自由对于我们就毫无价值。或者是一切人的自由，或者就根本没有自由！但是这一个自由是不能被囚闭在那征服狂和人与人的分离所造成的疆界之内的。

# 第十二章　金钱与商品的杂货店

今天我们在大街上无论往哪里看一眼，几乎每一座房子的底层都有一个杂货商在那里安下了窝，在那窝里囤积着别人劳动的产品。

有多么大一群强壮的人整天在商店和饭馆里，在柜台边上磨着鞋底子团团转，白白地消磨掉可以应用到社会有益事务上去的大好时光。这也能叫做劳动吗！问问他们，他们是不是在劳动。当然从事这种事务也有它不舒适的一面，因为我相信，多数手工业者在他的劳动中不会像商店伙计那样单调无聊，店伙虽然费力较少，但是他比工人要更受他那主东的束缚。

就算按照杂货商的看法杂质店也是一种业务，但是人们很容易看出来，那是一种大半无用的业务，我们在共有共享的社会情况下可以把从事这种业务的人数减少到十分之一。

每逢我在我们大城市的街道上闲步，看到那摆设得富丽堂皇，堆满了天然和人工产品的商店的时候，我常常想，在这一切产品之中，你，或者地球上任何一个其他的工人，一年之中能把那一件商品叫做是你的？——大概不会到百分之一。有很多奢侈品我们这种人根本不知道它作什么用途，劳动的产品在不断地增加，这些产品引起了，并且还天天在继续引起着生活享受的精美化。

这一切产品所需要的劳动时间，比用在劳动者所能得到的生活必需品上的劳动时间大得不能比拟！为这些产品而劳动的人得到那劳动产品的最小、最坏的部分，而其他的人得到最美、最好的；在不平等的情况下情形就只能是这样。

设备这么许多商店连同它们的橱窗、柜台等等要浪费多少时间和物资。社会只要用十分之一的经费就可以设立比这些大大小小的店铺、地窖、底屋、小饭店、烟纸店更美丽和更方便的大百货商场。

而首先要说的是耗费在这上面的时间！你们可以做一次有趣的试验，在散步的时候仔细观察一下，那些杂货店的人们整天在他们铺子里都做些什么，并且把这些活动和他们所赚得的利润比较一下，这样就不会再有人奇怪，为什么当初耶稣看到这些无聊行当的时候会产生暴怒，甚至于并不尊重他们的私有财产，用绳子抽到他们脸上去。

看吧，这个人在胸前抄着两手，斜睨着橱窗外面，看是否有顾客漏过去，或是另外有没有人脸上带着落入他网罗的神气；那个人斜靠在柜台边上，这里又一个人在闲着搔后脑袋，另一个人在来回的折叠衣料。这里有些人细心地在掩藏、涂抹、遮盖他们那劣等货品上的缺点，以便瞒过购买者的眼光，那里有些人狂喊得嗓子发哑，以便吸引住一个犹疑不定的乡下人等等。如果你们在市集日和工作日有时间，不妨自己去观察一下，看了会令人又可笑又可气。

我观察过这样久，但是我所看到的各式各样商店里的买主人数永远没有商店里守柜台的人数那么多。

在奢侈品商店里我很少看到过有买主，我常常禁不住惊讶，他们究竟怎样弄这么一大笔费用来维持这样一些商店和供应其中店伙们的吃喝的。

而大量的招待员、店员，同样也是所谓商店的气派之一。即使那商人并不关心什么气派不气派，但是为了不损害他的利益，他也不愿意减省这些人，因为买主往往是不定什么时候拥进商店里来的；因为没有人知道是不是会在什么时候出现这种拥挤现象，因为在今天的社会里一切都是出于偶然。因此为了有发生这种现象的可能，不得不经常雇用着一大批青年人作准备，这些人的健康和体力大可以用在比做小伙计和商店玩偶更有益的事业上。我们所生活的这个颠倒世界就是这样！于是我们又要去养活这些对我们一无用处的小人物！如果我说，我们这些穷鬼养活他，杂货商会摇头不信。当然是我们！否则还有谁呢？是谁给你做的靴鞋、衣服和家具？你那讨价还价的货品是谁制造的？你把它摆设成像庙堂一样的店铺子是谁盖起来的？你自己住宿的房子是谁建筑的？出产你所吃的粮食的土地是谁耕种的？是你吗？

而你对于社会所给你的这些实惠，作为报答提供出来的是什么呢？你把货品从贫穷的劳动者的手里拿去，送到富有的买主手里。这种事一个老年人、一个小孩子也都能够做，这用不着什么大才干、大力气和大学问。

这种行业既不为你的机智，也不为你的天才和能力带来什么光荣，因为你在你的事业里没有机会可以把你的这些才能用在对于社会福利有益的用途上。你那狡猾的金钱和商业投机并不是有益的，相反绝大多数情形下是对于公共福利有害的投机；如果说它有益，那只是对于想借此发财的你自己和你的家族有益。

商人的另一种恶行，一种并不比他们所犯的抬高日用必需品价格和减低工资以求发财致富的恶行更不可恶的恶行，就是伪造产品。

维克多·孔西得朗[1]用下列这些话十分中肯地描述了商业的不正当行为：

商人是一种从中渔利的人，他利用一般的社会混乱和工业中的无组织状态从中取利。商人收买产品，收买一切；他是一切的所有人和包装人，所以他能：

1. 既控制生产又控制消费，因为两者都必须向他求取可供消费的成品，或者向他求取尚待加工的半成品，或者向他求取供生产用的原料。

商业通过它的种种搜括囤积的手段，通过它对物价涨落的操纵，是一切物品中间插入的所有人，它左右压榨，而给消费和生产的进行——在一个健全的组织中它应该只是一个从属于消费和生产的仆人——造成很大的困难。



2. 商业通过它从生产和消费者双方赚来的、庞大的盈利来盗窃社会团体，这种巨大盈利和商业的服务工作是完全不成比例的，这些工作只要它那些从业者的二十分之一来做就已经足够了。这些多余的从业者，因为它把他们从有益的生产中抽了出来，所以又是另一种盗窃社会团体的行为。商业用这种方式盗窃社会，它一方面把一大部财富攫为己有，另一

[1] 维克多·孔西得朗(1808—1893)，傅立叶的最重要的信徒。他阐释并进一步发展了傅立叶的学说。除了其他证明以外，魏特林在这里长篇摘引也可以表明他曾受过傅立叶的影响。在一切乌托邦社会主义者中，傅立叶对资本主义商业和资本主义经济的批评是最尖锐的。

方面把大量有用的社会成员从有益的工作中抽出去，使他们变为它的从业人员，当一个合理的商业组织一旦代替了今天这种情况的时候，这些人是应该重新回到有益的工作上去的。

3. 商业通过伪造产品来盗窃社会团体。伪造，在我们的时代里是壮着胆子进行而超越了一切界限的。真的，如果今天在一个城市里有一百家杂货店，而从前在这里不过二十家，那么实际上人们在这个城市里所需要的杂货商品并不比从前多。一切这些杂货店彼此互争盈利，竞争的结果迫使他们再从损害消费者的利害中去求得补偿；或者是通过一般的抬高物价，这是很常见的事；或者是通过降低产品质量，这也是经常有的事。在这样一种情况下就既没有法律，也没有信仰；劣等的、腐坏的货品每一次都被当成好货出售，如果有一个单纯的买主去上它的当的话，因为他对于这种货品没有必要的知识。但是商人的良心对此坦然无愧，他对自己理直气壮地说："我在我店里标明了价钱，我并没有强迫任何人买啊！"——至于因为出售伪货而使消费者遭受的损失那就不在他的计较中了。

4. 商业通过大量的囤积来盗窃社会团体，囤积的结果是大量堆存在一个地方的货品腐坏掉，因为找不到销路。关于这一方面我们可以听一听傅立叶的话，他本人曾经当过商人：

商业制度的基本原则是：给商人以充分的自由，准许他们对他们所经营的一切货品有绝对所有权，因此他们有权不让这些货品流通，把它藏起来，甚至于把它烧掉，如同东印度公司在阿姆斯特丹做了不只一次的那样，它公开地把整个仓库的肉桂烧掉，为了让这种货品的价格腾贵；如果不是怕人民要拿石头砸死他们，他们也会把用在肉桂上的办法用在粮食上；他们会把一部分粮食烧掉，以便让粮价涨起四倍。人们没看到在我们的港口城市里天天有大批的粮食往海里扔吗？那就是因为商人等待涨价囤积过久而霉烂了的。我曾经以商业佣工的身份亲自参加过这种卑鄙无耻的行为，有一天把一百万公斤大米扔到海里，而实际上如果货主少贪点利，这些大米完全可以卖出去的。而这一切损失都必须社会去担负，人们眼看着这些损失，在这个"让商人们去干吧"的哲学原则的保护下日复一日地重复着。

商业还通过所造成的损耗来盗窃社会，这种损耗是由于要把产品分散到千百个小商贩手里去，由于运输的增加而产生的。



5．商业通过一种无边无际的重利盘剥，一种真正可怕的重利盘剥来盗窃社会团体。商业家经常用一种假想的资本来经营，这种假想的资本远超过他的实际资本的数量。一个具有三万法郎资产的商业家，他可以通过签发支票、转账清结、部分付款等手段运用五万到二十万法郎的资金，因此他可以从他所没有的资本里吸取暴利，这种暴利和他真正所有的资本不成比例。

6．商业通过无数的破产来盗窃社会团体；因为我们工业关系上的种种变化和偶发事件，政治上的冲突，以及各种各样的失调迟早总会带来这样一天，如我们上面已经说过，发出超过他资产的支票的商人周转不灵了，他不能再维持他业务的平衡，他这种破产，无论是否故意的、欺骗的，总归连累他的许多债权者随之倒闭。一家商号的破产就带动其他商号的破产，这是一把破产的火，烧成一片瓦砾和荒漠，并且其中受害的永远必然是生产者和消费者，因为商业基本上说，并不创造价值，它和在它手中经过的社会财富相比，从它自己手里增加的只是极小的一部分价值。但是由于这样的矛盾冲突多少工厂因此倒闭毁坏了；由于这种摩擦和破坏枯竭了多少财富的源泉。

生产者提供货品，消费者提供金钱，而商人所提供的是一种没有保障的，或者只是以一种薄弱的、假想的价值为保障的支票，而且商业组织的成员还互相不守信用。这就是在短短的几句话里说尽了全部事情的真相。

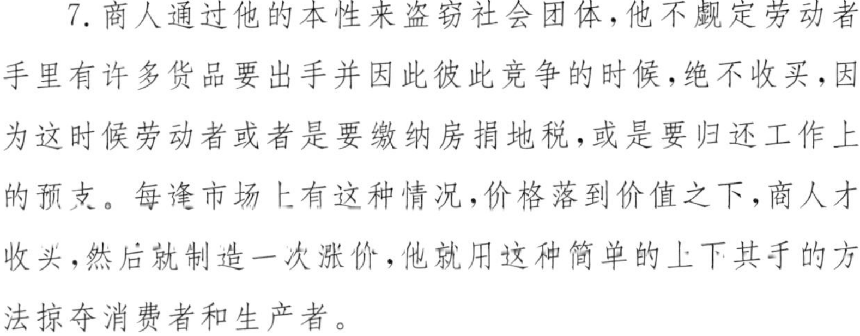

7. 商人通过他的本性来盗窃社会团体，他不觑定劳动者手里有许多货品要出手并因此彼此竞争的时候，绝不收买，因为这时候劳动者或者是要缴纳房捐地税，或是要归还工作上的预支。每逢市场上有这种情况，价格落到价值之下，商人才收买，然后就制造一次涨价，他就用这种简单的上下其手的方法掠夺消费者和生产者。

8. 商业通过抽调大量资本而盗窃社会团体，如果商业只居于附属地位，无非是作为一个代理团体，只是担任在一个大的消费中心，一个社会公社(commune sociétaire)和距离或近或远的生产者之间的直接输运工作，那么这些资本就可以拨归工业运用。因此投入商业的资本——尽管和从它手里通过的那庞大的财富相比是很微薄的却仍然是一笔巨大的数目，这笔数目，如果取消了商业的暂时性的占有，取消了中间插入的商业所有权，并且另行改组流通方式，就可以被投入生产之用。交易所的把戏正是种种商业罪恶的最高表现。

9. 商业通过它所有的那种种为了自己的利益而强占一切产品的手段来盗窃社会团体。商业为了涨价的目的，故意在一段时间内停止物资的流通，在这种物资涨价的情形下，消费者不能不受损失，而在消费者受损失之前则是货品制造者受损失，他们为了维持一座工厂，不得不忍受重大的牺牲来支付很高的价格，并且在盼望有较好的价格出现中以很小的一点利润勉强维持着那作为他们的生活的基础的工厂。他们往往要经过很久以后，才能把那刮财者所强加于他们的物资涨价的损失弥补平衡过来。



囤积搜购是最无耻的商业罪恶，因为它永远打击工业中的正在遭受困难的部分。每逢食品和货物涨价的时候，刮财者就布置埋伏，以便扩大这种恶风，他霸占现有存货，把人们所需要的货品都据为己有，故意停止流通，用种种不正当手段把该货物的价格提高两倍、三倍，他夸大产品的缺乏，传播种种恐怖消息，人们只是以后才明白原来这些是虚假的。他们是工业上的一群刽子手，在刑场上还要揭破和扩大受害者的创伤。

最后，所有这一切以及我还没有列举到的其他种种罪恶，由于商业网的精密关联，更是推波助澜，互相影响；因为产品不只是一次经过贪婪的商人的手；常有这种情况，产品要先二十次乃至三十次通过商业网，才能达到消费者之手。首先，在原材料还没有到达劳动者手里给它第一次加工之前，已经先要通过商业的魔爪。从第一次加工的劳动者手里他又回到商业网中，就这样，每经过劳动者的一次加工，产品就必须通过一次商业的魔爪，直到产品最后成形。然后这些产品到了大趸卖商之手，后者又把它卖给大批发商，大批发商再转卖给城市的小商号，城市小商号再卖给乡村小杂货店。每经过一次这样转手，就有一部分产品留在商人的手里：现在可以评判一下，我们的经济学家所衷心拥护的这种野蛮的商业，究竟是不是一个那么伟大的福利的源泉。

但是有一点是丝毫不爽可以肯定的，如果从它当前的状态来观察商业，并且把它和它应尽的作用来比较一下，那么可以把它比作是一个饕餮的享福的人，他强迫勤劳的劳动者以及消费者从他们的纯收入里出钱养活他；可以把它比作一个吸血鬼，他借口让血液和财富流通，吸取社会团体的血液和财富。有一点是丝毫不爽可以肯定的，它比之于生产者是一个海盗，来往梭巡着追寻猎物；比之于消费者则是一个蜘蛛，张开它的罗网，准备吸取那不小心的飞蝇的血肉。这种比喻完全恰当；因为如同蜘蛛在我们庭院里、田野上到处张开它那精织的网一样，商人在我们的大街、广场上陈列开他的货品，织出他那黄金的网，如果有一只飞蝇被网住，如果有一个愚人落进网来，他就立刻出现在柜台边，以便吸取它。人们常常看见在空中，在风里飘荡的蛛网和巡行的蜘蛛，同样我们看到巡行的小贩和商人。

奸商已经成了通行的俗语。这种奸诈的使用是那样的没

有顾忌，那样的普遍，以至于人们不敢让一个小孩子到商店里去。这是一种可耻的事！可怕的事！现在我们是生活在这样一个社会里，这也就是我们的商业；我们竟有这样的一些学者！这样的一些指导舆论的人！这是一些什么人！什么学者！他们对商业鞠躬致敬，在商业的神坛前焚香礼拜，把商业尊为国家民族的父母和养育人！可怜这样的人！可怜，可鄙！

这真正是令人奇怪的事，人们似乎除去永远批评政府而外，找不到其他可批评的了，仿佛只有政府唯一地吞下了国家的财富，仿佛只有政府才是那唯一的抽干国民生活的抽水机。——人们谈到国家财政上的经济合理，谈到减低捐税，谈到减少不生产的职员的薪给，谈到要求一个费用少、效能高的政府，四十年来我们就只是达到了这样一些东西，这就算是伟大的革命旗帜和所谓的政治哲理了！——不错！职员、军队、大批的税务员和边防军、警察以及许许多多的其他政府部门都是不生产的，都是需要大批经费来维持的，这些机关一部分应该撤销，其余部分应该作更经济的管理；但是用政治改革你们是达不到这个目的的，政治改革的后果经常带来军队和警察的增加。从政治基地上发动起来的运动必然要促使在那政府的老干上长出新的枝丫来，从而两倍、三倍、四倍地增加捐税。这是经验和逻辑都已经充分地证明了的。

商业所加在人民身上的也是一种和政府的捐税一样的捐税；那无数的商业大军也是一种和职业军人一样的军队，这支军队不断地开往前线，去买和卖，去估价去掠夺！这中间有什么区别呢？这里是人们付出他的生命和血，用他的创伤去换取一点稀少的、微薄的报酬；这里是荣誉，爵禄，功名，忠忱和祖国！——那里是金钱！诈骗！金钱，金钱，还是金钱！

商人精神把腐化和自私注入社会组织的一切血管，它噬啮、破坏一切民族感[①]；它鼓吹一切卑劣、自私和腐化的思想；凡是高尚和伟大的事物，它一切推倒；它用它柜台上的尺码和天平来称量艺术和诗歌，它把人理解为只是一架会加、减、乘、除算账的机器。它的文学就是汇票和支票；它的战略就是抬高、压低物价；它的政变就是商业冒险；它的佩剑就是尺子，它的战俘营就是债务监狱；它的进攻就是人民福利的榨取；它的撤退就是破产；它的荣誉就是金钱！它的声望也是金钱！[5)]

特别是小杂货店，在作假的技术上更有经验。

为了便于欺骗和作假，他们把衣料、布匹让工厂给他们作特别的加工。一个商人看明白了他的顾客已经习惯于天鹅绒或丝织品通常有一定的尺幅宽度，他就一点一点把宽度缩小。这在围巾上也有同样的情形，所以这句俗话不是没有理由的：谁要到市场上去，必须手里拿着眼睛。

有很多物品，人们把它做得那样轻薄、脆弱，只要尽可能瞒过眼前就行。这种物品因此卖价稍微便宜些，以便吸引那些穷买主。这些买主由于没有经验就买下来了，往往吃了好几次亏才明白是上了当了，当初宁可花加倍的钱买好货，也比花半价买劣货好些，劣货的效用常常还不及好货的十分之一。

而关于食品的掺假又是怎样的情形！我曾经听一个农民说，

① 这就是它那最有益的和最慈善的本质。——著者注

他从牛奶掺水上每年赚了两千法郎。是谁把他的水当牛奶喝了？是我们！否则还有谁？富人有钱，可以让人把最浮面的好奶提出来给他吃。

酒的掺假已经流行到这种地步，在巴黎站台上，甚至于城市里出卖的酒，无非是对过颜色的水，里面几乎没有一滴酒。

关于奶油、面包、肉类以及一切食品都是这样。一个不常买东西的人，几乎永远要比一个常买东西的人多花钱，后者手头有更多的钱，会鉴别货物并且懂得商业上的生意经。

富人有他的有利条件，一切都可以大批的买，小康之家也可以这样；但是劳动者和穷人却不能不在经过了三四道转手之后才把货品买来，因此也就要比富人贵两倍、三倍，并且还常常是掺假的，富人却不用怕掺假，因为富人能够付现钱而且买好的、多买。

在今天这个不平等的制度下，使商人有可能摆出这样一种姿态，仿佛是他通过他那投机精神使商业和工业繁盛起来，并因此给许多人创造了工作和饭碗，所以值得向他们感谢。这种偏见已经深入人民之中，人们到处可以碰到这样的说法，“是嘛，商业和买卖不景气，困苦也就那样大”。但是实际并非这样，而是：在不平等的制度下贸易和商业愈大，劳动阶级的困苦也就愈增加。看一看英国吧；这个国家的工业和商业比哪儿都活动，但是在这个国家里困苦也正是那样大；为什么？因为强大的贸易和商业正是有利于促成财富的日益集中，并从而使游惰和浪费日益增加，从而不利于创造这些财富的劳动阶级。

在贸易和商业最发达最繁盛的国家和城市里，我们看到富人最多，而正是在富人最多的国家，穷人也最多；因为这是彼此不可分的。

你们试着在世界上那些贸易和商业最不发达的国家里看一看，你们会看到，在这些国家里奢侈的程度不像别的国家那样高，你们会看到，那里也有穷富之分，像今天到处一样，但是像在商业国家里那样可怕的贫穷，那样可怕的困苦，你们找不到。

如果这样一个商业国家只是一个很小的国家，只能完全从事于商业，并且由于它的有利的位置，适宜于从事商业，那么它从商业是可以得到好处的，因为一切人都成了商人、杂货商和杂货商伙计。但是这样就必然又有另一个国家受害，这个小的商业民族整年地贩卖着另一个国家的劳动产品。我们的汉撒同盟的港口城市就是这样的小杂货商共和国，在这些城市里几乎一切都上船、交易和贩卖，费用出在它所贩卖的货物所有人身上，也出在它把别人的货物所送交的那些人身上。这些小民族还不至于感觉到那样的贫穷压迫，因为这里的富人在外国产品上的投机大于在本国产品上的投机，因为在他们手里同时掌握着许多国家的贸易；因为在那里还继续存在的同业公会法不利于工厂生产和工业自由，特别是因为在今天工厂生产远不如商业的获利那样重大；因为竞争太大，并且第一次试办必然要冒很大的风险。

正好像有这样一些个人一样，他们能够由于他们的地位或是他们的职业剥削别人而过一种较好的生活方式，同样也有这样的一些民族，他们剥削他们邻居民族而平均一般地生活得较好，劳动得较少，当然，总是有个别人是例外。

我们试举日内瓦为例，它有一种盛大的钟表贸易，这些钟表是在他们本地制造的。谁给日内瓦人盖房屋？萨伏衣人。谁给他们做家具和衣服？德意志人。而供应他们做衣服的衣料的是法国人。[6)]

在巴黎做工的细作木匠、鞋匠、裁缝有一半以上是德国人。人们周游法国和瑞士的各大城市，会觉得很奇怪，几乎在任何手工工场里看不到一个年轻学徒工。正因为这样那年年流浪到法国去的大群德国人，才希望去找到一个工作和安身之处，尽管找一个如意的安身处所也并不是那么容易的事，因为劳力大量过剩。

巴黎人不那样傻，大家来争一个像裁缝那样的职业，这种职业迫使他们整天盘着腿在一种腐败的室内空气里过活；不，他们宁愿在大街上卖火柴或是擦皮鞋。

在瑞士，工厂很少。法国人和德国人供应他们衣料，他们用食用牲畜和奶酪干来交换。但是这并不是说：瑞士是乐土，在那里牛奶和蜂蜜遍地流，不！大错特错了。那里有大批的穷人，只是这种穷困还没有像在其他国家那样显著地暴露出来而已。瑞士人善于掩藏，不让穷困从幕后露出来；但是我已经常常听说，在许多地区穷困现象同样也已经达于极点。在那里有富人，有乞丐，有监狱和奴仆，这就足以证明，穷困现象也必然很大。



我曾经在瑞士，在洛桑省看到一个地方，在那里有一些七周岁的孩子，看见我吃一块面包，问他们的父母，那是什么。他们除了奶和马铃薯以外不知道别的吃的东西。

特别是在巴塞尔可能有极大的富豪，因为几乎整个米尔豪森城都属于他们，在新区，没有一所房子他们没有典押权；这样，某些巴塞尔人的巨大的财产的影响，在米尔豪森比在巴塞尔要感觉得更清楚些，因为工厂主每年必须把建立这些工厂所借贷的资本的利息送到巴塞尔去，而在米尔豪森的工厂工人则必须再为他们的厂主们赚回这笔利息来。

同样，商业也是这样的情形。财富的搜刮积聚并不永远是在店铺旁边或是它附近造成穷困，而是往往扩展到距离很远的地方去；正好像一个人在平地上堆一座小山，但是可以并不就在那山脚下由于堆山掘土而造成一个深谷，如果他在距离很远的地方去把堆山用的土掘来的话。

我们试观察一下在市集的日子里那成百的农民和农妇，他们带着他们那些小杂货到城里来，为了把这些东西卖出去，他们大半要走几小时的路程从远处赶来；每个人都带着他相信可以卖得出去的东西，但是谁也不知道什么是最需要的东西。

因此很多人在耗费了无用的时间之后，不得不重新带着他们那全部或一部分货品回家。又有些人不得不少看些利，有些人甚至于赔本把货品卖掉，只为了避免空手不带着钱回去。

有几千万卖东西、买东西的人在市集的日子里拥挤在一起，也就有几千万个整天或小时的社会有益时间的损失。看他们怎样守着他们那一点小杂货一个紧挨着一个坐在那里，真是可笑的情景。人人都想给城市供应食品，但是谁也不确实知道，城市究竟需要什么，因此就可以有成百个人每人拿着一点同一种的货品，例如：水果、酪干、奶油、鸡蛋、菜蔬等等。并且对于这些各自分成小数量的货品也就要占用多少小车、筐子、篓子和人；如果把一切酪干、奶油、鸡蛋合起来用大车来运，——假如在共有共享的情况下是必然这样做的——那千百个各种各样的筐子、篓子和口袋都是不必要的，而且那千百个农民也用不着都为包装和运送费力，他们也没有必要成半天的在路上受夏天酷热、冬天严寒的苦，还要为了卖货操心、惹气，甚至于争吵和打架。那时候货品也会少失落、少破损；买主同样也没有必要去浪费时间，或是为了受骗和货品不好而烦恼。这些买主也没有必要再准备下他们那成千论百的篮子、口袋和箱子，他们也不必再担心被扒手光顾或是弄脏或是撕破他们的衣裳。

你们应该到市场上去观察一下那些杂货摊，在那里你们最能感觉到旧社会制度的不合理。谁要是在那里还明白不过来，他就必然是患严重的白障眼的。

再说到还有旅行和货物运输上的无限不合理！往往有些货物要从一个地方经过几百小时的路程运送到一个很远的市场上去，在那里从这个人的手里倒卖到另一个人手里，有时候这些货物最后又再运回它的原产地！

现在我们想象一下，欧洲必须养活多么大的一群边防军和商贩！但是谁来维持这些人的生活？没有别人，就是那些制造货品的人；因为使用、消费这些货品的人大都正是过着什么也不做的生活的人。

在莱比锡博览会时期为走私所做的准备工作真是像工厂生产一样大规模进行的。在那里把巨量的货品包装成无数的小包，以便通过各种走私组织越过俄国的国境。至少在十年之前是如此。在那里没有一家行业不部分地是为走私服务的；车辆、家具、衣服都可以为了这个目的而制造出来。为什么做这一切无意义的工作呢？——为了某些少数人的利益去对抗大人物和大人物的私利的压迫。四面八方无非是抢夺、盗窃和劫掠！一种无尽止的个人利益的战争。奸猾的、有势力的人瓜分战利品，但是战费却由劳动人民担负。

# 第十三章　宗教和风俗道德

宗教是通过一个不可知的现世(人间生活)走向一个更不可知的来世(天堂幸福)的猜谜一样的指路人,或者换一句话说:一种走向最高、最美满的理想的企图。

关于这个由现世走向一种共有共享的、更高目的地的生活旅程,政治和幻想为我们找到了许多完全不同的道路,而且用一种同一的颜色为我们画出了一幅旅行图。

那在这张地图上刻画得这样明白清楚的陡峭、崎岖、尘土飞扬的大道,那是贫穷和困苦所走的道路。在那密密拥挤的行列里,一代接着一代枯瘦的、汗流满面的人默默地、忍耐地向前走去,把充满着痛苦的眼光朝着那他们所盼望的苦难终了的一天。



沿着这条大道两旁伸展出去的是舒适、柔软、开满鲜花、两旁栽着果木、流着清泉的绿草如茵的道路。这是人间幸福的道路,这种道路是有钱人、有势力的人、阴谋诡计的人、机巧奸诈的人和强取豪夺的人所走的。

为了使那些在困苦的大道上走着的大群人们忘掉人间的幸福和享受,人们给他们指出一个幽暗的、充满着希望的来世,并且把一个人听任被剥夺人间的享受作为他来世永远享福的条件。

教士、学者就由那些走在绿草如茵的道路上的人收买雇用,以便向那些走在困苦大道上的人宣讲这个学说;为了这个任务,也给他们在困苦大道的两旁铺上一条窄窄的人行道。在这条人行道上还加上宪兵和法警，以便督促这一大群人向前走，并且防止他们离开大道。

从这个时候起，教士就自称为牧师。

这样，在政治的特权人物和雇用的宗教教师的向导之下，一些人在快乐和丰足中，另一些人在匮乏和苦难中，向着一个并且同一个不可知的目的地走去。

前一批人怎么样开步走，随着的人也怎样跟着走，那些人怎样背他们的包袱，这些人也照样背着，前一批人怎样把违反牧师的规章制度所采取的脱离大道的行动叫做罪过，其他的人也照样说。

前一批人刚做出一个驴子般的愚蠢举动（后来人们把它叫做迷信），别的人也就跟着照样做！前一批人怎样对个别的人对于强奴酷吏的反抗袖手旁观，其余的人也照样；那些人怎样把一个人叫做贼，因为他忽然想到要离开一下这辛勤、劳苦和穷困的大道，不遵守那些散着步的人们的意思，而去摘些大道左右两旁的果子，这些人也就跟着他们照样说；当那些贫困、褴褛、疲惫、饥饿的苦难的朝圣者开始鄙视那第一个贼的时候，其余一切的人也都照样鄙视他。

而那些特权人物在那人间幸福的道路上也是一样。因为父亲把他那盗窃来的贼赃叫做私有财产，儿子也就照样这样称呼，不知道贼赃和私有财产原是同一个来源。

及至最后，当人们开始要去理解它的时候，它已经成为两个彼此各不相同的概念了。

原始人的取用、享有和占据的权利，在开始的时候并不损害任何人，因为当时有足够可以取用、享有和占据的东西，每个人都可以随意占为己有，而并不因此侵犯和妨碍别人的权利，这个原始的权利既不是私有财产，也不是盗窃行为。

只是到了后来，当人类大大增殖并且拥挤在一个地点，劳动已经成为生活的必要，而有些个别的人却凭着过量的享有和占据而脱离劳动的时候，这种自然的权利才开始成为一种不正当的权利，而少数人特别占有为维持大众生活所必需的土地才成为一种对社会的盗窃。

和当时的舆论倡导者一样，一切跟着走的人同样也都把任何方式的土地的绝对占有看作是一种霸占、一种抢掠。

但是这种盗窃行为还并没有因此成为耻辱，相反地它成为一种光荣；因为它证明了一个人的机智、诡诈、胆略和勇敢。所以过了一些时候人们把用这种方法得来的财物叫做私有财产，把它造成合法的，并且让它从父亲遗传给儿子。



于是他们也就一个跟着一个仿效这种行为。

但是，人类的本性对于这种用私有财产的名义掩盖起来的合法的盗窃不断地表示反抗。为了防止这种反抗，于是私有主把一切不是合法形式下的盗窃都予以禁止并且加以处罚。

为了逃避这些处罚，于是怯懦的人开始暗地里盗窃，否认他的盗窃行为。

自从那时候起，窃贼为人所鄙视，而私有主则为人所尊敬，而且他愈是富有，就愈是受人尊敬。

这一切习惯的变化，也就是我们所谓的风俗、道德。这一切都是可以改变的，并且其中的大部分在一个未来的社会制度里，能够并且必然会被一些其他的风俗、道德所代替。只有那些根据于自然的情感而且对于保持社会的和谐所必需的风俗道德才会永久存在下去，例如忠诚、博爱、正直等等。

因此，自然的规律是自由地形成风俗道德的唯一界限。

在我们今天这个追逐私利的社会制度里，可以给风俗道德以任何任意的标准，只要这个标准能够有利于某些少数人的个人利益和他们的特殊愿望。因此人们可以任意制造道德或不道德，罪过或是肝馅腊肠。[7)]

所以一个有道德、守礼教的人，就是一个这样的人，他诚心诚意地遵循着由官方所指定给他的轨道走，前辈已经教会他在这条道上怎样举步。其他一切凡是跳出这个轨道而想自己找寻一条道路的人，人们都把他叫做不道德的人。

如果有一大群人随着一个跳出轨道的人走，并且这一个人也按着他前人的榜样把那些跟着他走的人列成一个有秩序的队伍，人们就把这种情况叫做风俗道德的变更或是驯化。因此那颠簸的、沉重的生活的车子，每一次由于一种重大的时势变化的冲击而脱出旧的轨道，并且在一条尚未走过的路上造成一种新的固定的轨道的时候，风俗道德也就有一次变更或驯化。但是如果教士和法警必须费许多辛苦作很大的努力，才能把这些人赶回到那困苦的大道上，人们就把这种情况叫做丧风败俗和道德的堕落。

因此每一次风俗道德的变革、改善或是驯化都是由于某些人成功地离开了旧风俗、旧道德的轨道而产生的。但是每一次这种离开旧轨道的企图都被叫做是不道德的、伤风败俗的。

但是，知识的进步只有在整个或是部分地脱离旧日的常规，在强力挣脱旧日的轨道中，才能实现，因此任何为了若干少数人的利益而设计的道德警察都是一种进步的障碍。

因此我们今天的风俗道德，无非是一句神圣化了的“永远保持旧观念！”而已，所以一切维持旧的风俗道德的努力都是一种停滞和压制的努力，都是专制主义和奴隶制度的最有力支柱。

由于这些风纪警察就产生出许多常常是非常混乱的概念，道德与败行，善与恶，罪与罚，行为端正与不端正，善良风俗与不良风俗，等等。

在这一个民族叫做善的事，在另一个民族叫做恶，在这里被允许的行动，在那里就不允许；在某一种环境，某一些人身上是道德的，在另一个环境，另一些人身上就是不道德，例如：

按照吉卜赛人的风俗，往往直到十五岁的男女儿童可以裸体在一起玩耍戏乐，弟兄姊妹结队往来，老年人毫不觉得这有伤风化；但是土耳其人却把我们的妇女不带着面幕出门，看作是一种不知羞耻、一种不道德的事。



在我们这方面，我们认为土耳其人的多妻制是一种罪恶，觉得这种制度可耻，但是我们有许多政府允许纳税的公娼多夫制，并且用这笔捐税来做它那些教士和法律解释者的俸给，却没有丝毫的羞耻之感。同样，按照犹太人的法律欺骗一个外人（一个基督徒）是一种许可的、上帝嘉纳的行为，而相反，公平对待基督徒反是一种罪恶。

一个每年要在吃喝上花费五千国币或是更多的富豪，如果他每年在救济穷人的慈善箱里捐几百块钱，就是一个道德高尚的大善人。而他这些收入正是依靠别人的劳动、辛苦和贫困而得来的。

但是这些劳动的、辛苦的、贫困的人用他们那微薄的工资支付了一切最必要的费用之后，如果还挤出一点余钱来喝一杯烧酒或是啤酒，而不是把这点钱存在一边以备靠不住的明天，这就算是一种罪恶。但是豪富的大善人也喝啤酒，而且无疑比劳动者喝的要好得多，虽然他并没有劳绩配得上喝这杯酒。

看一看罗马教会规定的斋戒日的戒律吧！这是对穷人的一种什么样的讽刺！他应该在一定的日子里持斋，而根本对于他来说全年天天都是斋戒日。真的，我很愿意把我们节日的菜肴和高贵虔诚的天主教徒的斋戒日的饭食交换一下。

这一切概念上的混乱都是那少数人的统治和某些人的个人利益所强加于我们头上的道德警察的后果。

因此，在一个为一切人所有的自由与和谐的制度里是没有任何道德警察的！



谁要求进步，就必须要求改革阻碍进步的风俗道德，要求取消一切强制的风俗道德。

无论宗教和进步都为我们指出那个应该努力去达到的目标；这就是关于最高完满的理想；但是国家、政治却发给我们一些从绝不相同的道路走向这个目的地的通行证。而由国家和教会所把持的那些风俗、道德就正是那原因，为什么我们一定要在那指定给我们的坎坷不平、尘土飞扬的困苦大道上随着惯常的轨道轻信不疑地向前走，而不敢跳到大自然给我们全体人类规定的人间的幸福之源里去。

因此我们那些深入人心的旧风俗旧道德正是今天的不平等、暴政和压迫制度的最巩固的支柱。要改善这些风俗道德，就必须先破坏这些风俗道德。

这一点做到了，今天社会制度的整个腐朽的建筑物也就会自己完全崩溃。

如果那些房主们拒绝新的建筑物，就必须努力去促成那旧建筑物的倒塌，并且谁也不插手那新建筑，相反要再三不断地去破坏摧毁任何一种新铺设起来的基地，如果这个新基地的设计并不一律平等地符合大家的利益。

这就是一个民族的**最后的**、最有力的，并且也是最可靠的手段。

# 第二部分

# 一个社会改革的理想

# 序言

这里我们要讨论的问题，将不再仅仅是揭露旧组织的缺陷，这些缺陷的罪恶的影响，我们每天都感觉到，并且还在继续感觉着；而是在于如何使我们自己和整个社会在思想上寻求到一种新的、更好的事物秩序，如何充分考虑一切的愿望和利益，一切的能力和欲望，以及如何找到一种制度，这个制度能够尽可能地满足一切要求。

在这一部分里我将试着来解决这个任务；现在，读者，可以请你来判断我的整个的工作。

但是我请你不要凭着成见劈头就问我：从拿萨勒来的还有什么好东西吗？

你知道，错误是人所不免的，即便从拿萨勒来的也难免错误[①]。并且在宇宙之间没有尽善尽美的东西；从拿萨勒来的也不能尽善尽美[②]。

谁拥护进步，谁就不应该把任何学说看作是尽善尽美的；如果说他没有见过更尽善尽美的东西，这并不成为理由怀疑一个更尽善尽美的东西的可能性。但是人们所挑剔的种种缺点，人们必须能证明它是一个缺点，并且懂得如何消除这个缺点，如果不这样，

---

① 马太福音，二十四，二十九；马可福音，十一，十三。——著者

② 马太福音，十九，十七；约翰福音，十二，五一八。——著者

那就只是一个好批评的人而不是一个促进者。

只要世界存在一天，就永远不会有一个社会制度被一切世代、一切个人认为是亘古不变的最好和最完美的，正像工业、艺术和科学上的每一种发明也都是这样。

最高的完满理想是人类所永远不会达到的，否则就必须假定人类精神进步上的一种停滞。

正因为艺术、科学、工业是不断地更加日益完善的，因此社会组织也是这样，它是知识不断日益完善的结果。

社会秩序必须和思想的发展和日趋完善在一起齐步向前发展和日益完善。如果思想在前进着，而且这些思想的实现在社会生活中所能产生的效益已经很显著，而社会却要停滞不前，这种情况无论过去、现在和将来都永远是一种对于人类的不幸，因为这样就抑止了事物发展的自然的进程，并且造成一方面是自然欲望的要求，另一方面是满足这些欲望的能力两者之间的一种极端失调。

这种追求更加完善的愿望的被抑止，是自从远古以来人类所遭受的一切苦难的原因。人们总是过于固执在旧制度上；那些最有势力和最狡谲的人就把他们的个人利益和这些制度结合在一起，并因此运用一切他们所能运用的手段，来阻挡任何威胁到他们个人利益的革新。

过去的制度都是进步的思想的体现，因此在它们产生之初，目的也都是好的，但是这些制度愈过时，愈不合于进步的思想，它们对于社会也就愈来愈有害。

我仔细考虑了这一切以后得出一个结论，就是：在一个秩序良好的社会里只有**一个**规律是永久不变的，那就是**进步**的规律，它是社会的自然法则，其余的一切法律以及一切刑罚都是和个人的自由以及社会的福利不相容的，并且，为了使这样一个秩序成为可能，必须把一切个人的利益融化在一个公共的一般的利益中，并且把这个利益的领导委托给那些在各种最有益的科学中的最有才能的人。这也就是我在这一部分里所要详细说明的。

# 第一章　社会制度的要素

一切社会组织，无论它是好的或是坏的，都有一个同一的原始的要素，每一次社会组织变更的时候，人们就必然要回到这个要素上去；这一个要素就是人的种种欲望。

所谓欲望，人们不应该只理解为是对于某一种东西的贪欲，而是总的包括人的一切欲念、要求、企图、盼想、希望和需要。如果说我们今天不用欲望，而用这些词里的某一个词来代替它，那只是为了表明欲望的或强或弱的表现程度；例如我为了解饿，吃一份肉和菜蔬，这就满足了我的需要；我再吃些水果，这就达到了我的要求；但是如果此外我还想要再吃些甜食，这种要求人们就把它叫做欲望。但是如果说在我们看来一顿差不多的饭已经满足了我们的欲望，在习惯于更高口味的富人来说这同一的饭食不足以满足他的需要，由此可见，表示一个欲望或强或弱的表现程度的名称本身就不是确定的，而是假定的，因此为了正确理解起见，我们把一切需要、要求、欲念等等都叫做欲望。

用于满足欲望的手段，我们称之为能力，这种能力的运用也就是人类的体力和精神的劳动。

但是正因此能力也就是欲望的自然的限界，因为是它提供满足欲望的手段。

为了使整个的有机体活动起来，大自然在享受的满足中安置了它的一切魅力和刺激，并且使这些刺激对于官能发挥作用。于是官能发动欲望，欲望发动能力，能力发动人的活动。活动的成果又可以供享受，在享受中立刻又引起对于官能的刺激，从而又进一步引起欲望。

通过这种方式，因此欲望是发动整个有机体的动力，为了免使这个动力松弛，大自然做了这样的安排，就是人的能力愈发展、愈完善，人的欲望也就随着愈强烈；例如人们起初只是走路，后来人开始骑马，再后来又乘坐车船，为此人们修筑了大路和运河；一旦习惯了这些工具之后，欲望又推动他去发明火车和轮船。现在这些工具还正在逐渐日益改进，并且谁又知道，将来航空的交通工具不也会改进到这样，甚至使公路和火车都成了不必要的东西呢。人的欲望和他的能力的界限就是这样不断地日益扩大的，并且通过这种能力的扩大而这样一步步造成我们所说的**进步**。

全体人类的欲望的总和是永远和全部现有享受的总和相等的，通过现有的享受又引起了新的欲望；而且全体人能力的总和永远足以创造出全体人的欲望所要求满足的全部享受的总和。

但是，虽然就社会来说存在着人类欲望和能力之间的最美妙的平衡，但是在个人来说并不是这样，特别是在我们这些文明国家里，没有一个人再能单独凭自己的能力来满足他的欲望；因为人不能单独一个人建造一所房子、一只船或是一条公路，其他任何重要的工作也不能单独一个人做，而是必须把他的能力和其他人的能力交换，以便能满足他在社会进步中所熟悉到的种种欲望。

培养他的能力，这是人类所应该永远全力以赴的事，因为只有通过能力才能增加他的享受，并从而充分赶上他的欲望的要求；而增进、培养他的能力的最强有力的手段之一，就是**社会生活**，或者说，社会的**组织**。

如果个别地孤立起来，人只是巨大的世界空间里的一个微弱的生物，但是团结起来，就没有他不能做到的事。个别孤立的时候，一阵暴风雨可以使他震惊，一只老鼠可以使他害怕；团结起来，他可以把大象驯服成给他负重的牲畜，让天上的电为他照明道路。个别孤立的时候，森林中湍急的溪流可以对他喊叫：到此为止，不许前行！团结起来，他就能逼退海神的澎湃的怒潮。个别孤立的时候，大自然对他是吝啬的，不肯献出它的物产；团结起来，他就能强迫大自然拿出它那充沛的财富。个别孤立的时候，他不得不脸上流着汗来吃他的一口饭；团结起来，他就能有效地运用他的精神知识力量，利用自然的力量来代替他那天然的体力。并且大自然在不同个人的欲望中也创造了一种不同的差异，因此每一个人的能力和欲望都无疑有它的特性，尽管这些特性如何不易被觉察；但是，不管它们怎样不同，社会的全部能力的总和永远相等于它的全部欲望的总和。

由于个人能力的差异，各个人绝不可能不和社会结合而充分满足他的欲望。这种能力上的差异和多数人的能力的结合对于增进为满足欲望所必需的手段的重大优越性，以及大自然在婚姻结合和家庭生活中所赋予的两性和天伦的刺激，所有这些都是许多

自然的吸引，使我们去过一种集体的社会生活并且去研究这种社会生活。

集体的社会生活和它的实惠，人类自从数千年来就早已享受了，只是对于它的研究直到最近才想起来，并且还远远地没有上轨；因为它甚至还在受着压制和禁绝。

最初，当人类还只有很少欲望的时候，他的能力也很小，同样他对于社会集体生活的要求也比较小。所以大自然只通过婚姻和家庭来刺激这种社会要求。但是他的欲望愈发展，他对于社会集体的爱好也就愈强烈。因为在这里他找到了一个手段，可以成倍地增长他的活动能力和大大地增加他的享受。

因此既是没有任何一个单独的个体能够用他自己的能力充分满足他的欲望，并且当他不能充分满足自己欲望的时候，他就感到不幸和不健全；又因为全体人的能力的总和与全体人的欲望的总和永远是比例相等的，由此得出，一切个体为了满足需要就必须进行交换，并且由此得出，凡是和进步的自然规律抵触**最少**的那种不同个体进行能力交换的方式，也就是一种**最好**的社会组织。

现在我们要考察一下，什么是对于欲望的自然要求以及对于——作为这种要求的后果的——人类的进步和发展产生最抵触、最有害的影响的东西。

如果能力交换的方式是违反自然的、不良的，就会发生下列的情况：

甲）本来应该是用来维持和增进自己的活动和享受能力的那种欲望的满足，现在不但不起这个作用，反而起了破坏和削弱这些能力的作用；例如由于过度的肉体和精神的享受，反而有害于自己肉体和精神的能力。

乙）一些人的欲望为了另一些人的利益而受到压制；例如通过对劳动者的低劣工资和给养而换取来的种种享受，等等。

丙）一些人的能力为了另一些人的利益而被压制；例如通过穷人和富人子弟的不平等教育等等。

丁）一些人的欲望在不利于他们自身而有利于另一些人的情况下被鼓励和培养起来，例如战士的功名心和虚荣感是为了君主的利益，对奢侈品的喜好是为了商人和工厂主的利益，对金钱的贪爱是为了钱业中人的利益以及其他成百的事例。

戊）一些人的能力在不利于另一些人的情况下受到压制，例如在担任一个重要官职的问题上对于特权贵族子弟的优待；例如通过金钱制度，这个制度对于四分之三人类的思想和天才阻断了他们实现和运用他们的思想和能力的道路。

因此从**全体人**的欲望和能力的自由与和谐中，产生出一切好的东西，反之，由于为了若干少数人的利益而压抑和克制这种欲望和能力，则产生出一切坏的东西。

这短短的一段话就包括了一切；现在我们试着按照这个基本原则来提出一种全体人的欲望和能力的组织方式。

我们把一切欲望分为三大类[①]：

**1）获得的欲望**

这些欲望的满足人们称它为：获得、占有、财产、收益等等；满

① 魏特林把欲望看作是社会生活的主要因素，这一提法直接受了傅立叶的影响。魏特林在这里所根据的傅立叶著作是：《四项运动论》，出版于 1808 年。

足了这种欲望的人，人们称为业主、财产所有人、买主、主人、东家等等。

如果这种欲望的满足是通过对别人的欲望的强力或欺骗的压制以及通过利用和剥夺他们的能力而达到的，这就叫做：抢掠、盗窃、破产、盘剥取利、欺诈、捐税；但有时候也叫做工资、收益、盈利等等。

**2）享受的欲望**

这种欲望的满足，人们称之为：健康、富裕、幸福、名誉、光荣、娱乐等等。满足了这种欲望的人，人们称为：富有的、幸福的、满意的、快乐的、一个会享福的人等等。

如果这种欲望的满足是通过对于别人的欲望的强力或欺骗的压制以及通过利用和剥夺他们的能力而达到的，这就叫做：奢侈、浪费、过分、殷富、骄奢淫逸等等。



**3）知识的欲望**

这种欲望的满足，人们称它为：智力、聪明、才能、学识等等；满足了这种欲望的人，人们称为：有智力的、聪慧的、天资优秀的、学识丰富的等等；如果这种欲望的满足是通过对于别人的欲望的强力的或欺骗的压抑以及通过利用和剥夺他们的能力而达到的，这就叫做专横、欺骗、说谎等等。

其余的一切欲望，或者构成这些欲望的一部分，或者产生于为了满足这些欲望而去进行能力的运用。

求获得、求享受、求知识的欲望是一切人所共有的欲望，而且是从这一种欲望产生出那一种欲望；因为人不可能享受他还没有**获得**的东西，也绝不能获得他还不知道**在哪里**和**怎样**去获得的东西，所以知识的欲望究竟是社会有机体的主要的动力，通过它来领导其余的一切欲望。

知识的欲望使我们发现，许多个体结合起来的能力，能够比他们单独的、孤立的能力为他们的欲望创造更多的满足。

于是人们，每个人都按着他最心爱的欲望，用一种极不相同的方式来利用这个发现。

因为有些人看到，人们既能够通过许多人的能力的结合来更好地满足他们的欲望，于是由此推论出来，同样人们也能够去拘束、局限别人的欲望，而增加某些少数人的欲望。

于是人们就这样来做，为了另一些人的利益而克制某些人的欲望，如果这些人心甘情愿，就把这种克制叫做道德，如果那个人起而反抗，就把它叫做罪恶。

以这种方式而对于许多人的欲望部分自愿、部分强迫地加以克制的方针，人们把它叫做风俗道德。



这种为了另一些人的利益而克制某一些人的欲望的做法造成了社会关系中的可恨的不平等，产生并且不断地增加法律、犯罪和刑罚。

最初是获得的欲望掌握了社会组织的领导权。继获得的欲望之后，享受的欲望和它一起掌握领导。这两者，直到今天，还在继续统治着，而知识的欲望则屈服在它的大腹便便的肉体欲望的同僚之下。

那在这种方式下被压制的知识欲望就堕落成为荒诞、误解、迷信、成见、欺骗和说谎，这些东西为了享受和贪欲的利益而被广泛地传播着。

但是知识的力量究竟是不能永远被压制下去的，虽然表面上它好像是被剥夺了社会组织的领导权，但这只是一种表面的假象，因为知识就在那加在它身上的压迫之下，正慢慢地破坏着旧组织的基础，为进步开辟着一条意外的道路，它时时对于贪得和享受的欲望投出它那发明和发现的诱饵，贪得和享受的欲望保护、培养这些发明发现，却没有想到，这样做它们就正是在对它们自己的事业、愿望和意志做着反面工作。

这样就发明了印刷术以及在机械上应用蒸汽动力。通过印刷术的发明就有了可能，能够收集并保存科学和知识的火花，直到一个不远的时代，那时候它足够地壮大了，就可以去冲垮那种种个人利益的欲望在它的前进道路上所设下的大坝。



现在我们正是在一个巨大的危机的前夕！有一种强大的、根深蒂固的、迄今还受哲学家们辩护的成见必须予以铲除；但是这件事现在只有在法国和英国的大城市里才能最有效地实现。因此让我们来打倒它！并且从一切事情里作出一个简单的、切实可行的决定！

一切欲望都出于自然的根源；因此一个社会组织的好坏，个人的幸福或不幸，就在于人们如何去指导这些欲望，在于人们是去促进，还是去阻碍这些欲望的满足，就在于，总之一句话：如何去组织这些欲望的满足以及如何去组织**一切人**的能力的交换。

所以在一个好的社会组织里不容许这一些人的欲望为了另一些人的利益而遭受压制，而是必须每个人听任另一个人在事物的自然秩序里自由地满足他的欲望，只要这些欲望的满足并不损害别人的自由和全体的和谐。

按照自然的规律，知识的欲望是领导其他欲望的欲望；因为人们不能享受他所没有的，并且不能持有他所不知道在哪里、不知道怎样去获得的东西。

一切人为了满足获得的欲望而应用的全部能力，谓之**生产**；而一切人为了满足享受的欲望所应用的全部能力，谓之**消费**。

要求去取得那提高和改善一切人的欲望和能力的知识，这就是**知识**的欲望；通过这些知识去领导一切人的欲望的满足和能力的交换，这是**管理**。

所以社会的组织必须按照人类的不同的欲望和用于满足这些欲望的能力而包含下列这些部分：

1. 管理，或者说知识的能力，

2. 生产，或者说获得的能力，

3. 消费，或者说享受的能力。

培养这些不同的能力必须按照自然的规律来进行，因此首先必须培养知识的能力，然后培养获得的能力，然后才是享受的能力。

这种培养的次序必须是自愿的并且是普及的；这我们称之为**教育**。

所谓自愿的教育，我的意思是说，人们对每个人的欲望和能力听任它自然地发展，只要这种发展不会产生对社会有害的影响，也就是说只要这个人不妨害别人的欲望和能力的权利与自由。

各个人的欲望的满足或者可以有助于维持、增进、改善各个人的能力和欲望，但是或者也可以破坏削弱损害各个人的能力和欲望。

从这个结论的实践中就产生出绝大多数的个人的病症以及一

切社会的病症。

健康这是个人的欲望和能力与社会秩序的和谐，病症是个人的欲望和能力与社会秩序的失调。

所以在一个良好的社会组织里既没有罪过也没有犯罪，既没有法律也没有刑罚，而是只有规则和治病救人的手段。我们今天所叫做犯罪的事都只是病症，绝大多数是由于不良的社会组织，由于违反了欲望和能力的自然趋向而引起的。

为了使这种欲望和能力重新恢复它们那自然的趋向，必须从这方面开始，就是让知识重新恢复大自然所赋予它的地位，也就是说领导其他一切欲望和能力的地位。

为了能够正确地做到这一点，人们必须使个人的利益和知识分离，使知识的产品和个人分离，以便在真正的意义上是知识领导社会的管理，而不是个人领导社会的管理。



为此，社会的管理既不能委托给一个君主，也不能委托给一个独裁者，也不能委托给一个共和制的选举多数；所有这些政府形式都只是为了管理个人的利益并且是通过个人的利益而掌握政权。但是在过渡时期专政是必要的，以便把新的组织建立起来。

我们将要在下一章里来看一看，用什么方式才能把知识和个人分开，把社会组织的领导委托给它。

# 第二章　论管理

管理的目的是按照自然的规律来领导各个个人的能力和欲望

的交换，并且给这种交换以一种对于全体的福利与和谐来说必要的自然的趋向，或者换一句话说，也就是：按照这些自然的规律来平等地分配劳动和享受，并且消灭和救治那些破坏这种自然趋向的人类的缺点和病症。

那些由于他们的特性而适宜于做管理人员的个人，绝不容许因此而比其他人享有丝毫更优越的地位，他和其他一切人完全一样，有同一的使用他的能力的义务。

这件事是社会必须永远十二分严格注意的主要的大事。

万不可以给那些像现在这样统治，以及像将来那样管理的人以任何特权，万不可以免除他们为全体的福利而有益地使用他们能力的义务！什么地方有这种情况，那忍着气的沮丧的农民和工人就会深深地脱帽鞠躬，那自高自大的蠢夫就会狂傲地两眼朝天，整个的社会——特别是青年们——就会都向上面的榜样看齐。最先的人必须在真正的意义下是最后的人，而最后的人则是最先的人；如果不这样，我们就要为自私者的利益而失败、受骗、不幸和上当了。

因此，社会里的最重要的职位不容许比那最末的职位收益多，而最末的职位不容许比最高的职位收益少。

因为管理人员要为了全体的福利而担负起对于全体成员能力和欲望的领导，以及这些欲望和能力的彼此交换，因此有这样的必要，构成管理人员的人应该部分地选自：

甲、那种培养、锻炼了多方面能力的人，而且这些能力比其余一切人更加完善；

乙、那些对于各种能力和力量的作用具有最完备的知识的人；

丙、那些对于一切人的欲望和能力的自然趋向研究有素，并且在这种研究里取得了最大的知识的人。

一切其他的人对于管理都是无用的，因此他们能统治，但是他们不能管理。

今天的种种政府和未来的各种管理工作之间的差别如下：

今天的那些政府既不关心不同能力的交换，又不关心各个人的欲望的趋向。只要这种趋向不威胁损害到他们的个人利益，就听任一切颠倒混乱地进行，听任有益的能力被扼杀，或为了有利于某些人的有害欲望而遭受压制。今天的那些政府不采取明智的预防办法来制止不正当行为，反而以一切可能的方式来支持这种行为，使这种行为合法化，以便能够更容易地满足它们自己的私利。因此它们力图剥夺知识对欲望和能力的领导地位，或者一般地说，剥夺知识对于社会的管理权，并且为了达到这个目的不惜利用粗暴的赏罚手段，而同时这些赏和罚却正在不断地增加人类的罪恶，并且把其中一部分由它们人为地造成的罪恶称为犯罪。

这些政府对于它们自身的福利比其余人的福利看得更重。它们通过坚持旧的原则、旧的制度来阻止进步，它们的私利就建立在这些旧原则和旧制度上。这些旧原则、旧制度和进步的思想极端地对立，并且由于感性欲望的统治和压迫，这些原则和制度已经逐渐变成了偏见、错误和说谎。

宇宙之间没有尽善尽美的东西，因此不容许损害进步而坚持旧传说、旧学问、旧原则、旧制度。一千年或一百年以前的好东西，并不是今天或者永远都是好的。因为思想随着一代代的新人而在进步，因此，组织制度也必须不断地加以改善，因为它们无非是过去的思想的一种现实化。但是这在统治者是永远不感兴趣的事，因为人们允许他们，把他们的个人的、私有的利益和旧原则、旧制度结合在一起。但是，只要人们还把统治的权力，也就是说发号施令的权力交付给少数人，这种情况就会永远是如此。

相反，一个管理机关必须负有这样一种责任，为了社会的福利而调度一切人的欲望和能力并使它们和谐——其中也包括管理人员的欲望和能力在内。因此，在这里既没有各种尊荣的称号，也没有种种奴颜婢膝的形象，既没有外表的荣誉的标志，也没有外表的卑贱的标志；在这里既没有可以命令，也没有可以服从的东西，而是只有调度、指导和改善。在这里既没有犯罪，也没有刑罚，而只是还有一些人类的缺点和病害的残余，它们是大自然所加给我们的一些障碍，以便通过克服这些障碍的努力来激发我们肉体和精神的活动力，从而使这种努力成为一种进步的动力。

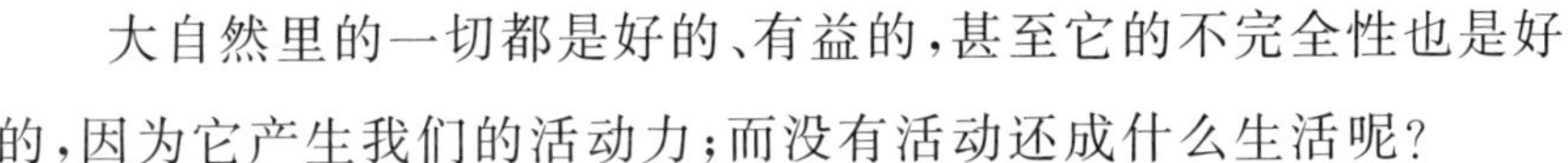

大自然里的一切都是好的、有益的，甚至它的不完全性也是好的，因为它产生我们的活动力；而没有活动还成什么生活呢？

# 第三章　论科学

在我们今天从事的许多科学中，有很多是对于社会往往有害无益的科学，而另有一些则是一些完全无用的，但是在一个更好的社会秩序未建立以前又是不可缺少的科学。其中有很多科学在肉体欲望统治的时代已经在社会里扎下了根，并且在社会的不良组织中取得它们的养料。

占星、圆梦、算命卜卦以及炼金术等等是已经从它们凭着肉体欲望的帮助而爬上去占了一席之地的科学宝座上跌下来了。但是窃篡着的伪科学还有很多，它们力图把渴求知识的人的精神活动从有益的知识上支开，把他们引诱到它们那方面去。

看一看那手执宝剑和天平的一冰冷的毫无感情的女神像吧！看，那些具有强烈的求知欲的青年们怎样成群地拥挤到她那伪造的偶像下去！——只要这些青年还继续献身于这样的职业，只要他们还在这些尘封的法典里绞他们的脑汁，按着一百、一千年以前的社会需要和能力来考虑我们的需要和能力，人类的丰富学识就害多于利，这种学识就无非是一个被扶持在强权的宝座上的肉体欲望的嬖幸而已。

如果我们把许多美丽的现代学问的外衣剥下来，往往我们看到的就只是那赤裸裸的愚蠢和无知。这并不足为奇！如果人不得不为了保障他那生活地位而讲授、谈论和写作，不可能一切都是好的。

同样：只要一个美丽的声音，一个令人喜悦的外表，一种好听的言论和词句还能够迷惑一个人使他失去冷静的判断，这个人就是还没有达到对于任何原则的确信。

美丽的言谈和美丽的文章是一种和玩纸牌、走绳索一样的魔术。

必要的科学是这样一些科学，没有它进步就会陷于停顿，并从而引起社会的解体。

有益的科学是所有这样的一些科学，它们的思想的实现可以有益于社会的福利。

令人舒适的科学是所有这样的一些科学，这些科学无论由于它们的那些思想或是由于它们那些思想的实现都能为社会提供一种舒适感、一种娱乐和消遣。

其他的一切精神产物都是无益的学问或是一些魔术杂技之类的东西。

**每一个劳动部门当它达到了某种高度的完善而能为思想提供一个活动范围的时候，它就成为一种科学。**

哲学是一切科学的科学。因此，它对于社会是最有益的，如果它努力把全部科学所提供的思想置于一种以整体的和谐为目的的秩序中。

因为哲学是由集中其他一切科学的思想而形成的，因此它也就不是一种特殊的、根据实验的、专门化的科学，而是一种普遍的科学，它的形成是和其他的每一种科学密切结合的。

因此，在每一个知识部门里都可以产生哲学家，每一个哲学家也可以在任何一个知识部门里比在其他的知识部门里得到更完善的修养。

因此，哲学，它是领导社会秩序的掌舵者。

哲学通过下列这些科学而最有效地领导社会秩序，这些科学是：

**甲、哲理的医学**

在未来的世代中这是**最必要**和**最重要**的科学；学习这种科学需要了解人的全部物质和精神的性质，他的肉体以及精神上的缺点和病症，以及消灭和根绝这些缺点和病症的知识。

因此最伟大的哲学家们将同时也是医生和伦理学家，他们的任务是治疗一切肉体和精神上的病症；因为人们将不再把这些病症叫做犯罪。

正像今天的医生们努力治疗身体上的病痛，尽可能使它迅速恢复正常，尽可能减轻病人的痛苦、改善病人的处境一样，未来的医生治疗精神上的病症也将同样是这样。这个科学部门的主要任务之一，因此，是如何在社会里组织个人和全体的欲望和能力，以及如何促进和便利自然的欲望和能力。

因此今天的哲学家、法学家、神学家和医学家的一切有益的知识，在扬弃了一切有害的东西之后，将都集中在哲理的医学这个焦点上。

**乙、物理学**

在这门科学之下我们所指的是关于大自然各种力量的认识以及研究如何运用这些力量为人类的利益服务。农业、矿业、玻璃、陶土、洗染作业、建筑物的取暖和照明、烹饪作业、饮料制造等等工作以及关于收藏在仓库和地下室里的半成品的保藏和管理都在这门科学的领导之下。



**丙、机械学**

这门科学包括关于各种手工和机械劳动的理论和实践的完备认识。在这门科学中所做出的种种新的发明发现形成为这门科学的中心，从这个中心出发，各种新的理论又被重新放回到实践中去。

# 第四章　论选举

如果我们仔细考察一下一切曾经存在和现在还存在的社会组

织，以及一切过去用过、现在还用于统治这些社会组织的方式，我们可以看到，在这里科学和知识从来没有，并且在任何地方也没有占有过它应有的地位。但是在各式各样的统治机构中没有一个成员曾敢于否认过知识统治的力量和必要，相反，他们经常不得不用智慧的假象把自己装饰起来，对于每一道闪烁的、强有力的智慧的光芒或者用贿赂把它收买过来，或者用粗暴的、兽性的手段把它压制下去，使它变得苍白黯淡。

坦白地承认吧，你们这些地球上的大人物！你们能够不承认那通过出生和家世的特权而来的对于社会组织的领导和管理是一种违反进步的、违反人类的能力的自然发展的错误吗？

问一问你们的内心，问一问你们那至上、至尊的阁下“我”，如果说社会必须要到你们那些后代子孙的大脑里去找寻为它的领导和管理所必要的知识和天才的话，这对于一个已经是处在十九世纪里的社会的开明和进步是否有利；似乎智慧就像是一匹种马一样，它是只把它的特性留传给一个，并且同一个种族的。



在正统嫡传的统治下，时代的前进就像是一架钟，在这里面代替钟摆的是那些武器、勋章、钱袋。天天是那个老调子，永远是那些官员和宫廷侍臣们的永恒的、一个声调的滴滴嗒嗒；天天是那同一的劳苦和烦恼的钟点，不时敲打着那同一的命运的钟声。

在民主制度里生活将已经变得活泼些，在这里，时代的进步常常还可以有机会把天才从群众的扰攘和混乱之中推上事业的顶端；但是在这里，偶然还是起着这样大的作用，以致现存的那些组织的状况同样也不可能保证知识的统治。[8)]

我常常自问，为了保证智慧和进步在管理事务中的领导地位，必须要怎么办呢？首先，我想必须消除肉体欲望在管理领导上的影响。这可以通过共有共享的状况来实现。

但是不久更进一步的考虑告诉我，这还是不够的，因为虽然一方面通过享受的平等分配人们保证了管理人员不能滥用他的天才和能力为害其他人，但是另一方面群众的多数决定意见并不能提供多少保证，可以永远使现有的最大、最有用的能力和天才从选举中被发现出来。[9)] 虽然在共有共享情况下的选举将不会像现在不平等的情况下那样偏私和逞意气，但是总是有多头管理所固有的缺点，这个缺点就是那种对这一或是那一管理事项的通过或否决采取事先进行讨论然后来投票表决的方式。这时候，一般常常会有赞成和反对两个方面的、极其冗长的令人烦厌的讨论，到最后，当这种令人丧气的、浪费时间的无谓争论已经把嫉妒、猜忌、虚荣、荣誉和好名心引起来了，并且这些感情已经把冷静的判断变成了狂热的偏见了，然后，每一个人把他的表决票投到票匦里去，以便去决定天才的价值，而这个天才却往往是他们不懂得去评价的，而且在这样一场激烈的辩论之后即使他们对它具有正确的认识也几乎不可能对它作出正确的判断。单单一个选举人的偶然情绪，他的好意或恶意，在这里往往可以对宝贵的天才起决定性的作用，以至如果在一个议院里，一百个人里有一个人，这个人通过他的理想的实现可以对人民有非常大的贡献，而在议院里只有四十八个人了解和承认这个人的价值，这样那其余的五十一个人就能够把他们造成少数，就是说，这五十一个人的意见可以强加在四十八个人和其余全体社会的头上而成为法律；可以说这种表决是一种这样的碰运气的赌博，决定通过或是否决一个重要提案的因素，往往系

于偶然的缺席，系于某一个个人的情绪好或是不好。并且即使是一个议会中的多数，如果我们去仔细考察一下，往往也无非是一个薄弱的、认识模糊的或是存心不良的少数，如果人们愿意并且能够费些时间和工夫去问一问每一个选民关于任何某一件为他们的代表所通过或否决的提案的意见的话，特别是在今天这个不平等的情况里是这样。从议会活动中所提供给我们的这种和其他种种缺点的实例是举不胜举的。那些追求肉体欲望的人的奸诈权谋，在任何地方没有比在这里有更多的用武之地了。这是我们几乎大家全都知道、全都认识甚至自己亲身经历过的事，只是我们还没有敢于从中得出结论，指出人们根据选举把它叫做民主的东西，无非是一个好听的欺人之谈、一个概念，如果详细来检查一下，只是许愿多、兑现少而已。

对于这样一个人们在“民主政治”的名义下造成的错误概念在我们这个时代里的大多数民主党派，特别是社会党人，对它都是有认识的。社会党人感觉到有必要，或者对选举制度作重大的改革，或者把它完全抛弃，而在一个更巩固的基础上另行建立社会的组织。但是长久以来人们已经有过痛苦的经验，知道那在其中可以玩弄各种阴谋诡计和竞选活动的群众投票，是不可能给任何一种自由制度以长久维持和发展的保障的。人们已经看够了，他们采取怎样的一些手段，来把善良、有用的天才从管理的领导地位上排挤出去，或是如果这一点办不到的话，就在一个多头的、嫉恨、猜忌的议会里抵消这个天才的作用。

因此自从 1830 年以来——谢天谢地！——这个多头的、宪政的、共和制的怪物的冗长无聊、令人可厌的、争论不休的议会辩论终于遭到多数人的厌恶了。

对已知的选举制度的不完善既已产生了失望，有些法国共产主义者在一个过渡时期就完全抛弃了这种制度，建议用专政来代替它，而把选举制度的改善委之于将来。欧文在他的制度里把管理的领导委托给一定年龄的个人，所以一个人的年龄愈大，就被委之以管理上的愈重要的职位。傅立叶认识到能力的重要性，但是他把能力和个人利益结合在一起，通过资本的影响而使它们平行起来，并且同样使它处于多数票的粗暴桎梏之下。[10)]

认识到一切已知的选举制度的缺点，感觉到有改革选举制度的必要，于是我就来从事于解决这个问题。

首先，我为我提出了这个为一切知识界所不可否认的原则：**哲学必须进行统治**。

其次，我弄清楚了哲学的概念，看到所谓哲学我们是指一切知识的总结。然后我从科学的行列里把每一种无益的、有害的学问扬弃出去，并且把每一种劳动作为一种学问收容到科学的行列里来，只要这种劳动已经达到了一种高度的发展和完善，并且为思想提供了一个活动的范围。

因此手工和机器劳动的任何一个部门的理论知识都是一种**科学**。

于是我就在我的心里把一切崇高的、良善的、有益的、美好的观念和思想集中起来。正是这些观念和思想，我对自己说，是那应该统治世界的东西；而从那些为少数人的个人利益而设下的、对于这些观念和理想的障碍中则产生出我们的一切罪恶。

为了在将来消除掉这些障碍，为了保证**知识**对于管理社会秩序的领导地位，应该怎么办呢？

首先人们必须把知识和个人的利益分开。科学必须不再是一种特权；必须对于最愚钝的头脑和对于最伟大的天才有可能按照同样的自然条件和需要来满足他们的欲望。

这一点确定了，然后，就必须把管理的领导交付给那些具有最大的天才、最大的才能和最好的理想的人。但是这些人，人们将只是通过他们的**能力**来识别他们。

一种新的理想如果在纸上，通过文字、图表、设计以及其他诸如此类的方法表现出来，或者特别是在某一件事情上全部或部分地实现出来，这个新的理想在我们感觉上所造成的印象就更鲜明，并且这个理想本身也就更容易为人理解。

只要一个理想已经用一种这样的方式实现出来了，就可以无须提出这个理想的人亲自在场，而去检查这个理想。



因此就有可能在选举时把能力和个人分别开来。[11)]

我们且把近年来建立的学者代表大会看作是一切人的知识的代表机构；把一切无益的、有害的科学都从中剔除出去，把一切被压迫的、有益的科学都加进来，人们就可以得出一幅代表知识的管理机构的蓝图了。

这种知识代表大会或科学院提出种种以社会福利为目的的重大问题。那些应征解决这些问题并愿意担任由此而委托给他们的管理职位的人，把他们关于这个问题的理想以书面或试样方式送交科学院。

由此而收集来的作品由科学院的成员加以考核，并且把**那一个**部门的管理职务委托给那个最优秀的应征者，在这一个部门里他和他的天才可能对于社会产生最有利的作用。

因为在未来的组织里，社会管理的工作必须是有利的，而不允许像我们今天那些统治者的管理那样，是无益而有害的，又因为社会管理的工作目的在于领导一切劳动，领导产品交换和促进全体的和谐：因此管理机关的成员也必须在这些工作上具有最大的知识，以免他们像我们今天的统治者那样，不得不委任别人去做这些事，因为他们虽然会命令，但是却不会实地去做。因此候选人的能力的考核确定是必要的。这种考核可以用上文所举的方式或是其他类此的方式来举行。

这种通过能力试验品的考核而使个人无须亲自在场的情况，还可以用来简化选举，使一切个人的争执和讨论以及一切关于选举的时间、期限以及选举人的年龄等等规定都可以取消。

用这样的方式我就扫除了一切缺点，这些缺点可以被情感、意气和个人主义利用来妨碍天才的评定。但是，我还有一个最后的课题，这个课题就是：用什么方式去办理选举，因为通过大众的投票表决是不行的。我们试设想，某一个人在物理学上做出了某种很重要的发现，在选举时他提出了一篇论文，首先是不可能大家都来考核这篇论文，其次是能懂得这门科学的只有很少数人，现在如果有五六篇或是更多的类似的论文需要考核，这种混乱就非常可怕了，人们很可以说，科学要落入一个比专制魔王和民主政治的怪物更凶恶的暴君的魔爪中了。

一个人如果对某一件事没有知识，他就根本不能考核这件事；所以能力的考核，或是换一句话说，未来的选举，必须只能由这样的一些人员办理，他们本身已经通过了这种考核，并且已经因此成为管理人员的成员之一。只有在这样的方式上选举才能符合自然的规律，并且适宜于去促进进步和全体的和谐。

所以德性必须通过德性，天才必须通过天才，智慧必须通过智慧来选举，而人身在选举中必须尽可能和能力分开。

对于一个人的身份的成见在我们中间还太大，所以特别是在选举中有必要防止和取消这种成见。

人们每逢看见一个优秀的作品、一个新的产品，读到一本优美的书，一般几乎都不自觉地要问：这是谁做的？在评判一个人的时候，往往对于他的个人，对于这个人的社会地位，对于他和我们的关系都有很多牵连。关于上面所提到的这些问题的种种情况和考虑，往往在我们不知不觉中对于评判发生一种决定性的影响。

**身份处处妨碍和败坏着对于能力的彻底考核。**

这是我们在生活里可以经常看到的事；生活里充斥着这样的事例，因此每一个人一定都会看出来，现行的选举制度有彻底改革的必要。

谁要是对于由现行的选举制度所代表的所谓的民主政治还没有感到厌恶的话，他只需要——如果有机会——去读几份宪政和共和议会的辩论记录年报，读完了可以问一问自己，这些绝大多数是毫无结果的、没有用处的、吵吵闹闹冗长无聊的空谈，是不是可以促进全体的进步和自由？这一切滔滔不绝的言辞都是撒在人民眼里的糠秕，以便让他们看不见是谁吃掉了他们的粮食。

现在我试行提出一个选举改革的理想，关于社会管理我想出下列这样一个制度：

在社会管理的最高层是一个**三人团**或三人委员会，由最伟大的哲学家组成，他们同时也是在医学、物理学和机械学方面的最优秀的天才。

次之是**中央技工团**，由它选出三人团，并且管理这个大家庭联盟里的最重要的职位。

再次是各**技工团**，它们是各省、各地方、各区的管理机关，是大家庭联盟范围内的小家庭联盟。

为了便利和简化管理，每一个技工团从它里面选出一个**工作理事会**，由每个行业的领导人物组成。由中央技工团之中所选出的理事会，我叫它作**大工作理事会**。这个理事会辅佐三人团作为实际执行的管理人员。

凡是有关于大家庭联盟的共同一般的事务，每个工作理事会都直接处在三人团的领导之下。



因此各工作理事会构成各技工团的一个执行委员会，而同时又是技工团的成员。

辅佐各技工团的是**科学院**或是一切美好和舒适产品的劳动的管理机构，如果这些产品还没有成为一般普及的东西。这些科学院如同技工团一样，也从它们之中选出一个委员会，名为**科学院参议会**。

所有这些领导管理的机构都有一个卫生委员会为辅，这些委员会又都在一个中央**卫生参议会**的特别领导之下。

中央卫生委员会和大工作理事会在有关管理工作和全体和谐的最重要事务的领导上为三人团的辅佐。

现在说到必要的选举制度。

第一条　三人团、中央技工团和科学院人员的录用，凡在任何可能的情况下，都应该通过悬题应征、送审选举试验品的方式来进行，例如：关于有益的科学问题和发明、发现的书面论文，艺术品的样品，建筑、机器、工具以及类似物品的图样、设计，并附送小的模型等等。

第二条　各应征人把他们的作品或者缴送中央技工团、各技工团，或者缴送科学院，按照他们希望这一或是另一团体的录取而定。

第三条　缴送作品者的姓名直到已经举行了审查之后仍保留不为选举人所知，只有在决定录取并且已经发表之后才为人所知。

第四条　如果某一特别重要的发明或发现在审查时必须有发明或发现人亲自在场，可以不受前条的限制。

第五条　选举试验品的审查由对于这门学科具有最多知识的委员担任，例如：机械学家担任审查机器，纺织学家担任审查纺织品，物理学家担任关于利用原始自然力的新理想的论文的审查，医生担任审查关于肉体和精神病症治疗的论文，画家担任审查绘画等。

第六条　如果送审的选举试验品符合于所期望的结果，如果在这里面人们可以断定有一种高度的才干、天才和智慧，这个应征人就被录取为他送审选举试验品的那个团体的成员。

第七条　如果审查委员会在送审的试验品上发现缺点，就要加以注明并提出修正的要求，发还送审人。经过送审人或者把这些缺点修改或者提出反对意见之后，将在第二次送审时由这个团体决定录取或是不予录取。

第八条　审查委员会只能在全体一致同意下通过决议，如果不能得出一致的决议，就把该委员会的会议记录连同该项选举试验品送请工作理事会处理，后者按照多数意见加以决定。

第九条　在悬题征求答案时，预先已经决定了将为最好地解决这个问题的人所提供的职位，因此选举试验品的录取同时也就决定了该候选人的位置。

第十条　选入三人团及工作理事会必须通过悬题应征的方式：当成员离职或死亡时在这些机构里需要以多数票进行的一切选举表决，都应看作是临时性的措施。

第十一条　工作理事会在其成员因离职或死亡出缺时，如果从悬题应征中不足以补充它的成员，各工作理事会可以从各技工团中以多数表决方式，大工作理事会可以从中央技工团中以多数表决方式各自补充它的成员。



第十二条　因此，在由能力而选出的管理人员中，那些曾经有过最多和最重要的发明和改进，曾经发表过最优秀、最有益和最新的理想，或是提供过最多、最有价值的艺术品的人，通过上文所指的选举将成为或者是工作理事会，或者是科学院参议会的成员，各按照通过送审的选举试验品他们曾经或者是作为必要和有益劳动，或者是作为令人舒适的劳动的管理机构的候选人而定。

第十三条　每一件选举试验品在经过审查之后，都要在展览馆里放在审查委员会委员们自己从前的试验品的旁边予以陈列，审查的结果必须向人民公布。

第十四条　如果有大量个人用交易小时（参阅第十章）对某一件被审查委员会驳下的选举试验品中请预约或订购，以至于对这一件作品有必要特设一个工作室的时候，该项作品的送审人就成为科学院成员，这一情况也就可以看作是一种向人民的申诉。

第十五条　但是他不能通过上述情况而成为技工团的成员，如果他所发明的产品还没有在一个技工团的区域内普及化。

第十六条　如果评定某一建议的效用和价值需要很长的检验时间，该项建议的送审人仍可立即成为该机构的成员，只要这种理想的可能性不为审查委员们所怀疑。但是在实行这个新的理想还没有得出它预期的效果之前，该理想的发明人不能被选入三人团和工作理事会。

第十七条　卫生委员会成员的选举由治疗严重精神和肉体疾病中治愈率的大小来决定，卫生参议会成员的选举办法与此相同，卫生参议会代表整个大家庭联盟范围内的哲理医学科学的核心。这种治愈的书面证件以及医生的姓名由医务单位及交易簿提出。（参阅第十章第七条，并参考第十五章第九条）这种选举由有关的委员会在每次它们的成员出缺时各自举行。

第十八条　被选人的任期不定，选举的时期也同样不定。如果理想和发明很多，被选举的也就多。有天才有能力的人应征参加选举试验的愈多，检验考核的要求也就愈严。

第十九条　三人团，中央技工团，各技工团及科学院的成员，如果有一个候选人在科学、天才和知识上超过他们，就让位于这个候选人，同样，如果各该成员中有常为病患所累者，就由在科学上仅次于他的成员代替他的位置；如果前者虽然有病，但是他的才能仍然能发挥作用，并且没有可以代替的人，可以例外办理。

第二十条　一切队长、工长以及一切不需要特别科学知识的职位，都由各个不同的劳动部门从各该部门中选举，或是通过选举试验品，或是通过多数表决，或是通过抽签、通过年龄、通过在同一行业中的工作年限等等，总之，怎样以及用什么方式选举以在各个不同部门里最适合者为准。

第二十一条　但是所有这样工作的领导地位，这些工作是需要一种重大的才能的，但是它又不能全部由技工团和科学院的成员来担任，因为后者的人员数量不够，这些工作可以由工作理事会从向它们提出的才干和勤劳特别优秀者的名单中委任最有能力的人担任。

第二十二条　每个人都完全有自由，可以用同一个选举试验品同时向许多技工团和科学院应征。



第二十三条　技工团和科学院成员的选举只是在他们被选出的地区或区域内有效。

用类似这样的一种选举制度就有可能建立知识的统治，并且永远革除暴力的统治。所以我们的一切工作必须着重在这一点上，把特权人物从政府里排除出去。**任何人不容许比政府更穷！**我们要宣布这样一个原则。**凡是拒绝为国家的利益交出他的财产的人，一概不许充任人民的代表**。我们要把这一点大胆地用口头和书面发表出来，要使它响彻全世界，以便最僻远的茅棚里也可以听得见。人们如果想要由智慧来管理，就不允许任何人再在今天的统治这个名词的意义下来进行统治。

在我们今天的选举制度里是世袭的出身、特权、大人物、官衔、金钱得到照顾，是欺诈阿谀的能言巧辩等等得到便利，凭着这些优越条件他们抢着挤到各行各业的首脑地位上去，不是为了管理这些行业，而是为了掠夺这些行业借以自肥，反之，那真正的，但是生活在贫穷困苦中的知识却是或者不能被那充满偏见和愚陋的大众所听到，或者是从统治的特权人物那里得到金钱、官职和面包，为了好使它闭口不言。

因此，在选举的喜剧中那些暴力的招摇撞骗者今天也还是和以前一样走运。他们在选举中分担了各种政治角色，满口唱的是民主和自由，但是一旦他们借此跳上了舵楼，执掌了权柄，那一切演过的政治花招和说过的自由、权利、祖国等等的空话就都变成了他们自己的个人私利。

对于这种情况没有其他的手段可以采取，只有这样：如果他们拒绝为国家的利益而把他们的财产交出来就宣告人民代表的选举无效。

**只要还允许管理人民全体财产的人们为自己占有并且求取特别的财产，他们也就会通过他们的管理来损害全体的利益。**

但是，充任管理人员的人们不再以他们的个人利益去进行统治，这还不够，而是除此以外他们还必须懂得如何从全体利益出发去进行管理。但是这只有在一个类似这里所提出的选举制度里才可能有保证。在这种制度里既不可能再有一个愚昧无知的，也不可能再有一个可以贿买的、热衷于个人利益的管理机关。

而这样一种选举改革，它的结果应该是：

甲）真的、有益的知识真正地进行统治，并因而粗暴的、兽性的势力完全宣告结束。

乙）因此就剥夺了那种巧妙的言谈和动人的外表所具有的自然的优越性，使它不可能为了迷惑审查人员的评判，而给任何观念和思想的价值制造一种不正确的、歪曲的印象。

丙）因此就在选举中免除了一切个人身份的影响以及一切无益的、冗长可厌的、纷争的辩论。

丁）在发明、艺术和科学上争取进步的那种热情将因此达到一个从未见过的非常高度。

戊）每一次管理机构的人员的变更都将给社会带来一个新的、创造性的、强有力的刺激，而且永远不会成为一种社会停顿或是退步的原因。

己）每一个新的、伟大的理想的实行都会以一种我们今天所不能想象的热情和速度来进行。



# 第五章　论劳动

第一条　一切对于社会必要和有益的、无论体力或是精神的劳动的教育，都在一个学习军里进行。

第二条　凡未经掌握某种有益体力劳动的实践，并且经过考试及格者，任何人不能离开学习军进入社会。

第三条　劳动的选择完全听由各个人自己决定。

第四条　每个人都有自由，按照劳动时间的交替，在一个或是许多个劳动部门里进行劳动，如果他已经取得各该部门的必要的准备知识。

第五条　最后，一切劳动部门都要分成许多班和小组，以便通过劳动的单纯化使得每个人都易于在许多事业里劳动，而不必要事先学会这整个事业的一切分支工作。

第六条　对于一切人平等普遍的生产必要和有益物品的劳动时间，由三人团按全体人的消费需要量来计算规定。

第七条　所谓必要劳动，这是指对于有益的科学的繁荣和进步，对于医疗设备的维持和改进，对于青年的普及教育和对于产品的相互交换，以及对于社会成员的食品、住宅、衣着、休养等等所必要的劳动。

所谓有益劳动，这是指一切减轻和改进上述各种必要劳动的劳动，例如：劳动工具的改进，机器的制造，道路、铁路、运河的修筑等。

（关于舒适的劳动参阅第十二章）



第八条　老年、体弱和残疾的人应指配给最轻便的职位，例如看守员等类的工作。

第九条　并非技工团或科学院成员，并因此他们的学习时间不能再算做是劳动时间的那些人，如果他们要继续在大学里受更多的教育，可以自己选择这样的劳动时间，使后者与教授讲课的时间不相冲突。

第十条　在收获季节，大学一律停课，大学中的教师和学员一起在农田中劳动。

第十一条　一切劳动，凡有可能，都可以每二小时换班一次。

第十二条　在劳动者人数最拥挤的工作中，只要劳动本身没有妨碍，任何人不得每日劳动超过二小时以上。（参阅第十一章第

七条）

第十三条　必要的和有益的文学作品的印行，在经过三人团的事先审核之后，由中央技工团或是各技工团决定；舒适的文学作品由科学院决定。因此每种文艺作品必须事先送请这些团体之一审核。这样一份作品如果经由这些团体之一认为合格，就准予给该作品的作者以一定数量的交易小时。这个数量最多可以多到填满他的交易簿的全部页数，也就是说这个数量可以包括那样多的交易小时，就像每一个其他个人在一年之内所可以具有的那样。（参阅第十二章第十七条至二十条）

第十四条　凡在需要一种持续紧张的劳动时间的行业中，一个人不得不日常超额进行的一切劳动小时，都记作交易小时。这种情况例如海员、邮件押运员等等。（参阅第十章第八和第九问题）



第十五条　因为三人团、中央技工团以及各技工团的成员，以及教授、教师和医生等的劳动大半都是属于纯粹的精神劳动的性质，又因为这些人员的才能往往在一年之中对于人类所作出的贡献比一百万手工劳动者的终身的贡献还要重大，并且这种贡献总是通过有用的机器发明等等而来的，又因为，如果要把这样一些已经经过考验证明了它的价值的、优秀的精神力量勉强纳入一定的劳动时间之内，这是一种愚蠢的做法，并且也是根本不可能的做法；因此对于这些成员可以听任他们每个人自由选择执行他的职务的劳动时间。（参阅第十章第二十二条）

第十六条　前条的规定同样适用于科学院的人员。（参阅第十二章第二十二条）

# 第六章　技工团

第一条　一个技工团是大家庭联盟范围内的一个地方或地区居民中最有益的能力和学识的中心，并从而作为这样一个中心同时也是这个区域的管理机构。

第二条　各技工团的成员按照第四章第一至第八条选出之。

第三条　每一个技工团分为两部：男子部和妇女部。男子部由男子劳动的主管人组成，妇女部由妇女劳动的主管人组成。

第四条　各技工团通过从它们中间选出的审查委员会以及通过从它们中间选出的工作理事会在能力选举时负有**审查**、**咨询**和**决定**的任务。



第五条　在学习军里的青年也如同成年社会一样，以类似的方式组织之。所以他们同样有一个技工团，由两部构成：男青少年部和女青少年部。（参阅第十四章第七至十二条）

第六条　每个技工团的管辖范围，由三人团按照一个地方的气候和地理形势以及该地居民的需要和习惯规定之。

# 第七章　中央技工团

第一条　各个技工团对于每个特定的区域、每个特定的地方所具的职能，同样也就是中央技工团对于整个大家庭联盟的职能。

第二条　如同各技工团是一个地方或区域的知识的核心一样，中央技工团构成整个大家庭联盟的知识的核心。

第三条　中央技工团成员的选举如同各技工团的成员一样，按照第四章第一至第六条办理，所不同者只是在一切大思想家、天才和哲人之中只有那些通过他们的理想表现得最杰出和最有益的人才能成为中央技工团的成员。

第四条　大家庭联盟中各个最重要的管理职位通过工作理事会由中央技工团的成员分别担任之：[12] 例如：三人团或大家庭联盟的最高管理者；由全体劳动部门的主管人组成的大工作理事会；各大学的教授以及各高等学校的教师、各区域和城乡的负责人，等等。

第五条　中央技工团作为它这样的一个机构在大家庭联盟的能力选举中，以及在一切涉及大联盟利益的重要的能力选举中，负有一种**审查**、**咨询**和**决定**的任务。

构成中央技工团中一个部分的大工作理事会，此外还负有一种在三人团领导之下的**执行**的任务。

第六条　中央技工团和每一个技工团一样，按照各种不同的男女劳动部门，分为两部，一个妇女部和一个男子部。

# 第八章　工作理事会

第一条　每一个技工团按照第四章第十和第十一条的规定，

从它们的成员中选出一个工作理事会。

第二条　由中央技工团按照这种方式选出的工作理事会我称它为**大工作理事会**。这个工作理事会和卫生参议会在一起作为国务部以辅佐三人团。

第三条　各工作理事会由各必要和有益的劳动部门的男性或女性主管人组成。因此理事会的每一成员都或者是在各技工团的地区范围内，或者是在整个大家庭联盟的地区范围内的某一整个业务部门的男性或女性最高主管人。

第四条　各工作理事会的全体成员以他们原来是各技工团或中央技工团成员的资格负有一种**顾问**、**审查**、**决定**的任务，通过这种任务他们参与办理最重要的选举事务。

第五条　一切工作理事会，在凡有关全面性的事务上，都受三人团的最高领导，并在这一方面负有**执行的**任务。



第六条　各工作理事会的**审查**的任务在于审查收到的选举试验品，它的**执行**的任务在于根据三人团的计算安排劳动和享受的平等分配，它的**决定的**任务在于对一切不能由审查委员会作出全体一致的决议的问题进行表决。

第七条　每一个工作理事会通过第四章第十七条所规定的选举办法，设有一个卫生委员会作为它的辅佐，这个委员会根据工作理事会的指令担任业务封锁（参阅第十一章）的领导。

第八条　一切区域和城乡的卫生委员会和医生都在这个构成工作理事会一部分的卫生委员会的领导下进行工作。13)

# 第九章　三人团

第一条　三人团是大家庭联盟的最高管理机构。

第二条　三人团是从最伟大的哲学家而同时又具有最优秀的医学、物理学和机械学知识的人之中选举出来的。

第三条　选入三人团的选举按照第四章第十条的规定办理。

第四条　因为以悬题应征的方式进行的能力选举是每一个人都可以参加的，因此在三人团的悬题应征选举中候选人无须前此已经是一个技工团的成员。

第五条　中央技工团或者在提出应征问题的同时决定三人团的主席人选，或者，在应征人的答案不合要求时，通过大工作理事会以多数表决决定之；此外，三人团的每一成员主要主管他通过被评定的选举试验品而被受任为三人团成员的那一部门的管理工作。

第六条　三人团成员的任期以他的发明继续具有重要性和实用性的时期为准，在该项发明没有被更重要的发明所超越或由另一个人的选举试验品加以重大的改进之前，继续有效。

第七条　一切措施和办法，在遇有三人团成员意见不一致时，由三人团主席决定之。

第八条　三人团为便利它的工作的进行和卫生参议会与工作理事会保持密切联系。

第九条　中央技工团经常提出应征悬题，以便保持精神活动永远活跃旺盛,并且以此作为手段去超越现任三人团的理想和发明并因而革新三人团的人选。

关于三人团或三人团主席的选举的应征题目大致如下:

发明一种丰富、美丽、声音悦耳并且按照最简明和容易掌握的语法组成的世界语的人,得选入三人团或选为三人团主席。

凡能想出办法彻底治疗或完全根绝这种或那种精神或肉体上的病症的人得选入三人团或选为三人团主席。

凡想出最好的方法推行新的世界语并且使旧的语言消灭者,凡能使航空成为最优越的运输工具者,凡能发明一种方法和材料,凭这种方法和材料将来可以从地基起把整个建筑物铸造起来,就像今天铸钟一样的人,得选入三人团,等等。所提出的这种选举应征悬题当按照已有的发明水平与时代的需要而定。

# 第十章 交易小时

[14] **全体的和谐!** 以及在全体的和谐中的**每一个人的最大可能的自由!** 这就是我们所要努力完成的任务,这就是从现在起必须在言论和文字上加以大力宣扬的那种精神,这就是我在这个制度里所要清楚阐明的理想。

但是,什么是自由?

诗人和哲学家把那最纯粹的自由的理想放在他们那最渺茫的幻想的高处;因此人们迄今还在枉然地捕捉着它的实现的影子。

因此我们让这种神仙式的诗人的自由去住在它那恰到好处

的、只有在幻想里才能达到的地方去吧，且让我们自己在我们的欲望和能力的范围之内造成一个可供实现之用的自由的形象。在这个意义下我回答说：自由，那就是能够做我们所想要做的一切事物的能力。

比这更广泛的一种人类自由的概念是没有的，并且也没有比这更恰当的，因为这个概念已经明白指出了这种自由的天然的界限，它就是**能力**。

**想要**，这是表示人的欲望，**能够**，这是表示他的能力，**做**，是欲望和能力两者的实现。因此个人的欲望和能力愈和谐，他个人的自由也愈大，全体的欲望和能力愈和谐，欲望和能力的和谐也就愈有可能并且愈大，并从而每一个人的自由也就愈大。

全体的和谐是通过遵循关系之间、原因和作用之间的自然的平衡来决定的，而不是按照东西本身，因为就东西说自然是充满着不平衡的。



因此按照数目、容积、重量平均分配劳动和享受的办法，只要它足以破坏到个人自由以及全体的和谐，就既违反了自然平衡的法则，也违反了全体和谐的法则。因此平均分配的办法只有在不发生这种情况时才能采用。

但是因为今天没有人能够不劳动而强迫土地提供为生活所必需和对生活有益的东西，由此得出，劳动在今天对于每一个有劳动能力的人是一种肯定的、绝对的事。大自然本身就把老人、弱者、病人和儿童作为例外，如果社会不照顾它那需要帮助的成员，大自然就使生命的刺激减退，并且把社会推向解体。因此，为了保持一切**必要的**和**有益的**产品，对于每一个有劳动能力的人规定一个劳动时间是必要的。

但是另一方面，大自然并不是强迫任何人去享受这种或那种舒适的物品；因此这些物品的生产和享受也就必须听任各个人自由决定。因此每个人必须有自由，可以以或长或短的时间为舒适的享受而劳动，各按他对于这种享受的欲望多少而定，或是，如果他完全节制这种欲望，他就可以根本不为此而劳动。

因此如果有规定一种一定劳动时间的必要，这种劳动只能是必要和有益的劳动，而不是生产舒适的东西的劳动，如果这种舒适的东西还并没有成为一切人的普遍欲望。[15)]

一切在规定的劳动小时以外完成的劳动小时，我把它叫做交易小时。

通过这种交易小时，就有可能使每个人得以满足他的特别的欲望，而不至于因此妨害全体的欲望与能力的和谐；总之我所考虑的一方面既是全体的和谐，另一方面又是最大可能的个人自由，后者没有全体的和谐就不可能。至少在还没有一个比这更完善的理想发现之前，这是不能办到的。

现在我把交易小时的制度设想如下：

第一条　交易小时用于这样来调整舒适的产品对于必要产品的劳动小时的交换，从而使个人的自由和全体的和谐都不至于蒙受不利。

第二条　因此每一个人都有在规定的劳动时间之外再做交易小时的劳动的自由。

第三条　一切成品的价值都按照劳动小时来规定，制造成品所需要的材料的价值也是一样；例如一条金链值五十到一百劳动小时，一瓶香槟酒值十二到十八劳动小时，一杯混合酒值半个劳动小时，等等。

第四条　这种价值随材料和产品的稀少而增长，随着有利于产品制造的工具和机器的采用和改进而低落。因此如果对于高级酒类、珠宝以及等等的需要多于这些舒适产品的存量，它们的价值就升高，直到对这些产品的欲望和生产这些产品的能力又归于平衡为止。

第五条　生产舒适的产品所需要的材料的价值由工商业理事会规定，所制成的成品的价值由科学院规定。

第六条　每个人从科学院办公处领到一本交易簿，在领取时这个人须要说明他想做关于哪一种舒适的享受的交易小时。这可以有助于使科学院对于所报请生产的产品数量有一个总的了解。



第七条　交易簿里包括执有人的半身相片和他的特征的说明。[16]除了一页供备注特别事项的空页外，全册共六十页，每一页各供五个劳动日之用，以三百个劳动日为一年。每一页包括有四个不同的栏，在一面上有三栏，在相对的一面上有一栏，因此在一打开这本簿子的时候，我们就在相对的两页上看到每五个劳动日的四个栏。这是因为如果我们把四栏都列在一页上，这簿子就不免太宽了。

在第一个窄栏上面记明这个人交易小时的结存数字；下面注明他所在劳动的技术工厂或是地方。如果一个人一天在两个或是三个不同的企业里完成了六小时的劳动时间，就由每一企业的工长在这一栏里加上同一的签注。加盖的印章同时可以表明，是否有人在同一个劳动部门中每天劳动二小时、四小时或是六小时。

然后是持有人的住所、他迁入以及迁出的日期，最后是他的食堂。他先前做过的交易小时的数字必须加注在每页的上端，然后它才能生效。这种加注每次由工长或是小队长在第五个劳动日之末记入下一新页。其余的加注只有在一个人更换住所、食堂或是工作场所时才有必要。

在第二栏“健康报告”的标题之下记载着这个人所患的每一种疾病种类、病期、原因和后果影响。

第三栏“劳动小时”上由各主管人加注这个人所做的超额的劳动小时，记明这些劳动小时的数字以及劳动部门的科别。这三栏都在一张纸的同一面上。

在对面的第四栏“享受小时”上，记载这个人所换入的一切享受及舒适的产品，注明其价值及所从取得的供应单位。

劳动小时的盖章须有工长的签字，同样健康报告的盖章须有医生的签字。



第八条　劳动小时只是每五个劳动日注明一次，享受小时在每次接受舒适的享受时即加以记载。其中按月、按年预订的一切日常的需要和享受除外，例如：剧院、音乐会、烟草、马、狗、鸟等。

第九条　对于享受的供应每个供应单位可以把盖销制度划分成所希望的那样小。如果认为便利和必要的话，可以把劳动时间一小时分成十部分或是六十部分。

第十条　如果在交易簿第一栏里没有注明某一必要的已经做过的劳动小时的数目，任何人不得在这本交易簿上取得享受签章，换一句话说就是：任何人在他没有超时间劳动之前，不能取得舒适的享受。[17)]

第十一条[①]　交易簿每年更换一次。更换的时期在冬季或是在收获期之前。在交易簿结束时可能有这种情况，有些人还剩下许多已经做过的劳动小时；然而为了全体的和谐起见只能把其中某一必要的数目转结到新的簿子的第一栏里去，而其余的劳动小时，如果旧簿子的持有人不通过享受小时来清结掉的话，就等于丧失了，因此每个人都会要去清结，并且有些人将会若干天不去劳动，以便把每日六小时的一般劳动时间用交易簿里从前所做过的劳动小时来抵消。因此交易簿的结束必须看作是一个真正的狂欢的节期，为了免得妨害必要的田间劳动，人们必须把结束期改在一个适当的时期。

第十二条　在每一本新的交易簿的特别备注页上（参阅第七条）注明以前所做交易小时的全部总数，以及以此所换入的主要享受的数量，例如：采木工在八年内做了五千六百个交易小时，其中他用三百个交易小时抵消五十个误工的劳动日，三百个其他交易小时用来抵消在各种公共场所里所取用的酒类和饮料，三千个交易小时他用来抵消从各个陈列厅里所取用的货品交换，两千小时他用来订购各种舒适的享受。此外在这个特别备注页上要注明这个人所做过的旅行以及所患过的疾病，以及其他一切有必要记载的事项，总之，在这第一页上应该提供有关这个人从以前直到最后全部交易簿上的概况。这种概况在卫生委员会的领导下编列出来。



---

① 在第三版里，此处顺序改为第十八条，以下各条也相应改动，不一一注释。——中译本编者注

第十三条 交易小时不应该产生有害于个人健康和全体和谐的后果;为了这个目的,因此交易小时受一个卫生委员会的监督控制。(参阅第十五章第十六条)

第十四条 任何人如果没有让人在他的交易簿上注明他从前的住所、食堂或工作场所变更的经过,不能在任何一个城市,供应单位或此外的任何其他地方如医院等等得到食品、住所、衣着和工作;因此每个不相识的来客应该向他的新主东提示他的交易簿。同样,任何人如果没有在他的交易簿上注明他所已经做过的劳动时间,不能在公共的供应单位得到舒适品的享受;只有按照已经做过的劳动小时数字的多、少,他才能得到价值大、小不等的舒适产品的享受。为了对于仓库和商场里的存货的正确交易能够实行正确的监督,以及为了防止任何人逃避一般的劳动时间而长年不劳动地在旅途上度日,这种办法是必要的。

第十五条 每个人如果在一般的劳动时间内缺席若干小时或是若干天,这些缺席的时间就由工长在交易簿上记入作为享受盖章。如果到了一定的、由共同在一起劳动的人所规定的期限他没有办这种手续,这个人就在他的住所和食堂里被通报为病号。限期的长短各按照季节、工作需要以及同事们的好意和信任来决定,因为这些人在发生亏损的时候有通过交易小时来追补所缺损的时间的义务。

第十六条 一个供应单位、一个协会、一个市乡等在结算上的每项亏损都由舒适产品的消费者负担,例如:我们是五十个歌唱家,我们共同组织了一个协会,我们全体在科学院的办事处办了预订手续,以便人们天天供应我们酒类和清凉饮料。我们假定,预订一个月酒类和清凉饮料的价值需要我们每人付三十个劳动小时，但是现在在两个或是三个月之后，恰恰是最好的歌唱家欠下了这三十个应该做过的劳动小时。因此这整个的歌唱家协会就要解散吗？不！而是他们集体地把他们的交易簿送去，并且每个人请求多盖销若干享受小时，以便抵补由某些人所造成的亏损。但是如果这种亏损额那样大，以至于若干人所已做的劳动小时不足以抵补其余的人的欠数，就要由科学院方面暂停酒类和清凉饮料的继续供应，直到这些交易簿的情况有了好转为止。

在那些人们不定时地或是偶然地去一次的公共供应单位中，就像我们今天的旅馆、饭店那样，在那里只有很少顾客是按期预订的，因此就天天有些需要盖章的事；在那里，因为舒适产品的交换额往往是以极小的单位进行的，就极容易造成亏损，如果所委派的店主没有每次都索阅他所不相识的顾客的交易簿，如果他对那些没有已经做过劳动小时的人供应了酒类和清凉饮料，如果他对供应出去的东西没有盖销或是在盖销中发生了错误的话。

在这样一些单位里如果月终或年终结算时发现了亏损，由谁来担负损失呢？总不会是由科学院所委派的店主或服务员吧！因为这些人他们所具有的也不比任何人多。除了非常必要的情况外，科学院也不能担负这笔亏损。因此担负这笔亏损的应该是这样一个供应单位的全体消费者。为此我们规定如下：

第十七条　各个舒适产品的供应单位在结算时的每一个盈余和亏损都在年度结算之后按比例分配给该供应单位的全体消费者，也就是说，或者将来转入他们在新交易簿上已经做过的劳动小时的总数中，或者从中减去一个数目，结算的结果视盈余或亏损而定。

第十八条　如果全体的和谐由于舒适产品的享受而受到破坏，并且结果引起了若干有劳动力的成员进入医院，这种在一般劳动时间上引起的损失就由该享受物的消费者平均负担。所以因酒醉而入医院医治的人数愈多，烧酒的价格就愈贵；竞争购买贵重或稀有物品的人数愈多，（参阅第十五章第十五条）这些物品的制造和购求就愈难。（参阅第十一章第八条）

第十九条　就像在计算一切人的必要和有益的劳动时间时一样，已经把一切没有劳动力的人计算在内，把他们的劳动时间分配给其余的人，同样科学院也必须对于那些已经没有能力再做交易小时的舒适消费者继续供应舒适的享受，并且把他们的劳动时间的价值，也算作是制造舒适产品所需要的劳动时间。这样以一种养老金的方式供应给这些人的享受，应该和他们以前平均所做的交易小时的价值相等。

第二十条　因为在交易簿里永远必须预先盖有一定数目的劳动印章，然后才能加盖享受印章，因此有必要新的交易簿每次都在旧交易簿满期之前八天发出。在这个时期内旧交易簿上只盖入享受小时的印章，而在新交易簿上则只盖入劳动小时的印章。

第二十一条　如果交易簿遗失，可以领取新交易簿，但是在旧交易簿上所预做的交易小时因此作废。

第二十二条　对于三人团、中央技工团和各技工团的成员以及一切通过能力选举而受任某种重要职务的人，在选举试验品受审查中和被评定接受之后，发给一定数量的交易小时，**各按该新理想的实现对于社会所产生的利益而定**。这种最初规定的某一交易

小时的数量，在他继续担任他的职务时一直继续发给。（参阅第四章第十九条）

至于就其他的方面而说，那么他们的交易小时和其余一切人一样受同样的监督和管理，他们也和其余一切人一样，按照所得的劳动印章来支付他们的享受小时。[18]

第二十三条　虽然舒适的劳动和产品的管理人员同样也不受一定的一般劳动时间的拘束，因为他们的精神劳动和那必要和有益劳动的管理人员的精神劳动一样，不能按照小时来计算，但是前条所包括的，有关知识人员的规定，不适用于舒适的劳动和产品的管理人员，因为他们的精神活动虽然提供优美和舒适的产品，但是并不提供必要和有益的产品。因此如果他们想要享受舒适的享受，他们就必须和其余的人一样在必要的劳动里做交易小时。（参阅第十二章第二十二条及第五章第十五条和第十六条）



第二十四条　一切通过交易小时所取得的舒适的产品，在取得人死亡之后都归卫生委员会支配，各该委员会把这些物品中一切适用的部分作一般有益的处理，其余的物品一概公开销毁。[19]

由于我恐怕在这一节里未必为一切读者所完全理解，因此在本节结束之前我还要讨论以下几个问题：

**第一个问题**，为什么我们不可以用钱或是证券而要用交易簿？

**答案**：[20]一切社会的混乱和失调以及它的罪恶和过错，只有在一种不良的调整交换的方法中才有它们生存和发展的机会。我们的钱币、钞票、国家证券、股票以及等等诸如此类的东西，就正是这样一些不良的交换手段，因为：

甲）人们可以把这些东西大量积存在一个人那里，因而引起其他人的缺乏。

乙）人们可以用它来逃避一般的必要劳动时间，并因而造成其他人终身辛苦劳动以至于死。

丙）由于这些东西的特性，人们可以人为地制造缺乏和充裕、富足和贫困，因此使得一些人的生命、健康、幸福和自由成为另一些人的贪欲的玩物。人们可以利用它互相进行欺骗、盗窃、贿赂、侮弄，人们可以利用它为自己制造低声下气的奴隶，并且为了有利于少数人的欲望而破坏全体的和谐。

丁）少数人可以因此损害别人的利益而享受一种高度的个人自由。一部分人愈是凭着金钱而能够生活得更自由，另一部分人也就愈是在屈辱和奴役的重担下陷得更深。

戊）年代愈久，这种社会的混乱和失调也就一代一代被推向一个日益更可怕的高峰：因为金钱制度把为维持全体人的生活所必要的社会力量日益巨大地垄断集中起来，以便更好地去养肥那些创造金钱制度的人。为维持全体人生活所必需的东西被若干少数人搜刮起来的堆积量愈大，其余的人的贫乏也就愈大，而且搜刮者所经常掠夺的人数愈多，贫乏也就愈来愈甚。

己）金钱制度是和任何合理的社会制度矛盾的，因此也就有很多不合理和矛盾的法律。只要社会还必需有这些法律中的任何一种，就会毒害社会的任何一点自由气息。

庚）金钱制度阻碍和拖延任何从全体人的福利着眼所必需要的进步，因为有钱人只是支持对他个人有利的事。

在今天的金钱制度里，不论机器是否减轻劳动，我们的处境都不可能有所改善。有许多机器能够比人用他的双手多生产十倍，甚至百倍，尽管这样但是我们仍然要和从前一样劳动那么多时间。说不定正因为这样我们还不得不更长时间地劳动，因为如果我们不愿去偷或者去死，机器的竞争就迫使我们不得不同意减低工资和延长工时。

因此在一个和谐与自由的制度里不要金钱！

证券或马克同样也绝不是理想的交换手段：因为要防止囤积，人们同样必须时时用其他东西去更换它们；而这在证券来说更造成很多的麻烦。为什么这些东西在一个和谐与自由的制度里不能用为交换手段，主要的原因是因为：通过这些东西赠与、贿赂、赌博、欺诈、偷盗和在金钱制度之下一样可以进行。因此无论是一块金属、木头、石头或是证券在一个以和谐与自由为基础的社会里都不能用为交换的手段。

因此，一个交换手段只有通过下列这些性质才能具有合乎和谐与自由的使用目的：

甲）它不能被用于囤积、赠与、赌博，它不能被继承、被盗窃。

乙）它必须不能被用于为了某一个人的利益而侵犯另一个人的自由。

丙）它必须虽然经过一切交换但是仍然永远留在所有人的手中，并且同时也是一本他的欲望和能力的日记。[21)]

**第二个问题**，为什么人们不能把交易簿同样也用在必要和有益产品的交换上？

**答案**：因为这是一些必要的和固定的东西，因此每个人应该以同等的比例获取这些东西，就像为生产这些产品所必需的能力一样。但是对于一切人都应该同等地具有的东西，在一个和谐与自由的制度里不容许有任何交换的手段，因为交换手段根本只是用来满足个人的自由的要求，并从而可以使享受在不损害任何人的条件下有不平均的分配。因为凡是对于一切人都是在同等的比例上分配的东西，根本也用不着交换手段。但是对于必要和有益的东西的需要，在一切人都是同等的，就像生产这些东西所必需的劳动时间一样。把交换手段扩大到必要和有益的东西的生产上去，只能使按照同等的比例进行分配成为不可能。有些人也许就会为了多喝几瓶酒而穿着褴褛肮脏的衣服以致令人生厌。另一些人也许会因此节省家具和家庭用品，又一些人甚至于节省口粮；特别是在过渡时期可能会有这一切情况。因此必须取消对于必要和有益的物品使用交换手段，如果能够做到完全取消交换手段，那当然是更好。有些人认为这有可能，但是我，我主要是主张全体的和谐而在其中又有每个人的自由，到现在还没有能看出这种可能性，因为至今还没有人认真证明过这一点；虽然，我盼望有这样的可能。

**第三个问题**，通过交易簿有可能一个人连续若干天耽误一般的劳动时间，因为他可以请求从他已经做过的交易小时内盖印抵消他那每日六小时的劳动时间；还有其他一些人根本不在一般的必要和有益的生产里劳动，因为他们被指定去从事舒适的劳动，例如画家、雕塑家、金属制品工匠、饰品和时装制造者、糖果制作者、酿酒者、剧作家、戏剧演员、歌唱家以及从事类似的业务的人等等。通过交易簿怎么可能保持欲望和能力之间的必要的平衡，怎么可能来计算那被规定为一切人都应该从事的必要和有益物品的生产劳动时间呢？

**答案**：整个社会的管理分为两个系统，劳动或者说业务系统，和享受或者说家庭系统。在劳动系统里由全体男女劳动者或各技工团选出各级劳动领导人，从工长、小队长起直到工作理事会和三人团。

工作理事会和三人团掌握全部有劳动能力的社会成员的数目以及全部丧失劳动力的成员的数目。按照这些人的需要也就不难算出对于全体所必要的劳动时间。现在假定，在一个有一万五千人的居民之中，有一万人是能做全劳动时间的人；我们假定，这些人每人每年能完成一千八百个规定的、一般的劳动小时，一年以三百个劳动日计算，那么全体合起来一年就有一千八百万个劳动小时。如果在年度结算时，由于交易小时的关系，只有九百万小时[22]可以算作一般的劳动时间，缺少的部分就用九百万交易小时来填补。只有在交易小时有余额时，科学院才能得到它那为生产舒适的产品所必需的物资[23]。因为科学院没有物资就不能制造任何物品，因此在交易簿上盖章登记时不发生任何错误，这是无论对于科学院或是对于舒适产品的全体消费者都是共同关心的事。因此三人团和各工作理事会不必对于交易簿的计算稍存顾虑，因为必然总会在交易簿上有多余的交易小时，这个余额可以用来供应科学院下一阶段的生产所必需的物资，并且因为，如果在交易簿上没有多余的交易小时，必要时也可以从全体成员已经做过的劳动小时中减除下来，后者对于任何人都并不增加什么很大的负担。（参阅第十六条。）

关于享受或家庭系统，三人团在一切城乡和省区都派有监督和管理储存物品的经理。这些人员大致报告以下这些事项：对于一个有一万五千人口的居民点，我们这里每天需要五千斤肉，两万

斤面包，一百公升豆类或是马铃薯，一万五千公升牛奶，一万公升啤酒，六千公升酒类，等等。我们现有储存的物品有：在这里他就把全部在商店、仓库、粮仓、地窖里所储藏的物品以及蔬菜种植和牲畜饲养等的情况都列举在下面。

这些报告从一切省区送达最高的联盟机关。按照这些报告，由最高联盟机关首先规定在这一区和那一区之间各种产品余额的彼此交换；省区交换之后，各省区经理在他的辖区内规定各城乡之间剩余产品的交换，然后城乡又规定各伙食委员会之间的交换，伙食委员会根据日常的消费规定每个人的给养。对于生产舒适产品的劳动者也和对于其余人一样供给生活必需品，因为他们的劳动时间已经通过交易小时结算。对于那些忽然想到要在若干天内不劳动的人也同样供应，如果他们愿意每天盖章扣除六小时已经做过的劳动小时，或是换一句话说，愿意在他的交易簿里盖上六小时的享受印章。但是如果没有经过这种手续，或是已经做过的劳动小时已经全部为享受印章所抵消无余了，但是那个人仍继续不去劳动，那就要由工作室在他的住所里张贴通告，声明某人患病了，同样也张贴在他的食堂里。每个人经过这样通告之后，只能在医院里得到住宿和食物，因为任何其他的住所和餐席对他都不开放，如果在交易簿上没有在二十四小时之内载入的迁移住所和改换食堂的证明，或是迁出医院和疾病痊愈的证明。（参照第十五章第十一条）

**第四个问题**，用什么样的方式预防一切作伪和侵吞行为？

**答案**：主要是因为，通过交易小时一切人的获得和享受的欲望同样都可以得到满足；因此人们根本不必要欺骗，如果要欺骗，只有一种情形，就是一个人要参加一切舒适产品的享受，却不愿意像其他人一样为此而劳动。

但是这一点并不那么容易，因为即使人们能够自己伪造交易簿以及簿子上加盖的一切印章，也不可能骗过社会自身对于它的利益的关心；因为首先是不可能违反义务逃避一般的劳动时间，任何人如果不自己请求把所误工的时间数量在簿子上加印抵消，就要在他的住所和食堂里被通告为患病者，并且在那里对他的一切供应都立即停止。既是任何人都不能用这种方式来逃避劳动，因此其次也就可以肯定，任何人不能自己在簿子里假盖印章，因为工长或是小队长或是同事们在每五个劳动日之末会看到的。

但是如果真正有人能够凭着非常的技巧伪造双重的交易簿，由这种伪造的交易簿所获取的享受也必然会有许多不便利。因为首先他要避免太经常地在做交易小时的时间内去享受，因为如果人们把享受印章的数量和他很多的空闲时间一比较，就容易惹人注意。次之，这些人必须在享受时尽量躲开和他们在一起劳动的人，以免他们发现有差异；而且这些人所换入的许多物品也必须要试图躲过别人的眼目。再次之，这主要也是一种证据，可以证明这些人要比科学院所指派的制造交易簿的人员还更技巧、更灵敏。

科学院将必须自己单独负担这样的亏损，并从而舒适的消费者必须全体分担由此所造成的损失，这也是一个重大的原因，使得这种人不敢用这种方式来轻试他的技巧，并因此随便拿同人们的敬重和友谊开玩笑，一旦丧失了同人们的敬重和友谊，在一个和谐的制度里，这是只有极尽辛勤，通过迁往一个生疏的地方，通过更好的行为作风才能重新获得的。

假如这样的交易簿连同它的印章、签字都完全被仿造出来，这就是一个证据，证明科学院没有把交易簿的制造和设计委任给最技巧最灵敏的人。所以这种情况的结果将或者把交易簿的制造和管理另行委托给其他的人，或者正可以委托给仿造者。

**第五个问题**，在交易簿上加盖印章不会是一种麻烦的方法吗？

**答案**：按照我的看法，这种方法比我们金钱交换的方法更要简便些，因为用这种方法除去年度结算而外永远用不着换也用不着数。

由于这种方法只是用于欲望的满足，并因此使一切有关必要和有益需要的零星购买和换取成为没有必要，这就已经是一种重大的简化了。至于说到支付或是在五个劳动日满期之后要加盖劳动印章的手续，那么这种方法也不会比每周领取工资的制度多费时间。一个工长或小队长在十五分钟之内就可以全部办完他同事们的十本交易簿的一切必要的盖印和签字手续。关于填注变更地区、住所、食堂、工作室的注明，也比之填发我们今天的旅行证、租约、饭店账单、工作证以及我们的工长、厂主、主东的签字证明等等所经历的麻烦更少些。

至于说到享受印章的问题，那么盖章的麻烦和时间损失已经是非常简化了，因为每个人都可以对于各种舒适的享受按月或按年预订，并且为此目的可以结合若干同好的人组成协会，例如：歌唱协会、读书协会、音乐和跳舞协会、晚间消遣协会以及其他诸如此类等等。

每一个这样的协会一总负责缴纳它的会员们应付的费用，成

趸地批入日用所需的茶、啤酒、酒类、咖啡、糖果，以及各种酒类和饮料。这些物品的消费以及所应缴的费用由各该协会的会员按月自行结算，科学院只是在每月、每季或是每年结算一次各该协会会员们的交易簿，如果在这一个或是另一个会员那里发生了亏损，就由全体会员用多余的享受印章来抵补。但是每一个这样的协会首先必须注意选择行为端正的、全体其他会员都能信任的会员。万一仍然（实际上很不可能）发生了一种普遍的重大亏损，当然就只能由其余的消费者在年度结算时以很小一点公摊的费用来抵补这笔亏损。但是这样，就会造成这样一个协会的解散，在它还没有通过交易小时补足它的亏额之前，它不能从科学院得到任何供应。而其他的协会谁又愿意收纳这样的会员呢？至于其他供应单位里的享受盖章，在这些单位里每个人在路过的时候可以随意取用那么一杯烧酒、啤酒、牛奶、一包烟叶等等，同样也并不麻烦。顾客只要把他簿子里要盖章的最后一页揭出来，在那里的店主——一般是已经不能劳动的人——把他的印章盖上就完事。这至少和用钱付账一样快，特别是如果我们想一想，在用钱的时候往往要兑换和找零，而且也常常有需要签字记账的事。

至于说到奢侈品，它的交易更要比现在快得多，现在为了讨价还价和兑换金钱枉费了多少宝贵的时间。

所谓交易簿它基本上也就是在调整全体的和谐中每一个人需用的一份文件。它代表了在今天我们这个社会情况下所必要的一切文件。

它同时是：旅行证、出生证、籍贯证、通行证、艺徒证书、支票、收据、账簿、日记簿、学校毕业证书、入场券、介绍信、公份册、存款证、月份牌；它是一面个人的一切精神和物质需要的镜子，是他的一张半身相片、他的履历，总之，是一个人的全部形象化的“我”，一个还从来没有这样表现出来过的“我”。[①] 所有我们在今天的情况下所必需的那一大批各式各样的凭证、证件、文书其中绝大部分是很没有用的东西——都以一种完备而简化的方式集中在一本交易簿里。

**第六个问题**，这种规定会不会由于某些人的外出旅行而被破坏呢？

**答案**：不会！因为任何人如果没有已经做过的交易小时，如果在他的交易簿上没有签证，在一个生疏的地方不能得到工作、住所、饮食、衣着和舟车的方便。只有当簿子合乎规定，并且所做过的劳动和享受小时都记入了该旅行者的交易簿之内的时候，才发给签证，然后在年度结算时这些就连同一并计算。

**第七个问题**，会不会店主们把很多东西分送出去，而不把它们的价值在簿子上盖章呢？

**答案**：不容易！因为首先这里关系到全体顾客以及店主自己的利益，每个店主都宁愿在年终结算时给他的顾客们提出一笔盈余而不是一笔亏损；次之，因为店主永远不会是单独一个，而是各处都委任两个或是四个人，他们都同样关心要能得出一份好的、有盈余的年终结算。

在一个店主的职位上，人们可以随意委任若干人，而不会影响

① 关于这一点，梅林指出：“在这一句欢呼声中，解除了手艺工人由于警察厅数不清的证明文件而造成的多少烦恼和痛苦。”（参看《德国社会民主政治史》，第112页。）

一般的劳动时间，因为对于这种职位，人们总是录用那些即使不做工作，社会也必须养活他的人；每一个已经没有劳动力的人对于店主这样的职务永远都是会乐于去做并且足以胜任的。并且，在这样一个和谐的制度里，每一个人对于从店主方面来的这种特别优待，不只不看做是一种好意，并且会看做是一种侮辱。因此从这方面说，对于不端行为的顾虑也是没有根据的。

**第八个问题**，但是，在某些行业里我们怎么办，在这些行业里必须做较长的、费力的劳动时间，例如：海员，他们往往需要做长期的海上旅行，例如列车员，他们必须日夜留在车上，这些人也能做交易小时吗？

**答案**：为什么不能？凡是他们不得不超过一般的劳动时间以上留在同一业务上的全部时间，都给他们算做交易小时。用这些交易小时他们可以在船上满足他们的一部分享受，其余的时间和享受可以在旅行之后追补。这样的人的交易簿当然不能在一般规定的时期内换领，因为在旅行中他们没有机会能通过享受印章的盖销而用完他们的交易小时。因此这种新交易簿的换领在每次旅行起程之前举行。（参阅第五章第二十条）

**第九个问题**，有许多行业无可争辩要比其他行业更安逸、更舒适些，但是在这些行业里不能每两小时换班一次，以便可以有三倍的人员可以参加这种行业。例如交通事业里的列车员就是这样：那么在这样的一些行业里我们应该把这些人的劳动时间也算作同样辛勤的劳动吗？因为其中他们也随时有一些什么都不做的空闲时间，又例如马的饲养也是这种性质的工作之一。为了不至于和全体的和谐与自由的原则相悖，我们在这样一些行业里应该怎样来处理这些事呢？

**答案**：这些人的劳动时间必然也应该完全计算，因为他们根本不能把这些劳动时间为了自己而用于其他的目的。而其他人如果没有经过可以核准他参加这种工作的能力考试，也不可能竞争这种位置。但是这种为每个人在离开学习之前所必须经过的能力考试，如果争取学习某种看来似乎舒适的行业的学生数目愈多，考试也就愈难。（参阅第五章第二十条及第十四章第十五条）

因此各种不同勤劳之间的平衡绝不会因此而被破坏，这种竞争至多只是可能被利用来把科学和技巧日益提升到一个更高的阶段。因此应当由各技工团来决定，那些科学和那些技巧应该为了全体的福利而通过这种方式给予更多的刺激。此外，今天很多行业的舒适性在我们也还只是表面的，因为我们根本还不能想象，今天被我们认为繁难的许多行业在一个更好的社会组织里可能怎样舒适地来进行。

**第十个问题**，人们怎样来处理剧院里的各种不同的席位，对于这些席位一切人本来是有同等权利的？

**答案**：按照不同的情况用各种不同的方式。在过渡时期，当剧院还没有普及，演员也不多的时候，人们可以对不同的席位采用不同享受印章的预订办法。每一个预订者于是各按照他所预订的席位，取得一份在预订期间有效的入场券。如果要预防把这种入场券转送他人，也可以把这些以及其他在交易簿盖销了的预订项目再在交易簿的特别备注页上予以注明；至少这样一来只有那种逐日领取的入场券之间也许还有可能进行某种往往是为双方所愿意的彼此交换，而一张一季或半年的预订券就不可能转送别人。

这种在特别备注页上的特别印章是为了简便之用，免得剧院经理在每日分发入场券时必须全部翻阅每一本交易簿。

如果剧院已经普及化了或是人们先就已经不再计较席位的不同价值了，人们就可以按照下面的办法办理：

在剧院门首设有若干票匭。在第一个票匭里有许多单个的带号码的球。在第二个票匭里这种带号码的球是两个一组地相连的；在第三个票匭里是三个球一组相连的，照这样下去以至于五个球一组。这些在五个票匭里的号码是顺序相连的，它们代表剧院里的全部席位。

单独来的个人就从那盛有单个的球的票匭里探取，然后得有一个由一张与球号相符的戏票所指定的席位。如果有两个或更多人愿意坐在一起，就由其中的一个人从那个盛有所要求的、相续联着的号码的票匭里去探取。如果单个的号码已经取完了，可以从其他的票匭里取来补充，为此人们可以把连组的球拆开。

这一切不都可以进行得很好吗？但是我们这里所提出的这样一个办法还不过是将来可以做到，并且也一定会做得到的那些事情的一个极模糊的不完善的轮廓而已。

许许多多在一个分离和孤立的制度里所不可能办到的事，在一个联合统一的制度里就都可能了。

**第十一个问题**，如果这样一本交易簿遗失了，这种遗失会不会在结算上引起不正常，或者甚至于造成亏损呢？

**答案**：由此产生的不正常情况既无关紧要，也不会使管理机关感觉为难，因为管理机关并不预支交易小时，而是使人去预先为交易小时而劳动。因此在遗失交易簿时，只是个人可能有损失，例如他已经做过很大数量的交易小时，却不能提出所做的交易小时的余额的证明。

这种损失即使发生也只能是很小的，特别是在那个人已经习惯于有限度地、有规律地去做超时间劳动的时候，同时它除了对舒适享受的消费者而外对任何人都没有好处。（参阅本章第十七条）因此一本交易簿的遗失和任何其他遗失或是获得一样并不能危害到个人的福利和破坏全体的和谐。

有一种特别的情况是，遗失者是一个协会的会员，协会的所有的交易簿是在年度结束之后才和科学院结算的，并且由于在这段期间内所发生的旅行和病患以及其他种种不能预料的事故，就很难计算出那本被遗失了的簿子的内容。遇到这样的情形，就只有听由协会的会员们自己来决定，是不是他们愿意按照第十五条的规定整个或部分地担负这笔亏损，如果该遗失者不能或是不愿自己单独对他的疏忽负责的话。

**第十二个问题**，交易簿的正规性并从而有关全体的和谐的计算会不会由于个人的来往旅行而被破坏？

**答案**：不会！因为每个人，如果他没有先前做过的交易小时，在起程外出前需要在他的簿子上得到签证，但是即使这样，他仍然要按照每日规定的劳动时间才能利用舟车的方便。

如果一个人已经做过相当数量的交易小时，他就不需要这种签证，但是那样他就需要在他还没有参加劳动的时候，把他每天所应做的六小时或五小时的劳动时间从他先前所已经做过的劳动小时内盖章消除。

一个没有做过交易小时的旅行者，他每日的劳动和每日的需要都由卫生委员会批示。如果他要在一个地方停留些日子，他可以向一个工长或是小队长按照他的选择请求收纳作为劳动工人。如果他在他那交易簿上有工长或是小队长的盖章，他就可以在任何供应单位得到他所需要的必要和有益的东西。

在簿子上盖章的工长或小队长负有责任把每个不出勤劳动，而且同事们对他不表示支持的工人，报告作为患病者。（参阅第十五章第十二条）

在这一章里我希望我已经差不多清楚说明了我的意思，因此我就以这个问题作为结束，虽然仍然有许多可问的问题。谁要是还没有明白我的意思，通过以下各章也许能得到更好的理解。

但是有一点是肯定的：只要人们去要求一种全体人的——你们听明白了，**全体人**！！**全体人**的！！！——自由、和谐和共有共享的制度，人们就一定会得到它。这一种或是那一种制度！交易小时或不是交易小时！这一切都是一些次要的问题；主要的是：一切要为**全体人**，而不是：有一点为这些人，又有那么很少一点为另一些人，而其余的人则一无所有。



# 第十一章　事业封锁

如果在一个事业里志愿的劳动者过剩了——普通在舒适的事业里会有这种情况——并从而不能再在这个事业里做超时间的劳动，那时候在这个行业里就不能再做交易小时。这种规定我称之为事业封锁。

凭着这种规定就可以使得在共有共享的社会状态中，每人都可以自由选择一种舒适的、轻快的劳动或一种不舒适的、繁重的劳动而不会因此在不舒适和繁重的劳动中发生缺乏劳动者的现象。

事业封锁这整个制度的意义在于：非必要的、舒适的享受只有通过那个必要的、但是缺乏志愿劳动者的生产部门的生产以后才有可能，并且既不因此损害个人的自由，也不因此损害全体的和谐，保障个人自由和全体的和谐正是这个制度的主要任务。

通过事业封锁又可以防止一切由于若干人的欲望的放纵而使社会可能蒙受的不良影响。例如，我们假想在共有共享的社会状态中奢侈以一种非常的方式激增起来，如果有些人表现出一种对于金链子、金表、指环、珍珠和宝石的真正病态性的嗜好，并且医生报告说，由于这些物品的增加和流行，医院里的贪欲病也就是说为了争夺一件东西而吵闹殴斗的这种病人——已经有人满之患，这时候如果还不可能使这些物品普及化，就由有关行业的理事会指令迄今制造这些物品的工厂实行封锁；这样，这种病症也就可以一举而消灭。

人们可以提出反对说：每个人，如果他愿意的话，都可以通过交易小时来取得一种金制饰品。但是这究竟是不可能的；因为最后制造这些饰品的材料将会不足；而且结果人们将会发明和制造出这么许多贵重的、无益的废物，以至使每个对于一切奢侈品和幻想的产物有偏好的人最后不可能或至少感到太麻烦，为了取得这一切东西而要去做那样多的交易小时，但是因为每个人都具有自

然的贪求和获得的欲望，因此也就不足为怪，他会试图用最容易的方法去满足他的这种欲望。那些具有强烈欲望的人——这些欲望是由作用在他的官觉上的种种享受所刺激起来的——就会利用一切他可能利用的手段来满足他的欲望。这样，如果社会使他感觉到，要通过运用他那有限的一点有益的能力去满足这些欲望很困难时，那他就会试图采取其他的方法来达到这种欲望的满足；于是他的欲望和全体的和谐发生了冲突并由此也就表现出，社会制度在这里有某种需要加以改善的地方。用我们今天的话来说——他于是就去偷窃。

这种情况没有其他的补救方法，除非或者是使那种物品普及起来，或者是废除这些能够造成紊乱的物品；对此也同样需要应用事业封锁。因此关于这个问题我们主要要注意下列各点：

第一条　它是用于使个人的欲望和能力与全体的欲望和能力归于和谐。

第二条　它由卫生委员会提出建议，由行业理事会予以批准。

第三条　如果不是因为自然的规律必须把某些人作为例外的话，事业封锁应该对于一切做交易小时的个人同等有效。

第四条　一切在最繁重的行业里花费他们的劳动时间的人，有婴儿的母亲以及那些还继续劳动，但是已不能做强劳动的老年人和体弱者都可以作为例外。这样社会生活中的平等也就可以得到保障。（参阅第十三章第六条）

第五条　如果一个行业，例如收获季节的农业，一时需要很多的劳动者，在这个期间其他一切行业就都加以封锁，也就是说在任何其他行业里都不能做交易小时；但前条所举的例外仍然保留。

第六条　因为每一种工作都分成许多不同的部门和分支部门，其中最小的分支就只需要很少一点基本知识，又因为每一个人无论在学习军里或是出了学习军以后都经常有可以取得这种基本知识的各种机会和方便，因此不至于使任何人由于某一行业的封锁而绝对不可能做交易小时。这样也就可以使自由有所保证。

第七条　如果一个行业由于它的工作性质的安逸而有过多的劳动者竞争，那就任何人不得在这个行业里每天超过两小时劳动，而是在这里面劳动的每一个人必须在另一个行业里完成他的其余的劳动时间。因此就可能使有三倍的人在这样的一个行业里从事劳动。

第八条　如果一种舒适享受的产品可以引起肉体或精神上的病态，而且这种产品不可能普及或即使普及也不能减少它的不良作用，这种产品就予以封锁，也就是说停止这种产品的制造。这样社会的和谐就得以保持并且限制了那种放纵无度的贪得欲的弊害。

第九条　如果由于享用过多的酒精饮料而引起了许多身体上的病症，但是这些病症危害到某几个人，由于这些人患病而损失的劳动时间就要一并计算在制造这种饮料所需的劳动时间之内，从而可以使这些饮料的消费者们来弥补由此对于全体人所造成的损失。因此这些人就都会关心注意，尽可能地戒止这类放荡行为。全体不能担负这种由于少数人的欲望而造成贻害于人的劳动损失；因此由于过度的舒适享受而对一般有益劳动所引起的损失，应该由这种享受的消费者来担负。[24)]

# 第十二章　艺术、科学院或生产舒适品的劳动的管理机构

第一条　科学院的目的在于考核和发展某些个人的这样一些能力，这些能力能够满足和发展其他个人的一些**特殊的**欲望和能力，从而不使任何有利于社会的能力白白浪费掉。

第二条　科学院的成员通过陈列在艺术厅里的舒适产品的试验作品，或者同时也通过对于申请科学院录取的应征者本人的考核来辨识这些能力，后一情况也就是说，当考核一种艺术必须有艺术家本人在场的时候，例如对于戏剧演员、骑术家、魔术家、走绳索者等等。

第三条　在舒适的产品这个名称下，我所指的是一切为提高和美化感官享受而作出的劳动产品，例如：剧院、舞会、音乐会、艺术展览会、私人庆祝会、糖果和糕饼厂、啤酒和咖啡馆、各种舒适的饮料、烟草、焰火等等的制造。

第四条　一切新的舒适产品或是这种产品的图样和样品经过科学院的考核之后，都陈列在艺术厅里，以便引起嗜好者的欲望。

第五条　按照嗜好者对该产品的订购情况，科学院指示设立该项新艺术产品的工作室。

第六条　一切已经普及化的舒适产品，就不再属于科学院，而是属于技工团的管理之下。

第七条　如果一个城市、一个省区或是一个地方的大多数居

民都使用该项产品，或是要求使用该项产品，那时候它就成为共同普及的东西。

第八条　凡通过在艺术展览中某一特别优秀的作品的入选，或在科学院选举委员会面前经受对他的能力测验及格而被录取入科学院的人，为科学院的成员。

第九条　凡愿意参与享受这一些或是那一些舒适产品所提供的享受者，必须用交易小时和标明在这种享受上的劳动小时进行交换。

第十条　这样，在一个科学院辖区内所消费于舒适劳动上的时间，必须通过**最必要**的劳动中的交易小时全部重新补充起来，科学院的存在和利益本身就要求它必须这样做。

第十一条　各卫生委员会必须经常注意，通过科学院而使某些人的欲望所取得的满足不得成为其他人的祸害，并从而破坏社会秩序的和谐，例如制造舒适产品的原料消费造成必要和有益物品的减产，例如由于奢侈品的增加又产生了贪欲病患者，或是又产生了，如我们今天所称呼的骗子、刮财奴、盗窃等等。

第十二条　在后一情况下，如果事业封锁不足以疗治这种恶疾，那就或者使这种物品成为社会上共同普及的东西，或者把它完全摒除于社会之外。

第十三条　只有最体弱的人可以在舒适的劳动里做交易小时。（参阅第十一章第四条）

第十四条　舒适劳动的领导由科学院的成员担任，艺术厅的照料工作由那些因为年老或患病而不能做其他工作的人担任。

第十五条　科学院的成员以这种成员的资格，无论对于必要和有益劳动的领导或对于这种劳动的能力考核都无权过问，除非由于他们做出的某种**有益的**发明发现，他们同时也是技工团的成员之一。

第十六条　一切已经共同普及化了的舒适品的享受，但因为有些人对它提出了更多的消费要求而同时也属于舒适品范围之内的东西，例如烧酒、啤酒等类物品，它们的生产不属于科学院的领导，而是由受技工团领导的经理们制成后供应科学院，这些物品的费用按劳动小时计算，并且构成由于舒适品的生产而增加了的劳动小时的一部分，在年度结算时必须与交易小时相符。

第十七条　一切文学作品，在科学院选举委员会考核时不认为特别优秀并且未被录取者，和其他一切送审的试验品一样，都陈列在特设的展览厅里，以供参观。

第十八条　如果有很大数量的交易小时预订这种作品，科学院就把这种作品付印。

第十九条　对于每一被录取的文艺作品都规定给予作者一定数额的交易小时。

第二十条　这个待规定的数额根据订阅的份数而定，但不得超过每一其他劳动者在一年内所能做的交易小时总量；这种交易小时也和其他一切未经享受印章盖销的交易小时一样，在交易簿满期之后就失去价值。

第二十一条　在科学院的领导下制造舒适产品的劳动者的劳动时间，与必要和有益产品的劳动时间完全相同，一般的劳动时间正是按照后者来计算和规定的；它只能与一般劳动时间同时缩减。因此在舒适品生产中的利益只能归之于舒适品的消费者，但是不能通过减短他们劳动时间的方式而归之于舒适品生产中的劳动者。

第二十二条　舒适品生产劳动的管理机构的成员和三人团、中央技工团和各技工团的成员以及教授、教师、医生一样，不受规定的劳动时间的拘束；但是他们和其他一切人一样，同样服从交易小时的规定。因此他们和其他一切人一样，如果想要满足舒适的享受必须在最迫切需要的劳动中做志愿的劳动小时。[25)]

# 第十三章　妇女的地位

第一条　妇女就她们所进行的劳动来说，也是和男子完全一样地组织起来的。因此她们同样也有她们的行业理事会、技工团、科学院、交易小时和事业封锁。

第二条　妇女在选择对于一切人所必需做的劳动时，比男子有优先权，因此如果她们在这些劳动里技巧和速度与男子相等时，她们可以选择最轻便的劳动。

第三条　最重要的妇女工作由妇女技工团的成员领导，后者以和男子完全一样的方式选出。

第四条　如果对于各技工团内某一项重要工作的领导，一时找不到具有最高管理机关所要求的那样的才能的妇女，这个领导职位可以由男性担任。

第五条　一个主管某一种妇女劳动的工作理事会的职位，只有妇女在这个职位所要求的才能上和男性技工团的成员相等时，才能担任。

第六条　对于有幼儿的母亲任何行业不能拒绝，她们必须在一切劳动中可以找到工作，以便她们可以选择最轻便的劳动，并且可以选择那种可以在家里守着她们的幼儿做的工作。

第七条　只要大自然还没有创造出奇迹，也就是说只要妇女在有益的科学、发明和才能上还没有超过男性的时候，妇女也就不能达到那种掌握社会管理权的职位而成为三人团和中央技工团的成员。但是如果一旦妇女和男子的性质变更到这样，妇女在科学、发明和才能上超过了男性，那时候当然也就很合理地，人们该使社会的组织适应于这种新的情况。

第八条　婚姻上的共同生活必须是自愿的，任何一方不能强迫。



第九条　一切达到三周岁或是六周岁的儿童都由国家收纳入学习军。

第十条　父母患病、死亡或离婚时，他们的儿童，不论年龄大小，都由国家，或毋宁说由社会收养。

第十一条　和成年的妇女一样，女性青年在学习军里也有她们的技工团、科学院、交易小时和事业封锁，她们的生活条件和男性青年相同并且具有和他们相同的目的。（参阅下一章）

通过这个制度就堵绝了一切阴谋诡计的门路。青年男女们彼此像兄弟姊妹一样地培养起来。他们知道，他们全体按照自然的法则都具有同等的权力、义务和自由；他们知道在他们中没有谁是穷的，没有谁是富的；他们知道，他们所必需的一切，用一点轻微的辛劳就可以得到。那种天生的鲁钝和那种粉饰的、矫揉造作的教养之间的刺目的对比，某一些人的文雅的、有教养的世情俗调，另一个人的严重的粗鲁和愚蠢在这里全都没有了。同样，穷富之间，地位高低之间的一切区别在这里也都没有了。大家都知道，他们和所有其他一切人一样都会得到家庭、儿女、子孙。在这样的环境下爱情和友谊才能发挥一种热烈的、自然的、不是人为造作的作用。

如果说今天妒忌和爱情给社会造成了千疮百孔，那也只是今天是如此。但是人们能不能给我举出一件古代的坏事，它在今天已经不存在了。一切坏事都还在各种不同的名称下像癌症一样继续腐蚀着。如果把自私和利益和爱情分开，那时候我们可以看一看，是否还会有像今天这样一半的痛苦悲剧。在十件婚姻之中几乎没一件不受自私的影响。他有钱吗？她有钱吗？有多少钱？——这就是通常在婚姻上的问题——一种在婚姻的枷锁下、在妒忌、诡诈、吵闹、争执、意见不合下枯萎着的爱情幸福，这就是对这些问题的答复。

爱情是一个硬壳果的果仁，婚姻是它的外壳。金钱制度就是啮入那果仁而且败坏着它的虫。大多数人啃那苦涩的、坚硬的果实外壳。从这里你们就可以得到我们今天的婚姻的整个定义了。

给婚姻当事人在社会制度里创造一种自由、独立、无忧无虑的地位，取消那些铁制的、违反自然的锁链，用这些锁链你们把最矛盾的欲望和能力一辈子箍在一起；重新给婚姻当事人他们在天堂里的原有的自由，今天你们那法院所办不完的不幸的丑案也就一定会完全消灭了。

没有比想用强制、威吓、恐惧来强迫婚姻上的忠贞更可笑的事了；但是人们也已经看见这些办法的结果了。就正像窃贼一样，他本来惧怕杀人，但是为了自己的安全，行窃时就带上了武器。同样，从那些男男女女的婚姻不如意者身上我们也可以看到很多类似的事例，由于人们给他们那自由的欲望设下了障碍，他们成了盗窃和杀人犯。这在我们今天的社会组织里是很普通的事，一个人为了躲避一种由于不许他满足某种欲望而使他感到强制和恐吓的制度，反而做出了更重大得多的坏事。但是因此而必然受害的，除了社会还有谁呢？

如果婚姻的结合不能通过尊重、友谊和爱情的要求而联系在一起，如果说甚至于利益也不能维系住它——这就说明了很多问题——：那么顺从天意，最好还是解除了这道锁链吧！不要再给你们自己互相制造一些两倍的、三倍的地狱吧！

拭干你的眼泪吧！可怜的、不幸的、被侮辱和被损害的妇女！并且你想一想，在全地球上还有多少的弱者在受苦。总会有一天，解放的金黄色的朝阳也会突然照到你的脸上，为了好从你那温润的睫毛上把那奴隶的痛苦热泪吻去。那时候你就傲然地直视你那暴君，因为你不再需要他了，法律也不再保护他了；那时候，可怜的、受骗的、被诱惑的姑娘，你又会找得到一个勇敢的丈夫，他举足踏碎了那大堆人的偏见；那时候，你们这些在盛开着的年华里充满着生命之欢乐的青年男女们，生活吧，相爱吧！那时候，让今天违背了自然锁闭在你们胸中、啮蚀着你们的心、麻痹着你们的活力的热情一齐都倾泻出来吧，免得使它采取一种无论对社会的和谐和你们的健康都是有害的方向。那时候谁有爱的能力，谁就爱吧。

# 第十四章　学习军

第一条　一切儿童、男女青年都属于这个学习军，直到他们在劳动和科学上取得了进入社会所需要的技术和知识的年限为止。

第二条　学习军受男女教师的领导，这些教师都是各技工团的成员。

第三条　学习军要学习一切科学和艺术并且习惯于做一切的劳动。

第四条　凡三人团指定认为是对于社会特别必要的劳动，应该为学习军的绝大多数所熟练和掌握。

第五条　学习军的工作应该这样来领导，就是：除了青年们的学习之外，从学习军里还应该生产出一种对社会有利的物质资料。

第六条　男女学生的劳动时间由教导人员按照学生的年龄和体力来规定。

第七条　青年主要应该能习惯于最繁重的劳动。在这里教导人员必须带头给他们做出一个最好的榜样。

第八条　学习军分为两部，女部和男部，各有他们特别的指导团和科学院，后者的成员和成年人的真正的技工团和科学院一样，以同一的方式选出。

第九条　但是这种非成年人的技工团和科学院的主席以及它们的行业理事会的成员既不是由学习军，也不是从学习军中选出的，而是由真正的技工团、科学院和工作理事会，并且是从后者之中选出的。

第十条　学习军也有交易小时和事业封锁，但是它的目的只能是为了培养知识的欲望，而不是培养肉体享受的欲望；因此在学习军的生产舒适品的劳动中不制造任何幻想的、奢侈的和美味的物品。

第十一条　这种组织的目的在于使青年们习惯于成年人的社会组织，在于培养他们的能力，使他们能保持欲望的平衡，以及一般地说特别是在于更早、更强地培养他们的知识的欲望和能力，先于他们的获得和享受的欲望和能力。

第十二条　一切男女学生，凡在学习军里由于突出的才能、勤勉和技巧而成为技工团的成员者，如果在进入成年人社会时，愿意在大学里进修他们的科学知识，他们在大学里的学习应算作为劳动时间。

第十三条　进入大学学习对于其他一切进入成年社会的男女学生同样也完全自由，但是只有对于前条所指的学生这种学习才算作劳动时间。

第十四条　一切男女学生在他们离开学习军之前，必须经过一次关于他们在社会里必须具备的学识和能力的考试。

第十五条　按照志愿参加某一行业的人数的多少、以决定对报考这一行业者的考试的难易。

第十六条　凡考试不及格的学生，得在学习军里继续学习一个时期。

第十七条　凡是技工团的成员，当他们在某一对于社会有益的行业里选定了他们的劳动时间，就可以不先经过考试而直接就业。

第十八条　任何人不具备完全健康的体格，不得离开学习军。

第十九条　如果多数医生宣告某一个这样的男、女学生的健康状况不可能治愈，并且宣告这样的人与社会混居对于社会有害，这样的学生就被送往为了这个目的而在河流或近海岛屿上特设的疗养院。（参阅第十二章第六、第七、第九条）

第二十条　因此学习军处于教师和卫生委员会的监督之下，并且这个组织和其余的组织一样受三人团的最高领导。[26)]

# 第十五章　哲学的医学

一个秩序良好的社会既没有犯罪，也没有法律和刑罚，我们今天所叫做犯罪的一切事，都是社会不良秩序的结果。如果我们扫除了这种不良秩序，那就只剩下了人类的自然的疾病和缺点的残余；但是这种残余却不是能用法律和刑罚，而是要用治疗的手段去消除的。

如果我们从社会的观点来观察一下今天社会在思想和行为上的混乱，那么这种被人常常说得天花乱坠的19世纪的开明也就大大地昏暗无光，不足以欺骗我们的眼睛了。

往往在严肃的姿态和权利的借口下，我们的行动就像疯子和白痴一样。

我们把一个偷了邻人一件汗衫的可怜的穷鬼关起来，因为他一件汗衫也没有而这个邻人却有十二件汗衫，我们把他关了起来强迫他什么也不能做并从而只好养活他，并且由于我们所加之于他的鄙视，毁灭了他和他那贫苦可怜的家庭未来整个的生活幸福。对于一个用短尺、假秤和售卖腐败货物的商人，我们至多不过是罚他几个钱，而这些钱说到底无非还是由那些被骗的买主们拿出来的。

商人完全有这样的自由，他可以任意对他们的顾客抬高价格，但是劳动者只要有一次要求提高工资，主东们就拿起他们那警察条例对劳动者大发雷霆，为了好把丝毫一点丈夫气概从他脑子里驱逐净尽，以便那里面除了一个屈从的奴隶的草包以外什么也没有！

在我们这个社会里所谓秩序也不过就是如此：一片五颜六色的、颠三倒四的混乱！一种邪恶的、可诅咒的邪恶！为了凭一时高兴爱赦就赦，爱罚就罚，有没有任何一件坏事不是可以加上两种或是三种名称的？没有！一切被你们叫做犯罪并且被当作犯罪来处罚的事，在另一个方面，换一个名称就照样可以通行无阻。例如，所谓盗窃吧。

如果医生故意拖延一个富人的病症，以便能够多得些诊费，如果药剂师不配医生所开的有效的药物，而用一种假冒的混合物来代替贵重药品，难道这不是盗窃吗？

如果你们的那些律师们——在同一个案子中这一个代表这一方，那一个代表那一方——彼此商量好，让一造或者两造争讼到一直榨尽了他们囊中的最后一文钱，这难道不是盗窃？

如果你们的军事委员会出卖假证书，谁付得起钱，谁就可以不当兵，如果在同样的条件下人们也可以签发出国护照，通过这种方式进入腰包的钱，难道可以说不是盗窃？

如果你们的商人把最坏的不值钱的货品用高得可怕的售价出卖，如果他们因此在很短的期间内发了财或是成了豪富，能说他们的财富不是他们偷来的吗？——或者你们把这种重利盘剥也叫做应得的利润？

如果商人从厂主，而厂主又从那些已经饿着肚子等待工资的劳动者的微薄的工资上再刮一层皮，你们说，你们这些博爱主义者，这是不是盗窃？这是不是比我去找那么一个富翁偷掉他的财产的一半还要更可恨的盗窃？

而你们的贡赋和捐税，从很多方面来说不正是真正的盗窃吗？

一个人用暴力闯进我家里，扣押了我的财物，这是不是一个贼？因为一个人想要发财，于是劳动者就必须为小得可笑的一点代价给他劳动，这是不是一个无赖、一个流氓、一个骗子、强盗、窃贼？——啊，你们给这些人冠之以更有礼貌的头衔！这是不公正的！如果说你们在你们的社会里还不能没有犯罪，那就至少不要给它们起许多太不同的名称吧。谁是贼，就叫他贼，不要叫什么投机人、破产者、杂货商、典押者、税吏、流氓、骗子，等等。

你们不杀人，不！但是你们那血腥的板斧，你们那断头台，你们那非常大的兵工厂、枪械库，你们那常备军，你们那严酷的窒息的监狱，不是日日夜夜在叫嚣着杀人吗？

你们的劳动者所居住的疫病流传的恶浊的洞穴，你们那由你们所支持的社会制度供应给人民的不卫生的食品，它们难道不是在传播和扩大死亡吗？

那只是为了保卫带着一个布谷鸟或是一只毒蜘蛛的国徽而变

成了你们战场上的肥料的千千万万人，难道不都是被屠杀的吗？

大群贫苦的孩子因为缺乏必要的营养而早夭，这不是杀人吗？这不是对于无辜儿童的大批屠杀吗？

一切因为贫困和疲惫而慢慢地死去的大群人们，他们不是未尽天年而只是被你们的错误制度所杀死的吗？

战争和决斗，断头台和绞刑架，这些不都是杀人的特权吗？

如果大人物们的杀人越货已经不再能和中世纪的强盗骑士的抢掠行为比拟，这只是因为人们想出方法，把这些坏事的野蛮外表掩盖起来了，但是这种恶行本身还一直继续存在。

如果你们不肯去制止所有**这一切**杀人越货的勾当，而要去消灭其他的坏事，那么这就只能是你们的梦想，这是你们永远办不到的事，因为后者都是从前者产生的，或者至少也是和前者密切结合的。



如果那些制定法律的先生们也肯认真地注意一下，并且仔细地想一想，他们之中的每个人在他的一生里是否也会有一次落到要成为一个杀人犯或是盗窃的地步！——我相信，他们会明白，他们之所以没有成为杀人或是盗窃犯，往往只是因为没有碰上这种机会和这种环境而已。如果我们经常处在和一个盗窃或是杀人犯所处的同样环境里，谁又知道我们是否能抵抗得住做这种事的诱惑，或是那环境的压迫呢。

有些读者也许相信，在这方面他的前途是很保险的。好吧！把经验的学校上到底吧，它比许多大本子的厚书给你们的教训要多得多。至于我，我在这个不良的社会组织里已经不再相信我自己。我认为我是一切坏事都会做出来的，要看命运把我抛掷在哪一种境遇里而定。

我们看到过不少这样的事例，有些富人本来在合法的方式下就已经能够盗窃积聚得很多了，但是仍然有一种喜好，要用非法手段去盗窃。在德累斯登甚至有一个女人只是为了上断头台而死这样一个身后的声名，竟成了杀死她的女友的凶犯，并且事后并不表示丝毫后悔。这真正可以叫做：坏榜样破坏好风俗！

你们不再有圣·巴塞罗缪[①]的屠杀和宗教裁判的烈火来集体地屠杀和烧死你们的政治牺牲品了，但是你们发明了另一种更残酷、更可怕的痛苦；你们放过了对一个人的肉体的鞭挞，而是首先去枪杀他的精神生活。为此你们发明了那样一种可耻的野蛮的监狱，在这个监狱里你们把你们那些不幸的牺牲者陷在一种可怕的、永久的孤独寂寞之中，既不让他们看见太阳，也不让他们听见一个不幸的同伴的声息。只有经常暴露在他们那些无聊的狱卒的目光之下，不能脱离它的监视，甚至于觉察不到这些狱卒究竟在哪里，他们枯坐在那四壁之间的潮湿、霉臭、死寂、不变的永恒中，这是为了什么？——伟大的上帝！不得不去讨论这样一个问题，真要让一个人心碎。——那些首先实行这种可耻的办法的人，自称为是开明的！——诅咒归于你们这些现代的暴君！诅咒归于你这个可耻的发明者；永恒的诅咒！你不配受十九世纪的**地球所负载**。你这种无人性的东西应该出生在粗暴的野蛮时代；现在我们已经不用那些有经验、熟练的刽子手了，社会上已经有大量这样的人了。

① 参阅齐思和编著：《世界中世纪史讲义》，高等教育出版社 1957 年第 1 版，第 288 页。——中译本编者

你哭吧！哭吧！如果你只是误入歧途，如果在这种恶魔的计划里并没有隐藏着阴险的恶意、并没有隐藏着暴君的幸灾乐祸！哭吧！哭出那为一个垂死的人所有的最苦的悔过之泪吧！像叛徒犹大一样走去对他们说：我骗了我自己，并且也骗了你们！由于我的计划我成了地球上最可恨的暴君！请你们收回你们的颂词、官职、金钱和勋章吧！把这些黑暗的牢房拆毁吧；不然我死活都不能安心。这些无辜的不幸者的怨叹悲号咬啮着我的心。上帝饶恕我这个可怜的罪人吧！

呀，所有这一切荒唐，无稽的荒唐！——他们一个世代一个世代地纠缠在那些过了时的错误和偏见所打成的结上，而当他们要离开这些错误和偏见的时候，似乎解开这些结比当初他们自以为发明了这些东西的时候还要更加困难。

他们是在自作聪明！伟大的上帝，可怜他们吧，他们并不懂得更多些。上帝，你让他们取得的一点外国语知识和他们在本国语言上的流利既蒙蔽了他们自己，也蒙蔽了别人的眼睛，把假象当作了真实。

不错，当初的那种血腥的掠夺是比较地少了，它被组织得更好了，现在，人们称它为战争。但是有一种新的、现代化的掠夺愈来愈潜入我们之中，它从根上破坏着社会。这种掠夺就是商业，它的后果比从前的掠夺更可怕。对于后者人们究竟还可能来设法自卫。商业，随着时代的前进它已经成了一个强大的、无限扩张的、太上的掠夺王国，即使是皇帝和国王也必须向它纳贡。整个的商人大军占领了一切为全体人民所必需的生产和消费领域，在促进双方交换这个借口之下有计划地、经常不断地盗窃一切人。这也真是到时候了，应该让人民的眼睛看一看他们真正的处境，好认识这种商人大军对于他们真正说来是什么东西。这些现代的拦路大盗在社会里还受到特别的敬重哩。每逢人民要选举什么的时候，每逢必须处理他们切身的利益的时候，恰恰就正是选上了这样一些人，这些人由于他们的个人利益是必然要违反人民的利益的。因此被选为主席、市长、议员的一般都是商人。选民们相信，这些职位必须由一个巧言令色、擅长辞令、地位高而且有钱的人来担任。——正是由于这样，他们对于他们那绵绵无期的困苦也该自己负责。咳，何其可悲而又可叹！

怎么样，商人，你一定因为我这种议论而对我不满吧——那我也没有办法；但是此外我也可以再加上几句话作为你的安慰，这就是：商人作为商人，犹之乎窃贼一样，在今天的社会里也根本不可能有别的做法。谁要是形势逼得他不得不去搜刮聚敛，一遇到机会，他就会去搜刮聚敛；谁要是形势逼得他不得不去偷窃，一遇到机会，他就会去偷窃；这是在今天的社会里不可能别样的事。只要有商人，只要我们的立法者和他们的聪明智慧是用脑袋朝下站着的，就永远会有窃贼。金钱、商人和窃贼是三位一体不可分的坏事，或者毋宁说，是数不清的坏事的不可分的原因。为什么在古代财神是商人和窃贼的共同的神呢，如果不是因为在这两种职业发生之初就表现了一种内在的、密切的因缘的话？至于商人这个名称，——这里附带说一下——我所理解的是一切不依靠劳动，而是依靠盈利、利润、投机等等而生活的人。

现在请你们坦白而公正地仔细想一想，今天社会上所发生的你们所叫做犯罪的一切坏事，不都是社会的不良组织的结果吗？

强盗在盗劫时，如果不是怕人发现，怕那等待着他的可怕的刑罚，会被迫至于杀人吗？——如果窃贼和我们那些富豪一样，他想要什么，一招手就可以得到，他还会去偷窃吗？——如果一切的人都有同一的利益，人们还会为了个人的利益而吵闹、殴斗、诽谤、败坏他人名誉、仇视、欺诈、诡骗、钩心斗角、背信弃义等等吗？

如果人在他那社会里任何地方也遇不到游手好闲的人，如果他再也找不到不劳动而生活的办法，他还会在劳动的时候懒散不干吗？

如果其他人有的东西，每个人都能有；如果不再在婚姻上做任何地位、遗产或是早死的投机；如果任何人不再和今天一样为了利益和金钱而结识，而是一切结识都只是出于爱情和友谊；如果一个人不是完全为了生活而需要另一个人，而是每一个人的福利都从社会得到保障；如果被诱惑的青年男女不再因为他们那自然欲望的剧烈暴发而被社会所蔑视和迫害；如果在一件离婚事件中任何人都不会受损害。不论是婚姻当事人或是家族和子女的利益都不受损害；如果我们不再有那种可恨的戏剧，眼看着我们那些青年妇女，我们的女友和姊妹，怎么样费尽了一切可能想象的辛苦，把她们的青春和美貌为了善价而嫁给一个男人；如果财神的魔法一旦消失了，这种魔法使妇女的美丽的青春之花为富人的肉欲而开，而在花残叶落之后他们又把她们扔在我们怀里，我们把其中的若干又用我们的眼泪使她重新苏醒，虽然她们从前曾对于我们的困苦冷酷地、厌烦地闭上那清新的花朵；如果这样，人们还会经历这样一些金钱上的爱情活剧和爱情里的金钱活剧吗？

学习一下减法吧，你们这些道德家们，如果你们不会，那么请告诉我:所有你们称作为犯罪的这一切恶事,还剩些什么呢?

这是你们不知道并且也不愿意知道的,也许是因为你们害怕,这个问题的答案会破坏你们以及其他一些人的习惯的、舒适的安宁。

因此如果你们要消灭犯罪,那么你们就要去消除那犯罪所以产生的原因,但是如果你们认真从事这件事,你们会立刻发现,你们要去对付的并不是犯罪,而是罪恶和疾病。

如果某一个人行乞或是偷窃,他所以这样做是为了得到某种他所缺乏的东西;除此而外他没有其他更方便的办法,如果你们没有更方便的办法,你们也会这样做的。例如你们做生意;做生意比那些穷小子们行乞和偷窃的收入多得多。

平均计算,全法国十年之间所处罚的窃案每一件案子的窃款是二百四十五法郎。为了这一笔数目每个窃贼要论年地来赎罪,并且造成他一生的不幸。但是这样一笔小小的施舍乞丐的钱在交易的投机赌博中,几分钟里就从穷苦人民身上偷去了。



虽然生活并不逼迫你们,你们从早到晚忙得孜孜不休;如果窃贼有一个这样好油水的营生,他也会照样办的。

不!你们说,有很多懒于劳动的人!——但是这又有什么可怪呢?如果上层社会不是先给他们做出了一个好吃懒做的榜样吗?

大家都不肯这样驯顺地甘心受劳动的约束,特别是如果他们看到,在今天这个社会里那些狡谲的、有势力的人有可能倚靠为此而加到别人头上的劳动来生活。唉!他们想,如果这些或是那些人在那里什么也不做而生活得这样欢乐愉快,那么我也要想办法做到那样。坏的榜样会败坏好的风俗道德！

如果你们不愿意在社会里有游手好闲的人，那么你们就不要去养活那些一事不做的闲汉；如果你们不愿意在社会里有窃贼和花子，那就给每一个人别人同样也具有的东西。

当耶稣要到耶路撒冷去的时候，他没有钱买一匹驴子。他怎么办呢？他让人去求借吗？——不！而是他对他的门徒们说："去看一看，在这里或是那里你们总会找到一匹拴着的驴子，把它解开，给我牵来；如果有人问你们，就只说：'先生要用它。'"

今天如果在类似的情形下有一个人来，并且说："先生要用它"，人们就会连先生带门徒抓着衣领，一起捉将官里去，因为从那时候起我们已经变得更老练了。

也许耶稣故事里的这一个故事对此起了作用，教会长老们把某一个叫做克里斯的皮努斯鞋匠推尊为圣徒，因为他曾经偷了鞣皮匠的六张皮革，为了用来给穷苦的人们做鞋子。从此他就高升为鞋匠的护神。

今天谁要想由偷窃而成为圣徒，他就必须偷窃比皮革更多的东西了，如果他能偷来几个王国，把它献给教皇，或者他就可以成神了。

但是偷驴的故事和偷皮革的故事给我们清楚证明了，偷窃这个概念，按照不同的时代和民族，是怎样地变化不同的。

在俄国，人民最下层的阶级把小的偷窃看作是一种勇敢和能干；人们以此自傲，就像在我们这里青年人中间一样，谁能骗了一个大骗子，那是十分得意的事。在阿拉伯人那里，偷窃是远古以来就容许的事，就像在一切凡是在风俗里就生长着好客、财产的共享和自由的地方一样，因为**全体人**的自由只有在一种财产共有共享的情况下才是可想象的。但是在一个为了自由而一切财产都是共有共享的地方，社会也就根本不用去禁止偷窃了。27)

人的自由的本能也就像封闭在一个锅炉里的蒸汽一样；它既可以造成危险，如果人们把它闭得太紧的话，同样它也可以做出很多有益的事，如果我们懂得如何在一个制作完美的机器里给它一个有益的方向。因此我的任务就是要找到一种理想的社会制度，在这个制度里，除了涉及其他人的自由以外，可以给每一个人的自由本能以充分发展的机会，而同时并不妨害整体的和谐。

根据深入的研究，我现在发现，甚至法律，只要它是由少数人去为全体人制定的，在很多场合下对于全体人的自由是一种障碍。我不禁问：什么是法律？它是一个永久的或是暂时的强大的势力的表现！这就是简单的答案。这个所谓永久的势力就是自然律，并因此也只有它唯一是正面肯定的东西；而所谓暂时的势力则是其他我们一切的法律。后者，如果它们要是无害的东西，就必须只是对于前者的阐释；它们除了像我们的卫生条例那样的作用以外，不容许对于社会有其他作用，真的，为了不损害全体人的自由，它们应该并且也可能只是卫生条例这样的东西。

但是，作为卫生条例，它们就必须适合于整体的和谐，适合于个人的年龄、性别、欲望、能力以及他们的习惯，不同的气候，特别是必须与社会已有的进步相适应。

作为卫生条例，它们就必须在智慧和经验的学校里，通过知识的统治——而不是通过肉体欲望的统治——加以制定和补充。

作为卫生条例，人们除了把违犯这些法律的人看作是病人外，就不能把他们看作是别的，并且只有在他妨害欲望和能力的和谐的时候，才能把他看作是病人。这些人社会应该去治疗他，但是不能处之以刑罚。因此一切法律，凡是以处罚犯罪行为为目的的，都是对于个人自由的侵犯。

哲学的医学大致可以归纳为下列几条：

第一条　按照自然的法则，一个人在患病期间和其他的社会成员相比，就像在学习军里的儿童和青少年一样，是在一种未成年人的状态中。

第二条　因此一切病人在他患病期间，都处于医生的监护之下。

第三条　除去为了疗治精神和肉体上的病症所必须采取的手段以外，应该使病人在医院里的生活尽可能舒适。



第四条　凡是没有能证明他痊愈的一切表现的人，都不得出院回到社会里去。

第五条　因此一切精神和欲望病患者在他们出院之前，必须经过多次情感和欲望的测验。凡测验不及格者，不能出院。

第六条　一切凡是他们的健康状况由于放荡或其他可以为害于社会的病症而遭受严重损害并且只能在表面上恢复健康的人，都送到河上或是海边的岛上和他们的同病者住在一起，以免由于他们和社会的杂居和接触而把他们的病毒传给下一代。

第七条　在这个岛上的区域内，保证他们能享受其余社会的一切自由和娱乐，只要这些自由和娱乐是和整体的和谐以及他们自身的福利协调一致的。

第八条　一切不能治愈的精神和欲望病患者，这些人常常重犯同一的病症，并从而对于整体的和谐会发生危险，这些人都送往更遥远的地区或岛屿，取消他们和健康社会接触的任何机会。

第九条　任何人不得因为他的不能治疗的状态而以这种或那种方式被摒除于社会之外，如果这种状态并不能为害别人，或是还能找到一个医生愿意尝试作最后的治疗的话。（参阅第四章第十七条）

第十条　任何人，凡是试图规避为全体的福利而规定的规章制度，并因而为害整体的和谐者，都作为病人处理。

第十一条　凡是不肯自愿住入医院的病人，在经过通告之后立即停止他在成年健康人的社会里的食物、住所、衣着和工作的供应；以后这些东西他只有在医院里才能得到。在特殊的情况下，可以由医院的工作人员强迫他入院。

第十二条　疾病的宣告以下列的方式办理：如果一个人的朋友和同志发现他有一种病症的征兆，并且要求他立刻去治疗，倘若他拒绝不听劝告，家长就对他封锁住屋，工长和小队长对他封锁工作，食堂的主管对他封锁膳食，协会和供应单位的主管对他封锁酒类和清凉饮料，直到他能在交易簿上证明他已经痊愈，或是能以其他方式试行证明，他的病症并不是严重的、危险性的疾病，然后才停止封锁。（参阅第十章第十三、十四、十五、十八各条）

第十三条　如果证明一个人的病症的原因在于受了另一个人的传染，这样这后一个人也就有按照上文的规定去进行治疗的义务。

第十四条　任何由于欲望病而产生的劳动损失，而这些欲望病的原因在于舒适产品的过度享受，这些损失在年度结算时都加算在这种享受的消费者身上。例如一个协会每月从科学院得到价值一百劳动小时的烧酒供应，而这个团体里的一个酒鬼，由于一种因为过度享受而产生的疾病损失了三十个劳动小时在医院里，这个协会的其余成员就负有义务，在他们的交易簿上以相等的享受小时来抵消这三十个劳动小时。（参看第十章第十八条）

第十五条　在欲望病这个名目下，也包括一切对于通过交易小时而占有的享受的侵犯，这里侵犯是妨害整体和谐和个人自由的，同样也包括一切带有骚扰性的对于这些享受的保卫。（参看第十一章第八条）

第十六条　如果有很多证明某一种欲望病有威胁到整体和谐的危险，就由卫生委员会把这种情况通知工作理事会，于是工作理事会就或是把那种作为病症原因的物品普及化，或是完全停止那种物品的生产，视这一种或那一种方法最有效或可行而定。

以上这种或是和它类似的一种改善了的制度的实现使一切自从社会开始以来所制定的无数绝大多数不可理解和矛盾百出的法律都成为无用和可以废止的了。

在这里除去自然的规律以外不再需要任何其他的法律，自然的规律同时也就是一种全体和谐的法律。

在这里不会再有恶意的原告。

被妨害了的整体和谐以及被侵犯了的个人自由的呼声不是为了报复，而是为了援助。

医生的历经考验的智慧在这里不是造成专横的、可怕的法官，而是造成可敬爱的帮助者和劝告者。

在这里再没有要处罚的，而是只有要治疗的人，警察和宪兵在这种制度里是完全无用的人物。这个制度的最有效的宪兵是"饥饿"和它的伴侣"缺乏"。这一对小情侣在必要的时候会指示给每个欲望病患者他那痊愈的道路:就是进入医疗机构的道路。

# 第十六章　共有共享制的优点

没有穷人！因而也就再没有乞丐,再没有苦恼、忧虑、悲伤、绝望,再没有困苦的眼泪,再没有轻侮和藐视,再没有无知、愚蠢、粗鲁,再没有讨人厌的褴褛和浪荡,再没有惨白的、枯瘦的面孔和忧愁悲哀的姿态。

没有犯罪！因而也就再没有刑罚;再没有法官、警察、监狱、典狱长;再没有宪兵、法警、庭丁、律师;再没有诉讼、原告、被告;再没有法典、档案、屠刀、绞架、刑杖;再没有畏惧和恐怖;既没有矫揉造作的道德,也没有罪恶;再没有杀人凶犯、强盗、窃贼、欺诈者和骗子。



没有主人！因而也就再没有佣人,再没有男仆、女婢、小厮、伙计;再没有尊贵的和卑贱的,再没有命令和服从,再没有怨恨、妒忌、骄傲和自大,再没有嫌疑、迫害和压迫。

没有游手好闲的人！因而也就再没有无用的人,再没有使自己辛勤劳苦到又病又傻的奴隶;再没有对劳动的轻视和讥笑;再没有劳动的负担和为劳动的忧虑。

没有浪费的人！因而也就再没有匮乏,再没有挨饿和潦倒的人,再没有淫乐和奢豪;再没有那些无限制的、破坏社会精神和物质力量的感情上的困扰和痛苦。

没有擅权仗势的人！因而也就再没有奴役和压迫，再没有任意妄为和欲望的统治，再没有暴力行为，再没有刽子手和行刑助手；再没有对于公共自由的限制和对于人民的压榨；再没有捐税和贡赋，再没有反对党和兵役；再没有扣押、抢掠和洗劫；再没有常备军、碉堡和栅栏；再没有暴君和嗜好杀戮的人。

没有进步的限制！因而也就再没有伪造的博学，再没有神圣的谬论和幸运的骗子；再没有出版法、新闻检查和盖章制度；再没有那些百无一用的、浪费时间的学问，再没有对于欲望的压制，再没有对于知识和言论自由的压制。

再没有由于劳动的个别孤立化而产生的时间损失，因此可以达到普遍地减少劳动时间。

再没有无益的劳动！因此只要较少的劳动每个人就能得到他必要的、有益的和舒适的需要。



再没有由于在生活必需品的生产和消费上的个别孤立化而引起的浪费，因此就可以有为了一切人的节约和盈余。

只是燃料节约这一项，按照傅立叶的计算，就是惊人的。今天一百家人家在一百个各自的厨房、火炉和壁炉里所费的木柴，就可以建立三个厨房供九百家人口做饭之用，并且还可以利用这些柴火在冬季供住室取暖。同样，人们也可以对于面包房、铁匠、小五金匠、成衣匠等等的炉灶作更经济的利用。

几百万盒子、小盒子、桶子、硬纸盒子、包装布、包装纸、麻布、大量的篓子、手推车、四轮车以及无数小商小贩所需要的东西的生产，就都可以免掉了。

设立和管理千百个仓库、商店的劳动，大量小厨房、地窖、壁炉、箱笼、门栓和锁钥以及还有千百种其他的东西也都可以不要了。

同样，许多无用的文件的缮写，例如：买卖、租赁、师徒、婚姻、租佃、雇佣以及其他种种契约；利息和债务字据、遗嘱、指令、诉讼记录、典押簿、护照、旅客簿、税单以及一切这些杂七杂八的东西都可以废除了。

与此相同，许多城墙、篱笆、栅栏、壕沟、锁钥、门栓、锁链、铁丝网以及那一切为了保障私有财产的安全和维持专横势力而必要的，用于维持军队和法院的劳动，就一概都可以免去了。

为了寻找工作而漫无计划地来往旅行的事将会停止；同样，行李的携带也不会再有。人们将只是运载旅客，而不运衣服和工具，因为人们随处都可以得到这些东西。



寻找工作以及与此相关的忧虑烦恼也都会一概消失。

个人及其家庭生活的忧虑，以及由此而引起的夫妇之间的不和将会消失。

婚姻将是一件爱情和友谊的事业，而不是一种保障生活享用的手段。

儿童的良好教育将会是一件轻而易举的事，因为有的是父母的良好榜样。

娱乐将会采取一个比今天更好的、自然的、对个人的健康和发育更有益的方向。那种阻止成年人继续像在儿童时代一样嬉戏的错误的羞愧心理将会消失。

就像今天的儿童一样，将来成年人也会感到在露天旷野里奔跑跳跃，要比成天坐在烟雾弥漫的小酒馆里斗牌愉快得多。

人类将会更健壮、更美丽、更有精神、更生动活跃。许多种病症将会减轻，其他的一些病症将会通过医生的技术，结合管理机构的规章制度而完全根绝，这是在今天这个人人孤立的制度下所不可能办到的。各种隐秘的、皮肤以及其他疾病的传染，人们将很少再会见到。

对于一切他所必需的东西，人们将可以充分地享有，一切他所不必需的东西，和其他每个人一样，可以随他的意来任意选取。每个人都处于尽可能充分自由的状态中，生活得比今天更高兴愉快，因为一切力量都被引导到推动进步上，后者不断地创造出新的理想，这些理想是和社会的性质和构造相适应的，既不需要有任何法律，也不会遇到任何个人利益的抵抗。

女性将会和男性一样从一切野蛮压迫中完全解放出来。单凭这种妇女的解放就能使地球变成一个天堂；但是要实现耶稣的话："你应该爱你的敌人"，就还需要进一步废除犯罪、法律和刑罚，因为凡是存在犯罪、法律和刑罚的地方就不可能爱他的敌人；人不能同时既爱又予人以刑罚。

人们在每一块土地上将只种植那种为这一块土地所生产得最丰富、最优良的作物，而不会只是因为在这里需要它，因此费尽不可言喻的勤劳和辛苦去勉强种植一种在这块土地上不发育的、只能有很少、很坏的收获的作物；相反，人们用铁路和运河把一切地方联络起来，通过铁路和运河促进各种农产品的交换；人们能够在北方和在南方一样喝到丰富的葡萄酒，在南方喝到和葡萄酒一样丰富的啤酒，其他一切产品也都如此。在有特别优良的牧场草原的地方,人们就专门经营畜牧,而在那里酒和面包并不因此感到丝毫缺乏,就像在生产谷类和酒的地方也不缺乏肉食一样。

人们将可以放心安全地到处旅行,而不必害怕因为遇到窃贼、强盗和杀人犯,而有生命的危险。人们将能够如果愿意他就可以出去旅行,只要他能用交易小时来抵消规定的劳动时间的损失或是每天在劳动时间之后就出发到另一个地方去。在交通工具上绝没有任何不便;每个人都可以自由利用这些工具,并且它同样也属于有益的必需品之内;同样旅行的时间也不缺少,因为这一点是可以肯定的:如果在过渡时期战争不占用大量有益劳动力的话,在短短几年内一般的规定的劳动时间还可以降低到每天六小时以下。政治经济学家在多年以前就已经计算过,据说在共有共享的状态中全体人的必要和有益的需要只要每日三小时的劳动就可以满足。这一点我现在不能断定,但是无论如何每天六小时在和平的状态下是足够了。

这样的一个民族在战争中对他的敌人的优势是不可估计的。首先是由于平等而产生的热情,这种热情鼓舞一切人,把最胆小和最懦怯的人也变成一个英雄;其次是那种非常巨大的潜力;因为从劳动中节约下来的一切力量都可以用于战争,政府不必向有钱人求借款项,而在敌人方面却正是那样。敌人如果没有钱,就根本不能进行强有力的战争,但是他们却并不是想有钱就随时都可以弄到钱的。他们往往把希望寄托在敌国境内的征发上,但是当他们侵入的时候,在那里既找不到钱,也找不到食粮,因为一切东西都已经被深深地运往内地了,就连居民也是如此;只有从事耕作的武装了的农民,随着军需处留在那里,根据敌人推进的情况而或者撤往设防的据点，或者加入军队，以便加强军队的补充，或者撤入内地，所以敌人所得到的无非是空的城市和乡村，而且如果形势需要，连空的城市和乡村也没有。一个有一千万居民的国家，在这种情况下，可以组成一支二百万人的武装力量。在共有共享的社会里一切都是可能的，甚至不要钱可以进行战争！**并且主要正是因为这样，所以共有共享的社会有可能生存！**[28)]

# 第十七章　整个体系的概观

这个体系的基础是那些有关社会和个人的自然法则。在这里，科学中的成就和进步是整个体系的核心，社会的一切物质和精神力量都集中在这个核心里，然后，得到了新的生命力，又从这里流向社会制度的一切血管和脉络。只有这个核心是社会的唯一不变的基本法则，因为它是与社会制度有关的一切自然法则的集中以及一切改善和提高的总结。

其他的一切法规和指令都必须和它适应，因此它们对于社会来说不能是别的，而只能是一些暂时性的条例，因为进步的法则本身，除了现存事物的不断完善和提高以外，并没有为未来规定任何其他永久、不变的东西。

只要社会是按照进步的法则组织起来的，最伟大的天才，最聪明最有才智的头脑，就永远能够通过能力选举而被推举到事业的首要地位上去，任何个人利益和阴谋的统治就都成为不可能。因此社会制度的最好的管理也就得到了保证，并从而和这种管理一起保证了最好的劳动和享受的分配。

这样，在我指出了科学的应有地位，并且使一切人都有可能按照同样的条件以同一的方式去接近科学之后，我的主要的任务就是，如何在全体的和谐的范围内，为每个人对于自由的爱开拓一条最广阔的道路。

这里，首先必须保证的是每个人的生存和福利不受别人侵犯。这一点可以通过对于一切在生活上必要和有益的财富和劳动的共有共享制来实现。

一切使生活舒适、因而并不是生活上所必要的劳动和享受，我把它们从共有共享中提出来作为一种例外，以便给每个人的特殊的欲望以及他们的自由冲动一种回旋的余地。

各按照一个民族的文化程度进步发展的情况，这些例外可以逐渐减少，这是因为无益的或是有害的舒适享受日益稀少，而真正有益的舒适享受则日益普及化，这样一旦达到了这样一个阶段，就可以完全取消共有共享中的例外。

我把每一个人为了扩大他的自由和满足他的舒适享受的欲望而作用着、活动着的能力引导开去，如果这种自由和这种欲望可能威胁到在必要和有益产品的生产中引起生产不足。

我把社会比作一片草原，把欲望比作是用来灌溉这片草原的许多溪流。好啦！我自己想，流吧，随你们愿意流向哪里！你们愿意朝哪个方向就朝哪个方向流，交易小时永远是一个可以让你们在里面流的河床；这样就保障了个人的自由。但是在你们流得最汹涌的地方，人们就设上水车，用来把你们的水引导到草原上去。这些水车就是事业封锁；它们保障全体的和谐。此外，人们还要把那些对于草原的灌溉最有益的水流加宽和加深，而对那些对灌溉最有害的水流则筑上河坝。这是通过知识的统治来实现的，并因而也就保障了进步。警察和法律在这个体系里是不必要的，因为由于少数人的欲望而可能加之于其他人的任何损害，都由后者自愿地承担了，而任何为他们所不愿或不能负担的灾害和损失，则将在医疗机构中去消除。

不消说，交易小时和事业封锁的规定，不能是在大家庭联盟的全部范围内都是一样的往往在一个地方某种行业封锁了，在另一个地方它仍然开放。在这里这种或那种食品，这种或那种器具属于舒适享受，而在另一个地方它属于一般的需要。联盟的辖区愈广，其中的差别性也就愈大。这种差别同样扩大到劳动时间上，因为气候暑热的地区的人不像在气候寒冷的地区的人一样需要同样多的生活必需品。但是三人团将按照全体人的福利来调整这一切差别。



关于在将来所要置备的房屋、家具、衣服、娱乐等等的适用、美观、便利性，我认为不必用专章去讨论它，从而企图用享受的刺激来争取读者。每个人都可以很容易理解，凡是现在大家认为在某些房屋、家具、衣服以及其他物品上的一切有益、美观、适用、便利、舒适的地方，将来在共有共享的社会中就会同样普遍地为一切人设置起来。

现在，很可能在这个体系里还有许多重要的点没有触及；同样，对于许多读者来说也可能还有许多问题没有完全明了。不论哪一种情况，人们都可以用书面向“年轻一代”编辑部询问；后者将既乐于对不明了的地方作详细的解释，并且将乐于把有关进一步改善这里所提的这个体系的种种思想在它的期刊上发表。

# 第十八章　可能的过渡时期

一个病人如果通过一种剧烈的运动使他的血液循环加速流通，并因此排除了病毒或使后者自行消失了，这就是在身体上进行了一次革命。

如果凭着一种新的发明变更了一个行业的劳动和工具，而代之以另一种劳动和工具，这就是在这个行业里进行了一次革命。

如果通过哲学学说和风俗道德树立了一个新的方向，这就是在哲学学说和风俗道德上进行了一次革命。

因此总起来说：如果通过一种精神和物质力量上的优势使旧事物退让于新事物，这就是一次革命。

推翻旧的事物就是革命；因此进步只有通过革命才可以实现。

革命万岁！

在我们这些文明国家里，几乎没有一个人对于现存的事物完全满意。无论统治者和被统治者在有一点上他们都完全一致同意，就是必须进行某种改善，只是对于改善的目的和手段他们的意见各不相同，各按着那推动他们的特殊个人利益和一般利益而定。

他们似乎大家都愿望人类的幸福，但是只有极少数人为人类的幸福做一点事情，而在后者之中又只有极少数人是对于为此目的必须采取的手段见解是一致的。

现在，让我们来仔细考察一下这些经常被人提出来并且部分地施行过的手段中的若干手段：

**1）学校的改善；由国家负担贫苦儿童的教育**

这个手段不但是好的，而且也是很必要的；只是这样并不就等于限制了贫困。如果说令人可惊的绝大多数穷人都是无知识的，这并不足以证明，无知是他们贫穷的原因，因为如果是这样，就应该有些富家的蠢才是上帝的大地上的最穷的流浪汉，而很多有学问的穷人则是地球上的最富的居民之一了。不！贫穷并不产生于无知，同样富贵也不是来自学问和教育：但是只要还存在着有学问的穷人和无学问的穷人，那么贫穷在无学问的穷人身上就要比在有学问的穷人身上压得更重，因为每一个有手段可以通过别人的辛苦和劳动而使自己致富的人，为了这个目的必然永远是从这些劳动者之中挑选那些技巧和勤劳能给他挣来最大利益的人。只要还有富人存在，即使一切穷人都享受了最大可能的学校教育，情形也不会两样。

因此普及教育的唯一的结果只可能是这样，就是在教育普及之后，没有无知识的穷人，但是有大批受过教育的穷人；而普及教育的唯一好处则是，这些受过教育的穷人将不会再愚蠢到肯那样驯顺地忍受贫乏和穷困，并且也不会再卑屈到肯为了他们的生活而向人那样低声下气地奉承和求乞。

就像深沟是由掘土堆山而成的一样，贫困也是由财富的堆聚而生的。

无知识是财富的高峰上的一块绊脚石，是贫穷的泥淖里的一潭臭积水。

**2）出版自由**

好！我们是全心全意地赞成，因为没有出版自由我们还有什么作用呢；不过单凭出版自由，只是说，而并没有做什么。

正是那在物质需要上没有缺乏的，并因而在肉体上是自由的人，他才更感觉到同样也有在精神上自由的需要。这样的人就永远要求出版自由；这是他所缺少的盐，好为他的食物作调味之用；但是你们，你们要这盐有什么用呢，如果那些人根本不给你们食物？

如果你们有一天能强迫你们的敌人给你们每天所需要的面包，上天作保，他们也就不会拒绝给你们盐了。

那种你们应该为了全体人而去要求的自由，必须是一种统一的、普遍的、不可分的自由，而不是某种特殊的自由。任何其他的自由都或者是错误或者是欺骗。

在金钱制度下出版自由是不会完全的，因为可以用钱去收买那些下流作家。在这个制度里如果有一篇文章传播了真理，就会有其他的十篇文章来传播错误、谬论和谎话。

今天的这种出版自由，与其说是用来教育群众，毋宁说是用来豢养少数人。人们所以写作只是为了生活，因为人们没有钱就不能活下去写作。但是谁有钱呢？有钱的人。因此试图用他们的沉重的钱袋给文学定方向的人，正是这些有钱人。

谁要是为富人和有势力者的利益而写作，而他的作品如果能很好地达到这个目的，就能得到很多钱；但是如果有谁敢于为贫苦的人民而写作，他就会看到这个在金钱制度里的自由究竟是一种什么自由了。很多印刷所需要预付印刷费，他说，“因为我还没有听说过这个作家。”书店也宁肯按扣佣代销任何别的作品，而不愿意代销一本保卫穷人利益的书。为了他们的利益而写作的人，却没有钱来买书，而有钱买书的人，这种书又打断他们的兴致。

大部分的劳动阶级对于一切精神食粮的兴趣已经被消磨到这样的地步，他们几乎根本不看书。如果出现了一本写给穷人看并且也是为了穷人而写的作品显得危害到富人和有势力者的利益，他们就采取各种手段，以便回避已经承认了的出版自由。人们用一切利益来收买作者，好使他最后终于停止写作；人们说服那些印刷所，不要承印这样的著作，如果它还继续印，人们就威胁它，把其他赚钱多的印货一概不交给它们承印。

我们的“年轻一代”，就是用这个名称命名的那报刊，可以为金钱制度里的出版自由唱一曲小小的赞美诗。

这份刊物，在它出生之后不久，就不只是在伯尔尼和日内瓦遇到了一些怎样的障碍和阻难！



曾经有八个不同的人员经过了警察的传讯，有几个人是为了印刷，另一些人是为了传送这份刊物；为了这样好恐吓这个刊物的读者，阻止他们订阅这个刊物。

由此而来的下一步结果，是日内瓦少数几家有德文字模的印刷所都拒绝承印。有一个印刷所是害怕重新失掉摩尼安教会①的生意，后者已经更换过一次印刷所，因为这个印刷所曾暗中承印了当时三月三日社的宣传品；另一个印刷所是害怕失掉政府的生意；而另一个那时候也许正在希望得到政府的订货。只要出版自由一旦要威胁到少数人的特殊利益，他们是懂得如何在出版自由和利

① 摩敏（摩敏派），瑞士的虔敬教派。

益之间权衡轻重的。

此外，在伯尔尼还发生过警察局对编辑和库存期刊的追查；幸而两者都已经在通向限制比较宽的瓦德兰市的大道上了。否则他们也许当时就被宣布为一份很好的猎获物。难道这样也算是一种出版自由？对于富人可以说是，但是对于穷人不是。

由于这种种策略活动，“年轻一代”不得不两次迁移它的出版地。但是因此发生了什么样的不安和损失，特别是对于没有钱的人，这是每个人所易于想到的。这一切都发生在充分的出版自由之下，按照法律上的文字，它那出版自由比我们所需要的自由还更多；但是关于金钱制度在那些迂回曲折的道路上所设下的关卡和检查，在法典上是没有半个字明文记载的。

现在我们再算上法国基佐内阁方面的迫害，它为了向外国列强讨好，在我们的刊物已经多次被允许进入法国之后，忽然拒绝运入，而事先并不通知我们。它只是简单地命令边境官员，将来没收这种刊物。这样，和以前一样地经由合法的道路运去的一千二百份刊物就在边境上扣下了，并且据我们探悉，都在贝桑松焚毁了。有权势者对于私有财产就是这样来尊重的，而我们却鄙视任何种类的小偷。

如果说在不平等的制度里言论自由都不可能，怎么还会有出版自由！你且去和一些开明的、结过婚的、有固定职业的瑞士人谈一谈，他们会告诉你，他们怎么样必须小心翼翼、不要高声说出他们政治和社会信仰，为了恐怕失去雇主、工作和面包。如果说按照这种情况，在不平等的制度里言论自由已经不可能，而言论除了时间而外是根本毫无所费的，那就何况出版自由，当然更不可能了；

因为写文章印书是费钱的，而钱只有富人才绰绰有余，穷人是永远没有钱的。[29)]

总之，对于富人，出版自由是一件可能的事，而且他愈富也就愈可能，但是并非对于一切人都可能，不是对于不大富的人，也不是对于小康的人，尤其绝对不是对于穷人是可能的事。

算了吧，亲爱的弟兄们，别让那些政治骗子把我们再领到光明的背面去愚弄我们了，在那里他们永远是嘴里塞满了出版自由、祖国、民族等等的糊粥还加上种种这一类烹调好了的空话。人们迄今都在用所有这样一些政治菜单对我们颠倒黑白。一方面，是一些没有经验的、空洞的和爱虚荣的小伙子们在高等学院里学会了政治的祈祷文，并且按照他们所学过和读过的在我们面前祈祷，我们就随着唱阿门，因为我们不大明白那些话。就用这种方式，这批人欺骗他们自己也欺骗我们。另一方面是一些更狡猾的、地位更高的人，他们利用这些人的政治谬论，和另一些人那随声附和唱出来的阿门，他们却更懂得把时间用到对他们的利益更有好处的地方去，而不是用在空谈上；他们对我们装作同情，以便为反动争取时间。因此最后我们终究有一天会恍然大悟，变得聪明起来，再也不听任何空话，凡是不以达到一切人的自然的平等为目的，凡是不给我们物质利益的任何东西，我们一概都不支持。

有些骗子，他们喋喋不休地对你们说：你们首先需要精神的自由，然后再要求你们物质境遇上的改善。不要听信这些可怜的、可鄙的说谎的使徒；你们向他们要面包，他们给你们一块石头。无论什么地方和怎么样，只要可能，你们就用一切方式力求改善你们的生活境遇，无论什么时候，只要有行动的机会，你们就要行动起来。

言论和写作自由、职业自由、贸易自由、发表意见的自由，以及许许多多人工制造出来的自由，这一切都是说我们先吃一点亏，金钱制度就会乐于许给我们，因为它希望，通过这些魔术戏法迷惑[30)]我们，让我们忘掉我们的真正的利益。

你们必须要求**一切人**的自由，没有例外的全体人的自由！——但是这种自由只有用取消私有财产权和继承权，用废除金钱和恢复地产的共有共享才能达到的。其余的一切政治旧货都是这个主要事项的附带事项。看一看英国吧，你们这些瞎子，你们相信随着出版自由不久就可以获得一切，但是这个民族自从一百五十年以来已经有了出版自由了，而且是在任何其他只要是金钱制度存在的地方所尽可能有的这样完全的出版自由，但是这个国家的穷苦人民并没有比德国人民的最穷的阶级稍见开化些，在经历了一百五十年出版自由的善举之后，仍然有许多人为饥饿而死。三百年前英国国内的困苦和贫穷就已经很剧烈了，从那时候起就实行了救济税而且还不断地日益提高。[31)]因此，难道我们应该不去要求普遍的自由，而去要求出版自由吗？在人们还没有给我们面包的自由之前，就去要求盐吗？你们且四面看一看：一切要求盐的人，却并不像你们一样甚至于还没有必要的食粮呢。在他们的面前已经摆好了筵席，但是我们却还缺少好心的大自然给我们定下的全部膳食。一旦我们有了这些，我们也就会有盐了；一旦我们有了**一般的**自由，我们也就用不着再去要求那些由欺骗的制度所幻想出来的种种**特别的**自由了。特别的自由只有在不平等的制度里才有，在那里面，谁钱最多谁就最自由。

当然我们要出版自由，这是用不着多说的，但是我们要对于一

切人都是一样的自由;而这在金钱制度之下是不可能的。

**3）对一切穷人、病人和弱者的照顾**

这当然是求之不得的事了,但是不经过现存事物的革命却是不可能的。为什么?因为穷人太多,在我们文明国家里有三分之一以上的居民,他们所挣的钱不够他们的需要。法国三千三百万居民之中有一千二百万,英国两千七百万居民之中有一千五百万这样的人。如果人们真心要救济全部这些人,这不是通过救济院所能办到的事,而是只有通过各种劳动部门的**联合组织**。但是这样,其结果就将是一种正式的、完全的社会制度的革命,因为这样的联合组织就会逐渐地剥夺掉富人依靠牺牲贫穷、孤独、无告的人而使自己发财致富的一切手段。因此这终究将是一种真正的革命。但是革命是有钱人所绝对不乐意的事。如果说他们也谈到帮助和救济,那只是指那样一些由于疾病、年老、体弱而不能工作的穷苦人。但是如果人们只是救济那些已经丧失劳动力的人,那是对于现状绝不会有什么大改变的,社会的罪恶和它的巨大牺牲甚至不可能有一个短期的削减,更不必说完全消除了。

设立救济院和劳动教养所现在已经没有任何一般的用处,因为那些不幸的人在这些机构里一般比他们在外面那种衣食不给的状态中还更觉得不自由。因此才发生这种现象:社会上充满了不幸的失业者,但是向这些机关请求收容的人却并不拥挤。在金钱制度里设立和维持这些救济院和劳动教养所的经费,不得不由中层阶级和富人来出,但是他们又把这种损失加在那些不得不为他们而劳动的人身上,并从而把他们给了那些已经丧失劳动力的穷人的面包,又立刻从还有劳动力的穷人嘴里夺回来。他们从忍饥挨饿的人嘴里夺下面包，舍给那些和饥饿死亡挣扎的人。一切的重量和负担就这样一层层压下去，最富、最有势力的人压下去的分量愈重，被压迫的穷人也就愈往下沉，也就有愈多的中层阶级分子被推入贫穷的压迫之下，以便补充那些沉没了的人。

因此不要再在不平等制度下给穷人建筑那些救济院和劳动教养所吧；他根本不想去，只要他还有办法去劳动，还有办法去借、去骗、去求乞和去偷窃。你们可以看到，用你们那些所谓慈善机关和保险机关你们什么也没有改善；你们追逐积聚起来的财富就像魔鬼追逐灵魂一样，但是如果要消灭贫困，你们积聚的那一堆东西就必须削减。自从数千年来人们就已经告诉了你们这一点，但是你们对这个真理永远是充耳不闻的，在改善你们那些同信基督的同胞弟兄的生活境遇上直到现在竟除了救济箱和乞丐监督吏而外，还没有找到任何其他的办法。什么样的矛盾！救济箱和乞丐监督吏！唉！如果你们填满了那些救济箱，好好地付该付的劳动报酬，你们也就用不着再出钱雇什么乞丐监督吏了。忍耐地等着吧，如果你们不顾那日益增加的困苦，硬要不断扩大你们的钱堆，有一天你们会很容易知道，不论救济箱和乞丐监督吏，你们都可以一概用不着了。

颤抖吧，一旦穷人把这两样东西都变成为废物的时候！

**4）减低对必要和有益物品的税额和提高对奢侈品的税额**

说到奢侈税，那么这种税制始终不曾能够做到持久地减少奢侈。这仿佛有些奇怪，而实在却是这样。假定富人用外国衣料做衣服，喝外国酒等等必须比从前付两倍的钱，如果这些东西使他喜欢，加价的结果不是他就不再享用这些物品。不！而是他照付加倍的钱，如果他没有其他的办法得到这些东西的话，但是为了这样他就减少他从前的一切并非对他自己，而是对别人有利的支出，并且尽可能地增加他的收入，而这件事他是有办法的，因为他有钱。如果人们在某一方面阻碍他增加收入，他就转向另一方面。只要金钱制度还统治，凭着他的钱，他就是主人，因而就有办法把他所纳的一切捐税通过种种投机取巧的办法再转嫁到劳动者或是消费者头上去。至于说这一点确是如此。这是我们在今天的社会里已经看得明明白白的。今天在法国年纳地产税一千法郎以上的有一万三千三百家富翁，此外年纳地产税五百到一千法郎的有三万三千余家富翁，其他的一切捐税还不计算在内。现在我问一问每一个有理智的人，是不是这些富翁由于这样庞大的税款而在他们的富足和奢侈上受到丝毫损害呢。如果人们用一百个不同的名目再让他们出一百倍的税，他们也一样照付，只要政府印制足够的钞票和铸造足够的硬币就行了。但是他们所付出的一切，他们就又加在劳动产品和生活必需的价格上，因为在金钱制度里决定物价的人是他们，而不是政府。因此政府愈是通过穷人收入来支持奢侈税，由于富人在奢侈税以后所要的把戏，穷人会愈是增多。[32] 如果政府相信，在实行奢侈税之后可以救济十万穷人，一年之后就会又有其他十万个同样等待救济的人。

奢侈税在任何国家没有比在英国重。在那里该支出了怎样大的贫穷救济金！但是什么地方的奢侈和贫穷比在英国更剧烈？

在符顿堡，人们实行了一种狗税；但是这个地方的狗还是从七千头增加到一万两千头。现在这种税额还更提高了；但是再仔细算一下，可以看到，至少那种征税额最高的奢侈性的狗并没有丝毫减少，并且那收入也没有丝毫裨益，如果我们把这笔收入和日益增加的贫困在社会一般财富中所造成的亏损比较一下的话。

减低对必要和有益品的税率同样也是不起作用的；因为即使政府豁免一切对必要和有益品的税收，并且把它所需要的一切税收都加在奢侈品上，也不可能通过这种即使看来非常的手段而制止贫困的发展。

这样将无异于这个政府的撤职，因为那时候没有富人的同意一个政府将不能征收任何必要的税收。那时候富人只要暂时短期停止使用奢侈品，他们就可以使任何不属于他们的政府陷于瘫痪。正是富人们，因为一切劳动和享受的领导和交换都操在他们手里，因此他们对一切劳动和享受都在征税。

劳动者，由于下列的情况，根本早已在受富人的征税。他们在苛重的劳动以后得不到他们生活所需要的收入。而一切他所需要的，又必须以高出合理价格以上的价格去购买。

而金钱制度本身，在富人手里，就已经是一种最可怕的捐税，只有劳动者才必须用他的贫困和辛劳去缴纳这种捐税。这一点人们似乎永远忘掉了。但是只要这种捐税不废除，任何其他捐税的减免都是不中用的。

**5）财产税**

这种税是革命的；它防止财富在一个人手中的过大的积聚；但是它并不能防止积聚本身，所以也就不能防止由此而必然发生的他人的缺乏；因为如果其他人有的东西，有些人不能有，即使他们的一切生活必需都有保障，他们也会感觉缺乏。

财产税只是把太大的积聚分成许多较小的积聚。它的结果将会是产生一个强大的、小康的中产阶级，而这个阶级那时候就会来扮演从前富人和有势力者所扮演的角色。

这样金钱制度将会得到更多的顽强的保卫者，而反对这个制度的斗争对于贫穷、劳动的人民来说也就会更加困难了。

现在这些贫穷的劳动的人民受那种更加热衷于贪欲的富裕小市民的榨取至少和受从前那些吃足了的有钱人的榨取将同样厉害。33）

有人可以反对说：国家可以通过设立一个国家银行贷款给每一个勤勉的劳动者，让他设立一个营业。这样嘛！那就真是本末倒置了。并且是需要每一个人都通过互相竞争而成为一个分离的、孤立的小业主呢，还是优待其中的某一些人作为例外呢？并且谁应该是例外？但是有一点是充分证明了的，就是：通过这种个别分散必然要损失无数的劳动时间以及大量的物资。那样将必须有多少个别分散的作坊要由国家来出资建造，结果将要有多少由于无益的费用和毁灭性的破产而造成的损失呢？

并且那些单独一个人经营的事业根本也不可能和雇用十个或是二十个人经营的事业相竞争啊！

为了把这种错误抬到最高峰，有些人把它和设立国营作坊联系在一起。这虽然是好的，但是这种国营作坊的利益却正是和国家银行的利益相反的。

如果这种国营作坊不应该是一些现代的监狱的话；也就是说，如果在这里面的劳动是自愿的，并因此在这里面的工资也要和外面一般通行的相等的话，这两种组织之间就必然不得不进行一种竞争，直到两者之中有一个崩溃为止，而这种崩溃对于为上文所说的那样的目的而设立的国家银行来说是逃不脱的，如果政府真正是要去维护那些最多数、最穷困的阶级的利益的话。[34)]

国家银行所关心的利益应该是每一个银行债务人都能正规地照付他的借款的利息，以及该银行的实际的资产不得降至贷出的款项总额的价值之下，因为有了这种情况就会危及国家银行的生存。但是所有这一切弱小的、由国家银行支持的小作坊，要禁得住大规模的、必然受到政府优待的国家作坊的竞争并因而能履行它们对国家银行的义务，这怎么可能呢？如果那些国营作坊并不是一些强迫劳动营，在这种强迫劳动营里，人们是为了财主们的利益而劳动的，如果那国营银行的任务并不首先就是为了支持**商人**，那么这种计划就是一种严重的错误，如若不然，那就必然是一种政治欺骗。

我们假定，人们在国家银行里只贷款给这样的市民，后者是能以他们的财产或身份提供足够的担保的——在这种情况下这种银行的目的就和我们今天一切金钱把戏的目的一样完全是贵族性的——那么，这种财产税制度就是一种引起大量纠纷和误会的办法。用什么方式人们相信能够精确地监督每个人的收入，而没有失误，不会冤枉任何人，不会被欺骗呢？谁要是认为在今天的金钱制度里这是可能的话——在这个以个别分散为原则的制度里，每个人的收入、支出与其他人有这样悬殊的不同——他就还必须先解决一个任务，这就是：做出一个计划来，他想怎样按照这个计划在金钱制度里并且利用这个金钱制度来办理财产税，以及他如何能找到一种方法，在税额的分配上避免一切错误。

并且这也是一件很有趣的事，正是那些拥护财产税的人恰恰地是反对我们的原则的人，而富人们对于这种征税办法，和对于我们的个人自由的原则一样，都是漠不关心的。

主张财产税的人们只是要控制过分的巨富和过大的赤贫，并且要借助金钱制度来起作用！他们忘记了，金钱制度有一种磁力，它吸引一切，把一切集合成大堆。小堆财富刚由于大堆财富的分解而膨胀起来，反过来它们就又去冲击那挡住它们积聚的新堤坝了。财产税是革命的；它要求把富人的大堆财富变成较小的财富，并且增加和扩大中产阶级的小堆财富，它要求改善劳动者的境遇，要求使贫穷的程度变得比较地可以忍受些。这无论如何总是值得我们热烈欢迎的。如果人们相信这种革命可以用和平方式实现，那我们就全心全意地赞成；但是如果它还需要以一种剧烈的斗争作为代价，那我们就不能以此为满足了。凡是必须去争取得来的东西，那就必须是**对于一切人都是好的**，并且不能**对于任何人比别人更好些**。

**6）普遍的选举自由**

这也是在金钱制度下不可能的事。亲爱的老天爷！这种穷鬼和财神搞在一起的混乱把戏还没把我们厌烦死吗？如果我们有权写一个人名投到票箱里去，这又有什么用处；选举一过去，我们立刻可以看到，富人总是有理的，我们总是不对的。有钱能使鬼推磨，并且能使人们的意见像他们的情绪一样随时变化。这种例子我们在法国的各次革命里已经看见过，并且今天在金钱制度的政治选举中还到处可以看到。[35)]

在第一次法国革命里确实有过若干穷鬼参加了政府；他们在那里坐在那代表会议的庞大的人群之中，只有凭着恐怖来争取优势，因为会议上的利益太不同，并且因为凭着几百个立法者根本不能一下子做出重大的明智的决定来，而且不先经过无聊的争吵什么也不会通过，甚至在争吵之后也往往是最愚蠢的多数始终控制着战局。

为了补救这种情况，当时法国代表会议的各党派就彼此互相砍头，然后对最富有的和最有势力的贵族以及其他的人也同样照办。

各党派就是这样来补救选举制度的缺点的，这就是他们所懂得的办法。许多富人丧失了脑袋和金钱，但是财富本身并没有在这里掉了脑袋；它换了人，既不因此而丧失脑袋，也不因此丧失金钱。人们从个别人那里夺取来的东西，自会有其他人通过他们的投机取巧占为己有。如果说旧式的、老牌的财富从前是公开地表现自己的，那么新法炮制的财富就懂得如何狡猾地躲过窥伺者的眼光，并且在潜藏的暗地里去挖它的反对者的墙脚。

对贵族的屠杀和劫掠并没有阻止住贫困，因为贫困的制度并没有废除。人们只是说：我们要一个共和国，一个人民的统治，自由和平等；但是并没有定出来，怎么样来要这些东西。拍卖逃亡者的财产，减低捐税，这些只是让那些仅次于被通缉的富人的、最有钱人从中取利。现在这些人把三千三百万人的命运印在他们的钞票上，锁在他们的钱柜里。于是你们有了那每天五分钱的日子，去吧，去为它而奋斗吧，而你们另一些人是每天五块钱，但是小心，别让人把偷来的东西又给偷去了。

现在，这些人就在那里用他们的斗斛，用他们的尺子、天平、交易所、国家债券和钱袋统治起来了。人民在两次革命里自相残杀只是为了他们;他们分肥了从革命中被杀的贵族那里夺来的东西并且通过金钱的势力而篡窃了统治的地位。

因此我们不要聋了耳朵,瞎了眼睛,丧失了理智,我们既不要希望从共和国这个空洞的名词,也不要希望从所谓民治和自由选举得出什么我们的境遇的改变。症结在于金钱制度,罪恶的根是在那里,滋养这个根的汁水是在那里,并且任何地方埋得不像这里深。正是这个制度,它是我们必须用一切武器和它作斗争的,它是那动脉和血管,通过它,毒汁暗暗地流着,躲过了那些无知的人们的眼睛。今天我们还把一个人算在为我们的原则而奋斗的坚强战士之列,明天他可能已经被金钱制度的魔术所套住并且被争取过去了,而我们还没有注意到呢。

亲爱的兄弟,我们且把一切仔细检查一下！让我们不要再受骗了;选举自由我们也要！但不是今天金钱制度里的选举自由,因为这种选举自由只是一个欺骗。选举自由在金钱制度里不可能,就像全体人的自由在金钱制度里是不可能的一样;但是全体人的自由,这是我们所要的东西,只要有一点可能我们就要去达到它。



**7）联合组织**

好！很好！用这个办法可以有济于事。这个办法是革命的,但是我们不要迷惑了自己。只有名称,还不等于是事实,还必须看事情怎样去办。[36)]

一个联合组织,这是许多能力和欲望为同一个目的而集合起来的统一。但是这种集合和统一可以是自愿的,也可以是强迫的;它可以是为了某一个人,也可以是为了许多人或是一切人的利益而成立起来的,例如:士兵的兵营生活,就是一个为少数人的利益而强迫组织起来的很多人的欲望和能力的联合组织。一切大的监狱和劳动所，一切工厂以及一切劳动，凡是在少数有钱人手里被组成为一个联合的整体的，例如在矿山里，铁路上的劳动等等，都是同样的这样一种联合组织。

凡是在这样一些机构里的劳动者，都或多或少是为了少数人的利益而被联合组织起来的。

现在一切改革家（傅立叶主义者，共产主义者以及一般地说一切社会主义者）都建议为了重大的节约而把一切劳动互相联合统一起来。这使其他那些敏感的人大为震惊和恐惧，因为他们所谓的联合组织正是前面所说的那样的联合。

联合组织本身，这只是我们的原则的一个形式，而不是它的精神实质。一个联合组织，但是并不承认其中一切人的自然的平等，这仍然是可能的事，就像我上面所指出的那样。单凭联合组织我们只是在社会的缺陷上暂时涂一层糖，刷上一层白粉，但是对于我们的原则的实现我们并没有因此走近了一步。当然随着时间的过去，从这样一种状态里可能也会产生我们的原则的实现，但是那就是怎样不可想象的、危险的时间的损失，那时候人类就还要被迫哭出多少眼泪的河水来呵！联合组织虽然部分地驱除了群众的物质困苦，但是它也只是部分地废止了使人类遭受病害的罪恶；如果没有我们的原则，联合组织不可能把人类提高到使他能在那上面胜利地克服一切社会缺陷和弱点的知识的高峰。例如，一种按照傅立叶的制度的联合组织，它把自己称作为是一个和谐的联合组织！——而在他那制度里的这种联合组织却有三种不同的饮食、衣着和住宅等等的等级。它是以劳动、金钱和才能为基础的，而对于后面这两者的重视和供给要比对劳动更优越。这也能算是一个和谐的制度！——仿佛在这样一个制度里，就有可能可以预防妒忌、骄傲、轻蔑、浮夸、猜忌、讥讽、诽笑、恭顺、卑屈、虚荣、高傲、毁谤、阿谀、谴责、愤怒等等情感，并且可以防止敌视、争执和犯罪了。凡是存在着三种在生活方式上不同的阶级的地方，也就有三种不同的利益。如果说一个人有一个善于思考的头脑，是不是就可以由此得出结论，他一定比别人有更强的消化力或是一个更精致、敏感的口腔呢？——或是，这个头脑为了要思考，就必须人们让他的口腔比普通劳动者吃得更有味呢？[37]岂有此理的荒谬！这个荒谬，我们的傅立叶主义者用魔鬼的力量也摆脱不掉。他们仍然站在他们的老师1808年所站的地方，看来是还要僵死地站下去。前进吧！前进吧！你们这些社会主义学派的人物。

如果傅立叶知道，你们今天在思想上还没有向前挪动一个指头，他会把你们对他的敬仰看做是不肖的报答的。没有一个思想，没有一个理想会完善到这样的地步，以致它不能也不必更加完善了。

在对于资本的承认和报酬上，傅立叶犯了最可怕的错误；因为他为我们把商人也缝缀在这个否则将是——很美好的制度里；你们必须把他剔出去，傅立叶主义者！把资本扔到垃圾堆里去吧！这是在一件新衣裳上的旧补绽，带着这块补绽在实现你们那制度的时候，现在和未来的世世代代都会笑你们的。我们很明白，你们是要借此把那些财主们引诱到共产团体里来。好吧！你们怎么想，就怎么办吧；你们的想法似乎是好的，也许比你们的制度更好，但是，如果专制主义由于你们这个制度的罪过而加强了，并且用它那丑化一切的魔爪从你们这个制度里捏制出一个人类的监狱来，那么可怜的人类，你就要遭殃了。这样的前途在你们那制度来说是可能的；因此只要在资本、才能和劳动之间划下一个区划，那就是一文钱不值的东西。

只要你们坚持这一点；我们就是不同的人；因为我们的原则和财主们的原则是和天与地一样不同的。

因此，所有这一切联合组织按我的意见是不能促进人类的幸福的。傅立叶主义甚至不能改善那最大量、最穷困阶级的生活，因为这个制度的实施是以事先建造全新的建筑物为前提的。[38]但是贫苦的人民却等不及这样的事，更不必说那些由于新建筑的完成而愈益增加的联合组织将把他们的困苦推向可怕的程度，因为他们既不可能再和这样的联合组织竞争，又不可能被收容到这些组织中去。

因此一个关于联合组织的计划，如果它的目的是在于人类的福利和改善最多数、最穷困阶级的生活境遇，这个计划就必须是大规模的，普及的：1. 必须每个人都有自由和可能加入这个组织。其次这样一个联合组织必须：2. 保证它的全部成员无区别地都享有一种同等的生活地位。此外人们必须能够：3. 在这个组织里比在个别分散的社会里生活得更自由、更舒适。

这三点是一个好的、革命的联合组织的试金石；其他的一切联合组织虽然也可以是革命的，但是不能是对于**一切人**都是好的。

因此不多费词，率直地说吧：革命是我们所必需的。至于这个革命是否只是单凭纯粹精神的力量去取得胜利，还是要配合上物质的暴力，我们必须等着瞧，并且无论如何我们要对这两种场合都有所准备。

如果我不是首先，主要为了**全体人**的自然的平等着想，我也许会这样不同地说：我们的原则将可以完全只是沿着渐进的改良的道路来实现。是的！一切好事都可以在这条道路上实现，唯有铲除那些有钱有势的人的个人利益不能走这条道路。

试问人们在哪里曾看见过，这些人肯倾听理性的说话？如果你们怀疑，去问一问历史吧，它们的每一页上都载满了个人利益和一般利益的数不清的斗争。

许多宗教是通过战争和革命而传布的；许多王朝是通过战争和革命来变换、保持和巩固的；宗教改革的承认是人们通过战争和革命强迫争取来的。

英国、法国、瑞士、美国、西班牙、瑞典、挪威、荷兰、比利时、希腊、土耳其、海地以及一切国家，它们每一次政治自由的增长都是依仗着革命得来的。



奥地利幸赖它的皇帝约瑟夫二世进行了最重大的革命，这是一个君主在新的时代里为了进步所曾采取过的一次革命。他为此而牺牲了性命，据说，死于在夜宴上人们递给他的一张下了毒的圣饼。从此在那里很多事情又恢复了巨蟹星座里的情形。

约瑟夫二世是一个革命的君主；如果弗里德里希·威廉四世也想这样，他就必须从头做起；因为普鲁士人民的文化程度和当时的奥地利人民相比所要求的就更多了。

约瑟夫所给予人民的多于当时人民所懂得去要求的；而弗里德里希·威廉到现在还远远落在人民的需要后面。

任何重大的改革只有通过革命才能实现；因为任何旧事物被

新事物的代替都是一次革命。新的理想的实现，不论它是由人民或是由一个君主所推动的，不论它只是通过物质的力量或是通过精神的力量或是通过两者来争取的，总之它是一次革命。

革命是永远会有的，只是它不一定永远是流血的革命。

同样我们的原则也要通过一次革命来实现。但是目前的这种混乱状态持续愈久，革命的经过也就会愈可怕；因为这种混乱不断地更加增加需要和居民之间的极端的失调，从而使一种温和的、和平的、渐进的过渡愈益成为不可能。

就像一个自然人按照他的身体组织、劳动情况以及气候、季节等等必须有一定质量和数量的食物以维持生活，并且，这些食物在一定程度上不容缩减和恶化而不同时损害到这个个体的健康和生命一样，同样一切个人的总和，社会本身也是这样：在一定程度上不容缩减为它的生命所必需的食物的质量和数量，而不同时危害到它的福利和存在。

我们的化学家和医生，如果他们有胆量的话，是能够清楚，明确地证实这一点的。特别是医生应该有一天会起来大声地宣扬真理的呼声。医生们，通过由医学科学所得出的证明，即：人类的极大多数疾病、缺陷和罪过都是由于过重、过久的劳动，由于食物营养的不足和恶劣以及特别是由于不良的社会组织而来的，通过这个证明，他们将为我们的原则作出最有力的宣传。

有人曾经规定，每个成年健康人所需的食品在质量和数量上必须和一个法国兵的口粮相等，并且不能有任何减缩而不损害到个体的健康。

在牛奶不充足的地方，补充人的体力的主要食品是大量地食用的肉类；因此大致每天每一个成年人需要三分之一磅左右。但是如果人们今天，例如说，要在法国一举而普遍实行共有共享制，人们在开始时就不可能给每个需要肉的人每天三分之一磅肉，因为不然将会在短期间内把一切现存的牧群都消费光。这看来似乎很奇怪，因为在各个大城市里的大多数小手工业者本来差不多每天就吃三分之一磅肉。不错，但是这些人虽然多，而比较起大群的工厂工人和乡村农民来，却还只是一个很小的数目。

这种一个国家的牲畜数量和人口之间的比例失调，就是这个国家具有一个不良的政府的最明显的证据。

人民是否有吃的，现有的牧群数和仓库里的存量是否足敷人民的需要，这是今天的那些政府很少关心或根本不去关心的事。只要**他们**，那些当政者们自己能够生活在快乐丰足中，他们的统治的目的就算达到了。对于他们和他们的家族来说，面前摆的永远是吃喝不尽的最好的肉，最上好的食品和饮料；他们还关心什么别人的不足；他们的统治根本不是为了别人，而是统治别人为了自己。



因此这也就不足为怪，如果说人民的单纯的、绵羊一样的忍耐会一旦变成一种不可羁勒的鬣狗式的暴怒。受到保护的愚蠢、荒谬和不义堆积得太多了。以前，人们还可以用毛掸子来拂去不正当的行为，而现在就必须用笤帚来扫除，不久就有用粪叉子的必要了。

我在这里只想举一个例来证明，目前的情况持续愈久，革命的经历就会愈可怕。

法国现在大约有六百六十八万一千头牛。其中大约每年宰杀三分之一，以致牛的数量虽然有随时繁殖以及国外输入的补充，但是和人口的增加相比，仍然有重大的减少，而那些吃肉的游手好闲者却不断地增加，因此肉价愈来愈贵，而工资却愈来愈少，现在已经有许多农民几乎每月吃不到一块肉。

现在我们以每头牛平均出六百磅可食用的肉计算，这样法国全部牧群的存量共可出产肉四十亿零八百六十万磅。

只要人们在三千三百万的法国人中供应两千四百万人每天三分之一磅定量的肉，一年就要吃去二十九亿两千万磅，因此尽管继续有繁殖，两年之内就要把全部现存的牛群吃光，第二年就要吃到羊和家禽，然后再吃到残余的猪、马、狗和猫。

据统计学家计算，如果人们把今天法国所消费的一切的肉平均分配，每人每日还得不到四分之一磅。

有人也许可以说：是的！但是也还有其他牧畜过剩的国家哩，它们可以用他们的余额来供应法国。



完全对！例如瑞士就输送许多牧群到法国去；但是这是不是就是一个证据，可以说明，它的牧群太多了呢？

在瑞士有许多地方，在那里牛奶和马铃薯是唯一的食品。我曾经在琉瑟恩省的一个地方看见过一些七周岁的孩子，他们不知道面包是什么东西。这些孩子们的母亲已经三年没有享受过面包；更不必说这些人有一块肉或是一碗肉汤送进他们嘴里了。在许多德语区里，大多数雇农和农妇只有在星期天才吃一次肉。

爱尔兰把肉类和粮食供应给英国的市场，而十分之九的本土居民却大部分依赖马铃薯生活。

因此在金钱制度下，一个国家的某些产品出口并不足以证明这些产品和它的人口相比已经有富足和多余。

这并不是说，一个人为了生存和劳动在他的食品里绝对地必须有肉；何况事实上那些游手好闲和从事无益工作的人也早已比那些必须汗流满面地去挣他们的面包吃的人更习惯于吃肉了；但是正因为这样，对于前面那种人来说变革也就更加痛苦，如果在一次社会革命之后，武装了的人民群众起来坚持要求根本推翻一切而拒绝任何渐进的措施的话。

在德国，它的牲畜表面上比法国多，并且它的数目也到处在增加，但是增加的程度还是赶不上人口：甚至，根据最近摩尔教授受法国政府委托所作的统计调查，德国的平均消费量甚至还小于法国。

你们看！我们那些聪明睿智、至尊至贵的政府给我们造成的就是这种状况。在一切国家里必需品的生产与人口增加之间的失调都在走向同一的可怕的前途，并且这个前途愈往下走，就愈更可怕。

而那时候，那种愚蠢的恶意的蠢才们，像通常一样，又会来责备那些未来的革命者们的残酷和暴虐了，如果后者为了消除罪恶，不得不给社会动一次痛苦的手术的话。

今天，如果说什么地方必需品的生产有富余的话，那也只是一种偶然，因为政府并没有对此尽任何力。如果这些政府是以共有共享为原则，而不是以分散孤立为原则的政府，那么它就要说：因为我们的化学家和医生已经证明，一个人必须有一定质量和数量的食品才能维持生活，因此必须把必要的食品的生产提高到和增长的人口保持一个正确的比例：因此至少每三个人必须有一头牛。

但是牛数不够这个比例:因此我们必须把我们那些高贵的大人先生们也算在里面。

今天,如果共有共享制在任何一国普遍实现,在这个国家里不论最初的第一或第二年都不允许宰杀太多的小牛;同样,在这段时期我们还必须在牛奶和肉类的享受上厉行最大程度的节约,只有对从事最繁重劳动的劳动者才配给他全份的肉食供应。我们将必须忍受这样的牺牲,以便尽可能迅速地成倍增加牲畜数量,并使它能和人口保持一个正确的比例。此外人们还必须下决心把一切供奢侈用的马匹都驯练为耕马和战马,任何牧场草地不得改为农田,并且必须以最大的关心注意用于农业和牧畜事业。不止如此,人们还必须从邻近的,还没有实行共有共享制的各国尽可能大量地输入牲畜和食物。而在那里,我们除了用加倍的、加若干倍的价格去收买这些东西以外,是没有其他办法的。为此,凡是能搜寻出来的一切金子、银子都必须用于这个目的。人们要这些废物有什么用,根本又不能吃它。而如果这些国家的当权者禁止输出的话,那就不得不对他们进行前所未有的最可怕的战争,而在这一点上我们比那些生活在旧秩序里的其他社会是更有力量的。但是,在这种情况下就只有我们的战士才能吃到丰富足够的肉类。在战时,最好的酒和最好的肉都供应给战士;而其余的人就可以在节约上来考验和证明他们的贡献,以便每一个人都有机会,可以把他的个人利益贡献给现存和未来世代的全体人的福利。

但是,正是因为这样,就是现存的社会关系是这样一种状况,它迫使未来的共有共享制的创立者不得不在接任行政管理之初便立即厉行一种严格的节约,因为必须立即约束住某些人的已经恶

化了的欲望，并且即使这样也还并不能满足眼前的急迫需要和人的合理的愿望——正是因为这样，因此在人口和它的全体成员的生活福利所必需的产品之间的失调愈剧烈，改革的经历也就愈显得可怕。你们试想象一下，如果一切国家的人数最多的阶级的境况都贫困到像在英国一样；你们试想象如果在这样的情况下暴发了一次社会革命；试问那时候胜利了的人民会仅仅满足于渐进的办法吗？试问由于急速、彻底地摧毁了一切现存的事物，能够不严重地侵犯到那一切长期习惯于旧制度的、耽于淫乐的富人们的生存和利益吗？

你们愈是在国内造成更大的贫乏，那么一旦人民在一次革命之后要求和你们平等地享受的时候，你们的困乏也就愈甚了。现在人们明白我的意思了吧？



目前我们有些什么手段可以来推行这种社会改革？这就是：

1. 继续进行教育和说服。[39)]

在这方面除了我们个人的热情外，我们还要利用出版自由和法庭的公开审判。借此就能把我们的言论说出去。

2. **把现在已经存在的混乱状态加速地推到它的最高峰**。在这方面需要有若干人的牺牲，最好是那些地位高的、为一切社会阶级视为典范的、德高望重的人物。借此就把事情做起来了。

这第二个手段，一旦人民的忍耐的线已经被扯断了，那是**最后**也是**最可靠**的手段。

如果尽管有一切合理的理由，而那些政府也不采取措施来改善人数最多的最穷困的阶级的处境，相反，如果混乱不断地继续增长，那么一切凡是在宣传启发之外还有一点胆量勇气的人，就必须停止再去反对这种混乱，相反，他们应该设法把它推到最高峰。从而使贫苦人民在那增长的混乱中得到一种满足和快乐，就像士兵在战争中得到了一种快乐一样，而那些被压迫的人在这种情况下所感到的不便就像富人们在战争中所感到的不便一样。

如果他们不愿意听，他们总不能不感觉；那时候被他们所保卫的那个混乱我们就不去保卫它了；那时候那迄今几乎是由我们单独承担的这个混乱的恶果，就必须由他们一起来分担了。那时候，总而言之，他们那个混乱的制度对于他们将糟糕到这样的地步，甚至它对于他们将比那漫漫无期的奴隶制对于我们来说还更可厌些。

当我们必须应用这第二个手段的时候，那时候我们就没有必要再去进行说服启发，再去建立系统和提出各种改善的建议了，那时候我们就没有必要再说我们要什么，而是只要把凡是我们所不要的一切，都用这个办法去对付它。

但是只要有可能应用这个手段，这本身就说明了这个社会的组织的一无是处；因为如果这个组织对**一切人**都是好的，这个手段也就起不了作用了。

此外关于这一点没有什么可说。

以一种过于漫长的秩序去进行过渡，这不是一个可取的办法。如果人们手上有了力量，就必须一下子把蛇的头打烂，也就是说不是要在敌人中造成流血屠杀或是劫夺他们的自由，而是要把他们用来危害我们的手段夺取过来。

如果人们在过渡时期不去削弱富人和有势力者的影响，如果人们还保障他们的一部分自私利益，人们就给了贫穷的、受苦的人民一个道义上的坏榜样，并且如果那样一个人还剩下些什么贫乏的、远不足够的手段可以用来减低人民的困苦呢，这种困苦即使用最激进的方法也不是那么容易一下子消除的，因为它已经侵蚀得太深了。甚至用最激进的改革的方法，人们也不能一开始就满足广大人民群众的自然的欲望并因而把残余的物资都完全消费净尽，而是必须对残余的物资厉行这样的节约，使它在短时期内能成倍地增加起来，然后人们才能增加享受和减少劳动；甚至劳动时间在最初两年内也不能立即减少到每天六小时，因为那时候迫切地需要开垦一切荒地，建造为生产和产品的交换所必需的铁路，运河以及工厂、机器。此外在这个时期内很可能战争还要占去大量强壮的人手。因此如果说用最激进的方法也不可能在最初两年内大大减轻人民的负担或是大量增加他们的享受，那么如果除此而外还要去保障那些被击败了的富人和有势力者的特权，那就会不成话了。这是不可能的！但是，也没有必要强迫那些习惯于淫乐和无所事事的富人去劳动和放弃财产，而是必须通过他们的财富的逐渐消损而使他们不必有剧烈的冲击而一步步地习惯于其他社会成员的自然的享受。

在推翻了现存秩序之后，凡是为了使最初两年内的牺牲变得轻些而可能去做的事都必须着手做起来；因此，在组织劳动和管理的同时，必须立即把**一切凡是受到社会供养和维持的人**的生活地位作一律平等的安排，一切人都没有第一和最末的区别。

这是第一个也是最必要的一个措施，并且同时它也是新组织的基础。

在战争中指挥军队的将军，在劳动中的组织者和领导者，在他们的一切生活必需上不得优于最年轻的鼓手或是公路上的砸石子的人。如果在战时全部肉食口粮都供给了军队之用，那么领导者就必须和其他的劳动者完全一样地度斋日。如果对于农民和工人每月有十五天斋日，对于行政管理机关和学者也就同样有十五天的斋日。如果要求人民耐心地忍受那在开始时所必要的节约，那么这种节约的榜样必须在一开始就做出来。

如果我们希望有一个尽可能地缓和的过渡时期，那么我们就再没有时间可以浪费了。现在，治疗社会的罪恶已经不可能不应用种种暂时性的毒药，已经不能不带有那由此而来的、被动的混乱的扩展；但是在五十到一百年这种情况就会更加可怕得多。

因此我们不要说，人类对这件事还没有成熟。凡是能够躲避开困苦加在他的脖子上的那把刀子的事，人类都有能力去做的。对于这件事还需要什么长篇大论的学究式的讲解呢！每个人都可以看得清清楚楚，对于一切人，一个自由的制度总比一个奴隶制度好些！



如果人们让穷人注意看一看那些储积起来的产品，并且对他说："去劳动！然后你就去取吧！"他就会完全懂得，有要比一无所有好！

最糊涂的人也不会糊涂到拒绝送上门来的利益的。但是我们的原则是那些最多数、最穷困的阶级的利益。因此我们是不会失败的，如果我们懂得如何利用那个混乱的制度随时提供给我们的种种机会去以毒攻毒的话。

反对个人的战争或是流血的革命，我们让那些政治家去干；反对私有财产的战争或是精神的革命，必须我们来干。

在平静的时期我们就宣传教育，在暴风雨里，我们就起来行动。

一旦风暴来临，就不能再像当年在哈姆巴哈那样为了无用的讲论去浪费宝贵的时间了：而是必须像闪电一样地迅速行动，必须趁着人民还生活在第一次欢腾鼓舞的热情中的时候像闪电一样迅速地一击连着一击打下去。

并且那时候，也就不容许还四处去寻觅一个领导人，那时候不容许在领导人的选举上再多费挑剔。谁第一个首先站起来，谁就第一个带头往前冲，谁勇敢地坚持下去，并且在坚持斗争中把他的生活放在和其他一切人平等的地位上，他就是领导者。

并且绝不容许和敌人停战，绝不容许和敌人进行谈判，不容许信任敌人的任何诺言。一旦他们发动了战争，就只能把他们看作是没有理性的野兽，野兽是没有懂人话的能力的。



这些，也就是在一种全民性的运动时期里的行动纲领，也就是说在这样一些时期，在这些时期人们又会想要把我们利用为一些革命的工具，以便借我们的力来更换统治我们的人。

但是每一个在一开始就宣告以实现我们的原则为目的的运动，换言之，每一个社会主义的革命都将以一种和迄今一切革命不同的方式开始。在这样的革命里，人们将不会去和大炮厮杀，那是敌人的最强大的所在，也不会试图通过对于个别的暴君的暗杀来达到目的。这是既靠不住而且往往是有害的对付敌人的手段。如果人民一旦恨透了压迫的枷锁并想要结果它，就不应该对人作战，而是要对**私有财产**作战。这是我们的敌人的最软弱的一面。

假如和预料的相反，那些当权有势的人为了破坏我们的原则的实现，要把我们拘束在一种监狱式的共有共享组织里，假如他们想要把劳动和享受的联合组织为他们自己以及富人的利益服务，就像他们在营业自由上曾经利用过并且还在利用的那样，那么我们的哲学家们就必须放出那最可怕的烧夷弹，后者那时候是唯一能够破坏敌人的计划并使它失效的办法。那时候就必须宣扬一种迄今还没有人宣扬过的伦理，并将使任何自私的统治成为不可能的伦理；一种伦理，它把人民永远要吃亏的街垒战变成为持久的游击战，后者将拆穿和粉碎富人在穷人身上的一切投机，并且是军队、宪兵、警察的力量所不能制止的；一种伦理，它将给我们带来整个整个军团的战斗员，后者的合作我们直到现在还望而生畏；一种伦理，它使我们的敌人除去我们的原则而外将找不到任何其他救命圈；一种伦理，它必将带来个人利益的统治的瓦解和崩溃。

但是这种伦理只有在拥挤在我们的大城市里的、陷于无边的穷困的、完全绝望的群众之中才能作有效的宣传。这句话一旦说出来，就是发出了一个新战术的信号，对于这种战术我们的敌人现在，并且永远都是无法抵御的。



如果人们要把我们压到这种弹簧上，那么我们就有义务让它跳起来，纵然因此要发生二十年可怕的混乱状态。每个人尽他所能自己去想办法。但是这种新的伦理，甚至耶稣基督已经做出过榜样，它的效用是一定不会失误的。

关于这方面也不必多说了。

如果说到善良的愿望，那么当然我也愿望，一切都能随着时代在一条平静的、理性的道路上前进。但是一个真正把人民的福利放在心上的政府，它现在就已经应该力图通过贤明的措施，使人类的食品、肉、面包、蔬菜等等的生产和不断地日益增加的人口保持正当的比例，从而在一个一定的时期内得有这样的可能，使每个成年人在营养、居住和服装上都至少达到一个士兵的水平。如果一个政府向着这个目的努力，并且达到了这个目的，那么当然那种粗野的、残暴的、可怕的改革的景象也就可以随之消失了；那时候我们就真正可以希望，在说服的道路上去达到克服自私的个人利益。但是这样的快乐我们恐怕很难会得到；下面这一点就可以为证：现在大多数学者，如果他们去考虑那日益增加的贫困的可怕时，显然也发现到，在人口数量和作为他们生活必需的牧群和粮食之间有一种日益增长的比例失调；但是他们并不是去寻找如何增加牲畜和粮食产品的方法，而毋宁说是建议怎么样去控制人口的过度增加。如果其中也有某一个人提出一个好意的建议来，这种建议在它的效用上也永远是那样微小，以致几乎是开玩笑。



有些人建议，政府应该减低盐税，以便农民不至于在烹调食物上花费得这样昂贵；另一些人建议，人们应该对于农业多投资本，以便农业有能力日益提高和扩大牧畜饲养。这一切都是不够的，不起作用的方法；因为即使如此——事实上根本不会有这样的事——法国的牛和其他牧群真正增加了两倍甚至三倍，从而将来人们在两千五百万成年人中平均每人每天可以供应半磅肉，在现在这个个别分散的、自私的制度里仍然会有这种情况：许多人即使这样也是空手而去没有肉吃。只要有两百万人，由于他们有力量买，每人每天消费两磅肉，另外四百万人每人每天消费一磅肉，合起来他们就一并吃掉了其他一千万人的配给量。只要劳动没有组织起来，只要一切人的自然的平等没有被承认，一切所谓改良都无非是一出可笑的、骗人的喜剧而已。

如果一个政府真心想要在这上面把事情做好，它就必须把牲畜贸易和屠宰业定为专卖事业，就像现在在邮政和烟叶种植上已经实行的那样，然后对全国的每一个人，在一种和他的收入相应的财产税的基础上，保障他某一与他的收入大致相当的每年肉类需要的总量。但是这一点，如果没有一种高尚的、对于迄今存在的个人私利的自我牺牲，他们还是办不到的。无疑，他们会把它弄成一种就像他们的烟草专卖那样的专卖事业的，如果不是因为他们害怕因此必然会引起一触即发的革命的话；因为如果政府和官吏把肉类营业都掌握在他们手里，人民就会更难于那么漠然地、忍耐地往他们那松弛的胃囊里填塞马铃薯，特别是如果他们看到那肥大的烤肉在肉商和官吏的餐席上热气蒸腾的话。因此人们还不敢冒这个险把肉类和面包定为专卖事业，人们不愿和我们均分，但是也还要避免露出那副穷凶极恶和贪吃的丑相；因此他们就让目前的状态拖下去，人们希望，那不断增加的贫困可以把我们驯服并且把我们的人数减少到这样，以致最后我们还不如马那样可怕。

因此我们需要一个过渡时期，不论是目前，也不论是什么样的，总之只要是一个愉快的，强有力的过渡时期。

最值得希望的过渡时期当然是这样：一旦由于任何某一个国家的革命而有某一个人掌握了政权，这个人以最大的热忱倾心于我们的原则，把他的幸福、他的荣誉、他的生命都寄托在实现这个原则上。但是这样的一个人是要来到的，并且他将领导那旧制度的破坏和新制度的建立；而这样的一个人将是第二个救世主，比第一个救世主更伟大。

现在人们完全明白我的意思了吧！革命一旦成功，并且建立了一个按我们所说的意义下的政府，也就是说把这样一些人物放在首脑的地位上，后者从就职的第一天起就采取这样一种平凡简单、永远只是人民中最低的人那样的生活方式，那就完全没有必要用强力去剥夺那些曾经是我们敌人的富人和有势力的人的生命财富和自由。不！相反，这将是新政府的一个很大的错误，因为这样它就将为自己引起很多的误解和偏见。

一个革命政府在推翻了旧势力之后所应该立即采取的一些最初的措施，当然，按照各种不同的情况在不同的学派、民族和个人看来可以是很不同的。

按我个人的意见，下面这些事是必需的：

1. 一切肮脏、破烂的衣裳，一切朽烂、残破的家具，一切霉臭、倒坍的房屋一概焚毁和拆掉，一切贫苦的人都暂时安置在公共建筑和富人的家宅里，同样，从现存大量的新服装里发给他们衣服。



2. 一切借据、债券和支票在行政管理人员的业务中一概宣告为无效，同样一切继承权和贵族特权也都取消。

3. 劳动的组织工作从各个事业部门里的选举开始。**每一个被当选为行政管理最高负责人的人必须把他的一切田产和财产交入行政管理的共有共享团体，倘或不然，就作为放弃当选。**

4. **管理机构**和**军队**的一切成员，以及一般地说一切凡是由国家维持他的生活的人，一律共同生活在共有共享的制度中；从而就永远废除了国家最高领导人和最小的职员以及军官和士兵之间的贫、富，贵、贱的差别。

5. 一切现存的金银都作为向外国购买食品和军事物资之用。对于在国内的事业管理间的交往，废止使用金钱。捐税以未加工的自然产物缴纳；**任何职员一概不给薪俸**，军队只有在敌国时才发给薪饷，而且是各个人彼此相同，无论将军或是普通士兵，一律都是同等的薪饷。

6. 一切逃亡国外者的产业均行没收并宣告出卖无效，对于任何闲置不加利用的田地，如果证实这种田地是可供耕种的，也都同样办理。

7. 一切国家和教会的田产一律收归共有共享的集体作公益之用，再没有由国家支付薪俸的教士，无论他是犹太教徒、异教徒、基督徒或是土耳其人。凡需要一个教士的教区，应由该教区自筹供应他的费用。

8. 但是如果教士们愿意在行政管理中担任一个位置，并因而在共有共享的集体内生活，前条的规定即行撤销。

9. 每个要求加入共有共享的集体的人，可以并且也必须在和其余一切人同等的条件下被批准加入。

10. 任何已经丧失劳动力的人都得在上述同一的条件下被批准加入。

11. 除了在农业和军队之外，行政管理机关必须把它最主要的活动放在学校的增加和改善上。

12. 在每个村镇，每个城市，和每个地区里凡有四分之三的居民决议，把他们的田产交归共有共享的集体，其余的四分之一居民必须顺从办理。

13. 学校里的宗教课程必须是一般的；这种课程既不得偏于

天主教，也不得偏于耶稣新教或基督教中其他无数宗派中的任何一个宗派。一切宗教派别应完全排除在学校以外，特别是排除在一切儿童教育的机构之外。

14. 对于生活在共有共享的集体中，但是不属于战斗部队的个人，法律一律废除。对于在战斗部队中以及在战争进行地区中的其他一切人，法律将被部分地保留。

15. 在战争期间，每一个由医生断定为不可能治愈的欲望病患者在没有被放逐之前先拨交给军队。在这样的时期这种办法也可以应用于一切欲望病患者，如果这种病人的人数在一个进行战争的过渡时期内有过分大量的增加的话。[40)]

通过这样一些措施，其他一切就会自然地产生。在过渡时期大家都会乐于承担各种必要的牺牲，如果行政管理者首先在这上面带头作出一个好榜样的话。但是，如果行政管理者出于他个人的私利而在一般的制度中作为一个例外，那么就不能不因此又重新毁坏了这个辛苦建立起来的事业。事实上，这只是说明人们很无知，如果人们相信一个曾冒着各种危险宣扬并且实践过平等的原则的人，在这种平等既已实现之后，会又在这里面去找寻他的个人利益。当然那些政治家们在每一次革命之后都可能是这样做的；但是迄今为止，人们也还没有把全体人的平等和放弃他们的贪欲作为条件来要求过他们。

通过这种办法，把一切失业者，特别是一切要求有一个工作的人都收纳到共有共享的集体里来，金钱制度就失去了它继续存在的一切手段。通过政府在它的内部事务上不再需要金钱这一件事，金钱就已经失去了它的一个重要的活动场所；再则，由于行政管理把一切在它领导下的工作都让共有共享集团的成员来做，金钱就更没有用武之地了。

每个在旧社会里没有工作的人，或是工资很低的人，都会乐意加入共有共享的集体，在那里他穿得更好，吃得更好，又不需要做过强的劳动，他和他的家庭从此消除了一切顾虑，并且在休息的时间内一切娱乐，例如：郊游、戏剧、舞会、音乐会等等都是对他充分供应的。这样，所有那些继续生活在旧制度里的人，如果他们需要劳动者，就必须提高劳动者的工资，并且即使在还没有实行这个制度的地方，也使他们不能不付出更适当的报酬。但是他们不可能，特别是不可能长久地这样做，而当行政管理机关以及全部共有共享的集体丝毫不买他们的东西的时候，他们就更不能维持。因此他们，如果不是很富裕的话，在短时期内也就不得不加入共有共享的集体，或是带着他们的钱跑到外国去。因此即使是瞎了眼睛的人也可以看明白他们的利益所在，那些最顽强的敌对者人们也会用和平的方式去消除他们。

行政管理机关没收任何闲置不耕种的土地，这个办法是用来防止那种可能发生的情况，就是有些地主因为用微薄得可笑的价格雇不到佣工，就宁肯把土地闲置起来不种。通过这种办法，就可以预防从改革之中可能发生的任何对社会的危害。

通过让每个人自己直接维持他的僧侣和教士的办法——在金钱制度里的人们可以按照他们随意的方式，共有共享集体中的人可以通过交易小时，如果他的教士不愿意加入集体的话——通过这种办法，我认为，每个人可以更好地看出来，一个教士一年要花费他多少。谁如果自己不需要教士，也就没有必要为了教士而劳动。迷信和成见用这样的方法就可以通过个人的利益而受到削弱和限制，各种宗教将会因为洗去了教士们的肮脏利益而更加纯洁和高尚，并且随着这些教士的肮脏的利益一起，那些宗教的争执和仇恨也就会逐渐地消失。各种僧侣教士也就要努力使自己逐渐去过一种劳动的、不是自私的生活；许多人将用他们的双手的劳动来挣他们的生活，并且从这里面得到愉快，而每逢星期日的时候就对集合起来的人民进行讲道；这在共有共享的集体生活中是很可能的事，因为那时候人人都会比现在有更多的时间和资力。我觉得这是最好的方法，以便向一切宗教派别灌输宽容和和睦精神；即使最顽固、最迷信的愚人，也会由此而逐渐地得到理解和醒悟的。



如果我们的僧侣教士不能不每星期或是每个月到农民家里去一次，去向他们挨家挨户地索取他的薪俸的一部分，不久也就会丧失了他那道貌岸然的假面具的，人们不久也就会明白，这种僧侣的职务原来是每个受过教育的农民都能担任的，如果他有这个时间和兴趣的话。并且这也不是什么少有罕见的事。

为了促使各教派的合一，人们必须不绝对地支持**任何**一个教派，也不特别地攻击**任何**一个教派；因为每一个教派都是有它的缺点的。即使它们不能合一，也无关紧要；甚至我认为，它们是永远不会合一的。将来永远继续会有很多不同的、宗教的、哲学的思想存在，并且这也很好，因为这可以有一种调剂，这是一种在社会上可以允许存在的色调上的变化。只是人们必须把个人的利益和它分开，必须不把任何思想，任何宗教当成是国家的思想，国家的宗教，这是因为在哲学和宗教的思想里永远会出现矛盾，这些矛盾，如果一旦这一或那一宗教或哲学的思想篡窃了国家政权的领导，就会对于整体的和谐与自由不利。只有在它们是进步的思想的时候，种种不同的思想才能对整体的领导发生影响。但是为此，这些思想必须由进步人士承认为是有益的思想，并且经过考验证明这些思想和理想是能实现的，并且它们的实现对社会来说是一种福利。

只有进步才是人类主导的、不变的法则，其他一切法则都是从属于它、随着它而变化的，但是它们不能构成一个特别的法则；因为它们不是永久的、不变的东西。

因此在学校里也只应该一般地讲授宗教课程，使一切不同的宗教教派都能得到满足；在那里不容许特别高抬任何宗教。首先是儿童对这种宗派的杂货摊完全没有理解，并且对它感到反感，因为它是和纯粹的原则不相容的，其次，这种宗派杂货摊也对于整体的和谐有害，如果以任何片面的方式把它灌输给青年们的话。我可以以我自身为例说明这一点；这件事费了多少年的努力，才最后把种种愚蠢的和灌输进去的荒谬思想从脑子里驱除出去。所以一切改教的劝导，一切宗派事务都必须摒除于学校的大门之外，国家在学校里既不承认，也不提倡这些东西。谁要愿意进行改教劝导和宗派事务，他可以有充分的自由向成年人去进行，因为成年人的理解力通过一种良好的教育已经成熟了。但是在儿童情形就不是这样；因此人们也就不应该用幻想的假象来刺激他们的幼弱的理解力。并且果真在一个人的思想中有什么真东西、好东西的话，也只有成年人才能比儿童更好地来判断。

这些或是类似的一些措施，将可以在大约三年的期间内，不用

什么残暴的强制手段，把这个新的社会制度普遍地推行起来，并且可以防止发生任何倒退；因为差不多到那个时候，一切以前的私有财产的界限的痕迹都已经消失了，并因而使得任何倒退都不可能了。

由于金钱制度失去了价值，因此财主们也就失去了纠合党羽的手段，不能再从事反对和破坏这个原则的活动了；此外，由于劳动人民群众踊跃参加共有共享的集体，对于这个集体的关心爱护也跟着日益增加。此外由于各地普遍举行的四分之三居民的表决，在凡是有这样的多数存在的地方，共有共享的集体将迅速地发展起来。那些把一个人和另一个人的私有财产分开的疆界、栅栏、篱笆、围墙、壕沟等等都将逐渐地消灭。同样通过上述的措施，个别分散的牲畜将合并成日益巨大的牧群，到牧草丰富的地区去放牧。巨大的、宽敞的畜厩将会盖起来，以代替那许许多多粗劣窄小的畜栏，并且储备，食粮、饮料都储藏在巨大的仓库和地窖里，从而任何人不可能再认得出他那从前的个别分散的私有财产来，即使在这个或那个城市里由于外来敌人的帮助，也许还可能有人进行某种反动的倒算。

在这种场合下，如果从前的私有财产主说："多少多少头牲畜是属于我的；我的田地曾扩展到这里或是那里"，其余的人就会反对他，因为每一个人都怕在恢复原状时会遭受损失。

人们再想一想，行政管理方面具有怎样强有力的手段，在凡是它认为必要的地方，就可以集合起四分之三的多数。那里缺乏这种多数，它只要把它的共有共享集体的分子迁几百或几千名到那里去，就可以确保这种多数，但是有钱人却不能这样办，因为这要花费他们太大的牺牲。

此外，谁又强迫行政管理方面必须接受这种四分之三的多数呢？它根本也可以通过简单的、绝对的多数来完成它的工作。我想人们不会提出反对说，不是一切人都有能力，能对他们的物质需要作出决定的。每个人当然是有这样的能力的，这是无需什么精神和教育的准备。

如果今天就能让大家来对共有共享的制度进行投票表决，虽然在群众中还存在着许多成见和误解，但是一个压倒的多数是根本无可怀疑的；问题只在于，怎样来编制和拟定这样一个建议。

因为战争是过渡时期的一件不可避免的恶事，因为，为了制止战争，目前还没有比战争更有力的其他手段，因此就有必要尽可能最有效地用这个手段来对付我们的敌人，如果他们敢于挑起战争的话。因此在任何要实行的改革中不得丝毫削弱对付这种恶事的力量，只要我们还不能不用它来作为一种以毒攻毒的手段。

因此，在整个过渡时期中纪律必须保持，同样，在凡是战争蔓延的地方，一部分旧的法律必须继续保持。

一切凡是不加入新的、没有法律的社会制度的个人，都按照旧制度的法律加以管理。

那些自愿加入新制度，但是由于对在旧社会里习惯了的欲望的不克制而对新制度有害的人，在过渡时期将由卫生委员会把他们送往战区，并置于战时法律的管制之下。

以上这些措施的作用在于，它们能把战争这件恶事有效地用作为反对战争、反对那旧日的所谓社会秩序的以毒攻毒的手段。

如果一旦我们能得到一些掌握某一个政府政权的人物，这些人愿意实现我们的原则，那么我们就可以没有流血的革命而赢得我们这一局。那时候谁对新事物新秩序感到不满，可以带着他的财神卷起铺盖走，并且可以感谢上帝，那被激怒的一代不会对他行使报复。当然，再让他们去盗窃，这是绝对不允许的了。人们允许他们丰衣足食直到死，这已经是太宽大了。

但是我们将怎样才能得到一个这样的行政管理呢？

看来很可能要通过欧洲最近和最大的革命运动之一。

让我们充满信心地等待着那最后一次的风暴！如果在这次风暴中我们失败了，那就让我们采取我们的最后手段！

人一般地都喜欢变化、运动、进步；没有比一种强加于他的、永恒的、单调无味的一成不变的东西更使他不能忍受的了；这种东西他总是力图用全力去反抗它。因此也就永远要有革命，或者是通过暴力，或者是通过精神的力量，或者是同时通过两者而去掀起这种革命。目前，刀剑还没有完全让位于笔墨；但是会有一个刀剑让位于笔墨的时代到来。那时候一次次的革命就不会再是流血的革命了。



现在我们是站在十字路口。我们所应该去期待的那些革命是属于一种混合式的；物质的和精神的力量将一起来发动这些革命。不论是物质和精神的力量都只有通过那些激起这些力量的利益才能起作用；正因为这样，因此我们对于我们的前途抱有最大的希望：因为再没有任何东西能比我们的原则为社会提供更多的好处和更大的利益了。

但是，现在一切革命者都在努力认真地研究下面这样一个问题：怎样我们才能够成功地争取人民群众来拥护这一或那一种方案？

而如果我们坚强地、勇敢地利用一切机会来为我们的原则工作，最后将会表明，未来的革命者除了我们的旗帜以外不可能成功地升起任何其他的旗帜；那时候任何革命的努力都将是为了我们的原则而战，直到它的胜利实现为止。

因此现在我们所要做的，就只是要争取永远保持对我们的原则的旺盛热情；其他的一切都会自然产生的。我们要大声地、公开地讨论、宣扬这个原则，并且不允许任何人阻挡我们这样做，不论是粗俗的蠢汉或是盘踞在高位上的暴君都不得阻拦；那时候，这个原则的实现的时机就不会很远了。[41)]

有些庸俗政治家认为，人们必须首先争取一种他们称之为共和国的不平等的状态，人们必须首先进行一种政治革命，也就是说，必须在政府里换一批人，必须为了学识和金钱特权阶级的利益去推翻君主和贵族们。对于这一点我的意见是：如果我们不得不作一次牺牲，那就最好是为了那既对于我们也对于社会最必要的东西而牺牲。我们，人民，既然反正不得不自己去动手收拾一切，那又何必要在别人手里去帮着干呢？这些人如果一旦得到了他们所想望的东西，他们就会和今天那些野兽一样，当着掠获物而对我们龇牙咧嘴的。我们是不把任何党派的利益和全体的利益割裂开来的；但是谁不要全体的利益，谁所要求的不是为了全体而去要求的，谁就不会得到我们的支持。现在，那些有钱人和有学问的人也对现存的秩序不满；因此我们要小心，只要我们还有理由不满足，就不要去帮他们满足。不满足的人数量愈大，影响愈广，一种由于这种情况而产生的运动的成功的希望也愈大。

对于我们德国人来说，进行一次政治革命要比进行一次社会革命难得多，因为，只有通过大规模的、震惊世界的事件，特别是只有**通过那种在一转瞬间人们就能为那人数最多和最穷困的阶级提供的物质利益**，才能拭去那些宗教分歧的成见和那在德国各族人民间至今起着很大影响的相互敌视。任何能做到这一点的革命都是一次社会革命。那些政治家们所谋求的德国的统一，只有通过一次社会革命才最有可能。

今天的德国农民不是那么容易用空话鼓动得起来的。他可以为了一截烤香肠，如果他真需要的话，和为了他的君主和那共和国一样地牺牲。他恐怕还不一定不知道什么是一个共和国哩！但是如果我对他说："将来你应该生活得像你那上级一样好"，并且如果他看到事情也真是这样；总而言之，如果他看明白了，这是关系到他本身利益的事，那时候他就可以被争取到这个运动一边来了。

我们单凭着利益就能争取到人民大众；如果我们要等待到一切人都被宣传教育得明明白白了，就像人们一般所借口推衍的那样，那就等于是说完全取消和放弃这件事：因为永远不会有一天一个民族会全部都达到同等的启明程度，尤其是当社会上还继续存在着不平等和个人利益的斗争的时候。首先这些个人利益必须融化在普遍、一般的利益之中，然后才会有更进一步的普遍的启明。只要受教育、受启发的条件（没有挂虑，生活得以维持，时间，机会）还不平等的时候，全体的一般的启明也就不会可能。

现存事物的倾覆也很可能通过一个君主来进行。当然这是一件很可怀疑，但也绝非不可能的事。这个君主可以不论是来自那里，来自皇家的宝座，也可以来自小民的茅舍；如果他连同他的皇冕和王笏一起把利己主义的偏见和特殊利益都一齐抛掷到垃圾堆里去，这个英勇的斗士，直到社会完善地组织起来以前，就是一个应该受到我们欢迎的独裁者。

有些人也许要批评我，说我把实现好事情的希望寄托在一种通过暴力的颠覆上。对于这些人我必须回答说，事情本来是怎样，我就把它说成是怎样，特别是我向来不惯于假装一种欺骗人的看法。但是现存的一切未来就自身孕育着革命的胚胎和养分；那旧制度本来就是在革命和战争中生存活动的。并不是我们的原则，而是那现存的事物，它造成和促进了混乱。我们只是要在这种混乱本身已经为一种暴力的倾覆酝酿和准备了条件的时候，利用它来结束这种事物的状态。现在，在人们所说的那样“天下太平”的时候，目前的社会状况所表现在我们眼前的一幅图景已经无非是混乱、仇恨、革命和战争。现有的那些常备军，兵工厂，大量积储的战争物资，警察条律，法律，刑罚，大量的犯罪，挤满了囚犯的监狱，难道这一切不都是表示和证明了战争、革命和混乱吗？无论如何它们总不是证明太平。造成这一切恐怖和残酷的难道是我们吗？这些恐怖的残酷的东西在我们的原则传播之前不是久已存在了的吗？它们不是几乎永远被用来镇压任何不属于当权者的意见的吗？因此如果我们在一个这样的情况下竟预见不到会暴发一种暴力性的灾难，那才奇怪呢。而如果我们，在这种灾难暴发的时候，不去努力把它引导到一个对于全体的福利有益的方向去，那就是一种在我们方面的失职了。

但是如果我们坦白地表明我们所要求的是什么，毫不掩饰事情的实质，人们就能把我们说成是一种犯罪吗？

我们所要求的一切，我们不都是为了一切人，不论穷人和富人，不论友人和敌人，毫无差别地要求的吗？

如果我们强迫那些富人和有势力者也要让我们活下去——他们和他们的祖先的财富是靠着我们这些人的劳动得来的——，这难道算是我们对不起他们了吗？我们根本不曾期望过他们，为了社会的利益而放弃他们那种软体虫式的生活；他们尽可以在这种生活里活到老死为止，因为对于他们来说，剧烈地改变一种生活状况而不感觉到不幸，那是不可能的。但是任何人都不应该不幸；所以我们乐意让他们在生存期间保持那对于他们来说已经成为第二天性的东西。但是人们究竟可以要求他们稍微作那么一点点自我牺牲，这，说到那里总是公道的、合理的、基督教的兄弟方式吧。

他们这些有钱有势的人是忘恩负义的，他们把我们当作残酷的暴君，正因为他们自己是残酷的暴君。人们常说，如果他不是从前在草窝里藏过，他就不会到草窝里去找人。这句俗话完全可以应用在他们身上。

他们大半是把我们当作凶恶的屠户，一旦当权，就会夺去他们的生命和财产，把他们的孩子们投入苦难的贫困中去。

绝不是这样，你们这些先生们，看来我们不只是公正，而且是过于基督教式地慈悲了，因为我们甚至于不想在你们那偏爱的生活方式上打扰你们，如果不这样那整体的和谐在未来也还有可能的话。但是你们，或毋宁说，你们的政府——其实是同一个东西——对待我们却就不是那么宽大了。我们，作为胜利者，至少将会准许你们和我们有同样的享受，而今天你们的一切努力却都是用在日益削减我们的，而日益增加你们的享受上的。该是良心发现的时候了；如果可能的话，你们且也在我们的地位上亲身感受一下试试，然后你们坦白地说，是不是你们也会和我们同样这样想，这样做。

我们很知道，也并不是一切都是出于你们的恶意。甚至于出自恶意的事很少；但是实际上你们在干恶事，而自己不知道，因此人们不断提醒你们一下是好的。

你们之中的大多数人并不能否认我们的困苦是一种不幸，并且也盼望能有一个补救，只是这种补救必须从天而降。如果有人对你们说，通过你们的牺牲，你们就可以带来补救，那你们就绝大部分都不肯相信了。你们的舒适优裕的生活地位很少允许你们在我们的困苦里深入地看一眼；如果我们是在你们的环境和你们的享受中长大的，在这一点上也就会和你们完全一样的。环境和生活造成人。但是人民的真正的困苦，任何人不能比那亲身感受，亲身从幼年起就在困苦里滚来滚去的人那样正确地表现给你看。我自己纵然有我所经历的那一切困苦，还远没有尝到那最深刻的、沉重地压在千百万人身上的困苦。而如果说现在从我的笔端已经流出一些苦楚，这些苦楚足以使你们的嘴唇颤抖，那么你们可以知道，在我的意见里绝没有什么夸大了的仇恨；因为我已经把这当作是我的责任，尽我的力量所及，为了那最贫穷苦难、最受压迫的阶级的利益而写作。

如果我往往为了社会上的一切惨相而暴怒起来，这是因为我平生常常有机会十分切近地观察这种困苦，并且部分地亲身感受过这种困苦；因为我自己从孩子时起就是在最严酷的困苦中长大起来的，苦到这样，使我描写到这种困苦就感觉到心惊胆战。我的

存在扩大了那包围着我的困苦，而不许我在肉体上共同感觉它。由此也就可以知道，这曾是一种怎么样的精神酷刑了，并且是不是还有比在这样的情形下产生暴怒和激愤更自然的事：小孩子在那里放火，而无知的人却在那里辩护甚至赞许孩子们的愚蠢。

因此如果说我有时候对于那些特权人物应用严厉的词句，那是因为，我怎么想，我就只会怎么说。

在这一点上，人们无论如何加重刻画也不会嫌太重的。每逢我想到那一切骗局的时候：人民在尽力争取来的胜利之后，反而成了战利品，我就甚至唯恐我的话还说得不够明确、有力，唯恐对那些人民的压迫者的伪装和欺骗还警惕得不够。人民才把一个暴君打倒，就又去可怜那被击败者，又匍匐在那暴君的继承者的脚下请求饶恕了。人民就像一头大象，它把它的驾御人翻倒在地上，却又把被人高举着的那个驾御人的儿子驮到自己背上。



咳！我们的那些压迫者，他们是很柔顺的，如果他们看到，他们在人民的威力下无能为力的时候；他们往往，在这样的时刻，会流下泪来。他们自愿地拿出钱来分，到处和人握手，友好地请你们去吃饭，到你们的集会里来看望你们，那时候如果你们不能坚定地固守住你们的信念，那你们就会像那些飞蛾一样，在那灿烂的笑容可掬的烛光中烧掉了你们的翅膀。

你们要想一想，在你们已经开始走上了胜利的道路的时候，他们还可能有些什么样的手段；他们还可能采取些什么样的阴谋诡计把你们诱惑到错路上去。且彻底翻一翻那世界史的课本，回想一下那一切失败的斗争，一切已经争取到的，但是毫无收获的胜利，然后告诉我们，是不是到处一样，一切和自由的敌人的打交道，他们的个人利益的任何部分的保留，都是继此而来的反动的原因。

如果一个小孩子要求一件东西，这件东西人们不肯给他，人们就让他去注意另一件东西，以便转移他的要求。正是这样，我们的压迫者在危机的日子里也就是这样来对待人民的。42)

在三十年代以后，人们就利用战争谣言和霍乱恐怖来达到这个目的。特别是后者，在各国政府的布置下成了吓唬一切革命趋势的强有力的手段。

你们大家都还记得几乎在每个大城市前面的那些检疫机关，各个乡村、城市、省区和地方的封锁，旅行的禁止，钱币、信件的熏烟消毒等等吧。至于我，我不能否认有这样一种病，但是我那时候就从来没有相信过它的真正的、可怕的存在。我是这样想，这是一种和其他的疫病一样的疫病，但是人们故意把它说得这样可怕，为的是利用它来制造一幅反对革命运动的恐怖图像。

呀，他们像蛇一样诡谲，而我们则是像鸽子一样单纯；人们当时可以拿我们的脑壳往墙上撞，而我们根本还毫不知觉。

1830年在莱比锡，人们演了一出滑稽的革命趣剧。当时如果在全部有知识修养的居民中只要有一个人知道，他想要做什么，这件事就可能产生一个有历史意义的重要结果。那时候我才第一次确信，人们虽然有一切学院式的聪明，一切大学生式的街头呐喊，一切在骑马、斗剑和射击上的妙技，但是在紧要的关头，毕竟可以是一个真正的蠢才。

人民在一夜之间就成了一个城市和近郊各地的控制者，只因为不知道有别的事可做，就忙于去拆毁十几处房屋，直到第二天早晨。每个人都按他自己的方式找他那一伙人去报仇。这一些人去捣毁一个批发商的别墅，因为他曾经向本城以外的地方定购很多的小五金用品，以至于夺去了本市市民的一笔收入；另一些人去砸一个被憎恨的律师的家具；手工业学徒们就到城郊去捣毁一个在护照处工作由于严厉而被人憎恨的职员的房屋和家具。这样每个人都相信，可以按他的方式来报仇。人们在大街上像流水一样涌来涌去，谁都不知道他们要做什么，而是只要逢上有一个人大胆对他叫一声“这里来，跟着我走！”他们就跟着走。他们找寻一个领导者，以便能做一番大事业；只是在这个黑夜里竟找不到一个对这件事有头脑和有勇气的人。

但是市参事会在这时候却比一切革命者更机智，它在这一夜之间就让人写就无数布告。第二天清早，人们就在所有的大街上读到这些布告，标题大书：我们的城市在严重危机中。下面是对于一切好人的无区别的号召，要求大家都到公共广场去集合，为了保卫自己的财产而拿起武器来对付外来的敌人，并且说就要把这些武器分发给大家。其他一切人一律禁止上街，各家各户一律紧闭门户（那天正是一个星期日）。

去吧！有武器了！这是一个真正的诡计。武器，这正是人民所缺少的东西；现在由政府来供给他们，要多少有多少，人民想：现在可以找到领导者了。在一个这样的日子和一个这样的时刻里，是谁都不愿意待在家里的。于是前一夜里的一切叛乱者都出现在人们所指定的每个工厂里的集合场上。那里，在缺乏白布条的情况下，他们被人用一张白纸缠在臂上，作为标志，同时因为搜罗不到足够的武器，人们把一根棍棒、一条火炉叉以及诸如此类的东西递到他们手里作为武器。

人民所寻找的领导者出现了。他们是谁呢？是那些为政府的利益而行动的，而且一部分就是政府所派来的人。

现在，那些前一夜里的叛乱者都被派出去巡逻，或者不如说派出去散步。那些发起这全部骚乱的大学生，正是第一批在第二天早晨担任起保卫和恢复旧秩序的人。人们把巡逻队派往各个岗哨上去，挥霍本市的经费很好地招待他们，同时人们把他们的注意力转移到乡下人的身上，预先造谣说，乡下人要冲进城来，大肆抢掠。

假如前一夜里革命者之中有一个人想到这个计划，假如人们先夺取了军械库里的枪械，把人民武装起来，并且为人民筹下款项，筹下食粮，如同政府第二天所做的那样，第二天有什么新事情还办不起来呢！至少可以宣告一个德意志共和国的成立。假如这个消息传播到德国的其余各省区去将会是怎样的情形？

三十年代以后，在德国曾有过很多这样有利的机会，但是没有一个地方曾被利用过，到处都缺少适当的人，几乎处处都准备好了自愿工作的机器（人民），但是任何地方都找不到那懂得正确开动这架机器的领导者。

但是这样有利的机会在未来的危机中将愈来愈少，我们的敌人从那时候起已经在经验的学校里学得更机警了；因此也就有必要，事先设想另外一种新的战术，用这种战术可以来粉碎他们的那些预防的措施。但是这是每一个人的事，是不能预先作出任何规定的。[43)]

现在我们处在一些重要的事变的前夕，这是一些在地球上从未见过的，最重要的事变。[44)]

一个新的救世主将要来临，为了好实现那第一个救世主的学说。

他将要粉碎旧社会制度的腐朽的建筑，把泪泉导入遗忘的大海，把大地变成一个乐园。

我们准备好，恭恭敬敬地来迎接他吧。

但是我们从哪些方面来辨识出这个救世主呢？——从这些方面：

他将是平凡、普通地从那里来，傲然地蔑视财神的魔术，并且他的心将为人类的痛苦而敞开。他将会从财富的尊贵的高峰下降到困苦的深渊，杂沓在受苦受难和受蔑视的人群之中，他的眼泪将和其余一切人的眼泪交融在一起。

不到一切人都已经从深渊中攀登上去之后，他将绝不先脱离这个深渊。



然后他将把这个深渊填平，使将来不可能再有人这样深深地坠落下去。

他将会参加一切公共的事务，而放弃任何物质的特权。

但是不到这个勇敢的事业圆满地完成，他将绝不把授予他的权力从手里放下。

那时候，少数人的意志将不再统治社会，统治社会的将是全体人的知识。

**并且这个最伟大的救世主将会在一种不声不响的谦退之中听命于这个新的统治。**

这，将是他的修养和事业的顶点，全世界将正是在这一点上辨识这第二个救世主，那比第一个救世主更伟大的救世主。

# 第十九章　对于过渡时期的准备

第一条　把一切凡是能供我们应用的力量都贡献于我们的学说的传播。

第二条　一切私人的目的必须尽可能地服从于这个一般的目的。

第三条　我们要实行一种有规律的生活方式，无论在劳动和享受上都要有节制，就像我们在今天的这个社会组织里所可能做到的那样，并且特别需要防止由于生活的不节制而削弱我们精神和肉体的力量。

第四条　凡是在法庭审讯公开进行的地方，我们在今天这个社会的法官席前绝不否认我们的见解，在凡是不是公开进行的所在，就绝口不谈。

第五条　我们决定，绝不为了个人的利益进行任何诉讼和控告，如果我们的原则的利益并不要求我们必须这样做的话。

第六条　我们要习惯于驳斥任何破坏彼此信任的谗言。即便这种背后的坏话是真的，我们也要用怀疑的态度来听，并且自己警戒，不要继续传播这种坏话，如果我们的原则并不对此另有规定的话。

第七条　我们要自己警戒，不要为了个人的利益而要求互相支持，因为这样就会有损于一般的目的。

第八条　我们要对于每个已经习惯于一种有规律的生活方

式，并且证明对于我们的原则具有热情和积极活动的人在困难时予以帮助。

第九条　**任何人绝不会因为受到今天这个社会的法官所判给他的刑罚而被我们所轻视**。

第十条　以后任何乞丐从我们这里得到救济时都要在给他救济时对他说明：行乞是一种怯懦和可耻的行为，他具有天经地义的最大的权利，凡是需要什么**就应该**去向那些社会制度的主管人、向富人和有势利者**索取**。

第十一条　我们不因为我们所受到的实惠和好意而感谢任何人，也不因为我们所给予别人的实惠和好意，而计较感谢和报答。

第十二条　凡是别人为了工资被减低而停止工作的地方，我们一概不去工作。



第十三条　我们不愿为了无关我们原则利益的事而发生争执，在这样的情形下，我们要用尽可能平心静气的、有秩序的态度来讨论。

第十四条　我们要尽最大可能自己警戒，不要去当兵和做仆从，绝对不担任任何以高度的屈辱的忠忱为条件的职位。

第十五条　我们不要耻于做任何有益的劳动，只要它并不通过一种由此应得的，但是极低的工资来表明对我们的轻蔑。

第十六条　我们要坚持这样一个决定，即在一个政治或社会运动的期间，绝不去信任那样一种革命家，**后者并不把他的生活和他的一切拥护者的生活放在平等的地位上**。

# 结 束 语

读者！现在你该明白我的意思了吧！并且你，富人，如果你读了这本书，也不要忘记，我只是为了反对那些事情而斗争，并不是为了反对个人，但是在我们面前的这本书里，我们只有通过对那些人和那些阶级的描写，才能清楚明白说明那些事情。

我在这本书里为了反对那些富有的特权者而所说的话，绝不会使这些人更加仇视我们，由于环境使然他们自己在不知不觉中早已经是我们的仇敌了。

也并不是**一切**富人都是受感官享受的力量所支配的，其中有学识修养的一部分人将会赞助我们。[45] 在这些人之中，目前我们已经可以举出这样一些为了我们的原则而斗争的战士，例如：**托马斯·莫尔**，1535 年英国的枢密大臣；同样也是在英国活动的**欧文**，他首先提出了废除刑罚的原则；**巴贝夫**和**卡贝**，两者都是法国的国会议员，前者在 1795 年为了我们的原则而被当时的法国共和政府判处死刑并且被害了，后者通过某一个特定的制度和许多共产主义的著作而进行了不少活动；**路易·赫斯贝格**，前黑森地方的陆军中校，他同样也相信将来要废除刑罚，以及**巴尔贝斯**，那年轻、大胆、勇敢的巴尔贝斯。过去和现在这些不都是一些赞助我们纯粹的平等原则的人吗？过去以至于现在他们不都是或者地位很高，或者很有钱的人吗？此外我还可以提出很多比较地不这么富有，但是同样也是这样热心于那美好事业的人，更不必说那一切我们还没有机会去认识的，或是他们还没有机会来表现自己的人了。

在斯巴达，曾经两次有国王实行田产的共有共享制度。难道在三千年的期间内就不会再有一个人，这个人会步他们的后尘吗？

我们希望这样，但是并不把一切寄托依赖在这一点上。

这个大地上的有权势者们！你们有这个力量可以使亚历山大和拿破仑所留下的丰功伟绩在你们的光辉中黯然失色。

你们有这个力量，可以以一种对你们和我们都适合的方式消除社会的罪恶。如果我们不得不用我们的粗暴力量单独来担负起这个工作，那它就将会是对于我们和你们都是艰难而且痛苦地来完成的。

现在，请你们考虑和选择吧！

# 附　　录

# 第三版的序言①

在长年的原则斗争中，我们取得了种种不同的，既有痛苦的也有令人欣慰满意的经验。现在，一方面看一看我们所已经达到的成果；另一方面再看一看我们所要达到的理想，有时就不免会对自己提出这样一个问题：你能坚持到底吗？你能永不丧失为达到这样的奋斗目标所时时刻刻绝对必需的勇气、耐性和牺牲精神吗？

坚持到底是一件艰难的事。环顾一下你们周围的战友吧。其中有多少人对于前途发生了动摇！有多少人在第一次战役中光荣地牺牲了自己，把继续的战斗任务留给了具有高尚的情感和修养的，但还没有经过那种心灵折磨的考验的人，这种折磨恰恰是在我们认为可以找到安慰和骄傲的地方，最迫切地在等待着我们。

现在且让我们从这幅无可慰藉的图景中摆脱出来，回顾一下若干年前当这种原则斗争刚开始时的情景。当时我们会估计到我们的原则能在这样短短的时间内有这样广泛的传播吗？无论我们或是我们的敌人都没有预料到这样，当初我们只不过是如此期望而已。在当时的社会情况下，又如何能期望这样一些呢？例如：土

① 整个序言反映了魏特林在工人运动和政治形势已经超过了他而向前发展的形势下所表现的悲观失望的情绪。他把共产主义运动看成只是通过他、随着他而开始和发展起来的，并且，常常通过对过去历史的不正确估价来过于抬高他自己的功绩，相反地，他把马克思和恩格斯以及其他人的功绩则说成无关紧要的，或把他们的意见说成根本错误或有害的。

地和劳动的共有共享制的必要性，以及实现社会地位的平等。当时即便在有政治头脑的人里面对此也是模糊不清的，在德国著作中关于这种思想恐怕还更为模糊。这种思想模糊的状态在有政治头脑的劳动者[1]中引起了对于所谓“**学者**”们的一种类乎憎恶愤恨的情感，这种情感可以如下来描述：他们太高傲，他们对于穷人和劳动者没有感情；他们是养尊处优长大起来的，当一个特权者是他们的前途和希望，他们不会利用政治为穷人谋利益。所以他们根本不要平等和财产的共有共享制。我在德国周游很久，由于内心的热忱，我曾试图说服别人赞同我当时还不成熟的关于平等的看法，但是我从来没有遇到过，无论是在口头上或文字上暗示过平等的可能性或必要性的任何东西。欧文、傅立叶、巴贝夫这些人，甚至1838年在巴黎这样的地方，在人民群众之中还是不为人所知的，更不要说他们所努力争取的原则了[2]。



劳动者彼此之间很少谈论现实生活中所暴露出来的阴暗面，人们最喜欢谈的是猥亵的故事。涉及政治性的谈论，不外是祖护普鲁士人反对撒克逊人、士瓦本人、奥地利人、波希米亚人，或是反过来，祖护这些人而反对普鲁士人。至于宗教的谈论，都是简单地围绕着这样一个问题，是天主教好些，还是基督新教或其他什么教更好些，相互之间有时还发生嘲讽和殴斗，无非是为了他们的教士的信仰而争吵。不信宗教和不讲国家主义的人在大多数人看来简

① 魏特林这句话主要是指他本人。

② 就巴黎而言，这里说得是过于夸张了的。关于巴贝夫密谋起义的回忆，1828年以前曾出版过邦纳罗蒂的书，而且此后还一直流传着。关于圣西门主义者和傅立叶主义者，以及其他各种组织的活动，参看本书导言部分。只是欧文的学说在法国确是在卡贝宣传后才渐为人所知的。

直就是坏人，受到众人的厌恶。商店伙计自己觉得地位比金匠高，金匠又觉得比理发匠高，理发匠又觉得比木匠高，木匠又自以为比裁缝和鞋匠高些，而他们又都看不起那些论天做短工的人；但是一个仆役往往为了他打上的红领结而感到自傲，当他和劳动者接触的时候，自以为他的地位是高人一等的。劳动者最爱去的地方是小旅馆，这些小旅馆里大都充满了劣等啤酒和烧酒以及污秽和破陋的不规矩的招待设备散发出来的恶臭。贪婪的店主焦急地等待着干杯，好一招手又给斟上，为了使店主满意，人们在这里不断地用那劣等烧酒和啤酒烧灌自己。人们在痛饮并且夸耀自己的酒量，在店主面前显示他是一个酒徒，以便容易在他那里赊账和找事做。还有最残忍的赌博，在这黏人的小旅馆里把这些人日夜地捆在那肮脏的台子旁边，在酒气冲天的恶臭里，在紧张激动的面孔上，描绘出了赌棍的一切狂态和罪行记录。咳！咳！我一想到那曾经亲身目睹的情形就不由得战栗。关于劳动者教育协会、劳动者歌唱协会，人们当时还一无所知。[①] 这一行和那一行、这一业和那一业彼此分离。当时学校算是比较干净的地方，——瑞士除外——至少比其他国家都好些，但是学徒生活和小旅馆却败坏了学校所培养出来的大部分品德。亲爱的朋友们！这对于那些天资并不弱的但是贫穷的劳动者是一个怎样的悲惨的时代！你们今天的处境已经好多了。但是不要忘记，这些改善，我们只有感谢为了争取实现平等的权利和义务以及自由原则的那些人所表现的那种

① 这些协会的最初的组织，在法国和瑞士到三十年代时就解体了。例如，1834年在瑞士许多德国协会就已经被解散，它的很多会员被驱逐出境。当然当初并不总是工人占多数。

不可动摇的忠忱和坚毅。

把一部分无产者从这种悲惨状况里解救出来的既不是自由圬工俱乐部的商人，也不是星期日学校和夜校里的教士、教授们，而是出于一些德国政治流亡者们的努力。就是这样一些人，他们主张和辩护政治上的独立发展，他们不像那些星期日学校和夜校里的大人先生们一样在协会里以监护人自居，而是要通过政治协会的建立使劳动者习惯于独立自主，使他们意识他们在政治上成熟的必要，而这些根本是当时大多数有学问的空谈家所认为不可能的事。

自由、平等，曾经是法兰西第一共和的战斗口号。自由、平等、正义，也曾经是1830年之后在巴黎的德国人中少数共和主义者的战斗口号。但是什么样的自由？什么样的平等？它们是怎样规定的？哪些是属于个人的部分，这一部分又怎样来衡量？关于这些问题，从最高的理想直到实行累进税都谈到了。一份特别出色的杂志《**流亡者**》——它由大约二百名德国劳动者出资一直在巴黎每月出版到1835年的一份杂志——可以为当时的德国共和主义分子中的最激进的政治态度提供一个概观。在这份杂志上发表意见的人有费奈迭、毛勒尔和舒斯特博士，舒斯特的论文：《一个共和主义者的思想》向前走得最远，提出的运动目的也最为明确。[①] 这些

① 在巴黎的德国共和党人的数目，并不像魏特林所说的那样少。在七月革命之后，在这里立即成立了一个德国新闻协会，对德国国内的反对派报纸给予经济上的支援。随着汉巴赫集会(汉巴赫在德国南部。1832年5月27日德国南部共和党人在这里集会，要求德国统一并建立共和政体，当时的德意志联邦议会竟以完全废止出版、集会自由加以报复。这次集会称为“汉巴赫集会”——中译本编者)而来的反动，迫使许多德国人以流亡者的身份前往巴黎。1832年成立了“德意志人民联合会”从这里产生出1834年的“流亡者同盟”。雅科布·费奈迭出版了这个同盟的期刊《流亡者》。不久，特奥多·舒斯特和费奈迭发生分歧；在他领导下1836年起组成了“正义者同盟”。

共和主义的思想也是舒斯特博士的最后的政治思想。我们推想，他从那时起就退出了政治舞台。很可能，他也在和他具有相同思想的那个小圈子里找到了他的橄榄山和他的哥尔各塔。[①]

当时还没有命名，还在胚胎中的共产主义，受到了一个人的强烈的感情的滋育和培养，这个人的理智是和这种学说相反的，但是却没有意识到他自己的心已经倾注于这种学说之中了。我指的是**拉梅耐**，他的：《一个信徒的话》一书由**路·白尔尼**于 1832 年[②]译成德文，这本书对于培养路易·菲力浦统治时期的革命敌忾和那种狂热的敢死精神有很大的贡献，这种敢死精神表现在多次革命密谋和暗杀国王的行动之中。这本书在社会上所引起的激动情绪是前所未有的，并且即使是后来《不朽的犹太人》和《巴黎的秘密》[③]等书出版时有意鼓动起来的激动情绪也没有能超过它。

但是，这位**拉梅耐**的平等的希望、许诺和安慰中同样没有解决这个**怎么办**的问题，因此这种像电流似的激动人心的感情的冲击同样也就烟消云散在另一种妥协之中了。人们要自由，要平等，这个自由和平等的具体要求，首先是驱逐君主、教士和贵族，甚至包括没收这些人的财产等等。但是这以后又该怎么办呢？关于这一点，这些革命家自己也不明白了。傅立叶的信徒根本不要革命，只是希望通过他们那种社会改良的计划，争取富人参加他们一同组

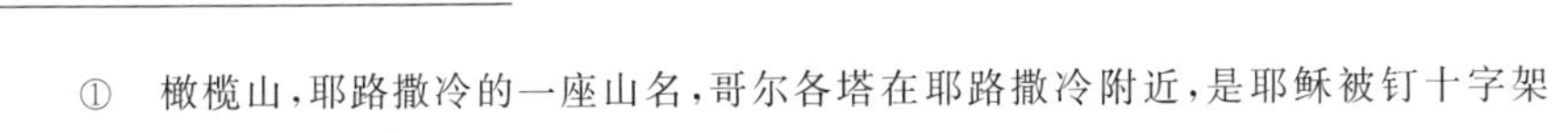

① 橄榄山，耶路撒冷的一座山名，哥尔各塔在耶路撒冷附近，是耶稣被钉十字架之处。——中译本编者

② 这本书出版于 1834 年，并在同年由路德维希·白尔尼译成德文。白尔尼本人在《流亡者》的第一期上介绍过这本书。

③ 这两本书的作者都是欧仁·苏，出版于 1844—1845 年和 1843 年——参看马克思、恩格斯：《神圣家族》第五章和第八章。

织的并不平等的制度，并且逐渐地把全体人类联合组织起来，企图由此永远消除贫困和匮乏。

1838年和1839年，在巴黎的咖啡馆社会里，德国人当中在政治上的激进主义最惹人注目的，是一个名叫贝恩哈德的成衣工人，他曾因为他那革命的、要求平等的言论被他的同伴称之为耶稣基督。这个人关于为实现平等而必须废除金钱制度的见解，特别中肯地说明了当时巴黎——各国的政治中心——的社会主义思想在德国人之中的成熟的程度。关于废除金钱制度，贝恩哈德对他的朋友说："要实现这件事一百年还太早。这样的理想目前我们不要传播，因为这样做只会使群众陷于混乱。"[①]他说这些话的意思是表示如果真的这样去传播，一方面要惹人嘲笑，另一方面将要招致敌视和迫害。及至后来有印刷品传播这个思想的时候，都是非常谨慎的。没有人敢把这样一种根本没有罪过的文字公开拿出来看，没有人敢把它放在容易被人发现的地方。

当巴黎的德国共和党人从1837年起，通过他们的核心[②]发动了关于财产共有共享原则的口头和手写传单的宣传并且取得部分胜利之后，许多方面向这个组织的委员会提出建议，印刷一些证明财产共有共享的可能性的宣传品。"共产主义"这个名称当时在人民群众中还是不被人所知的，也没有关于共产主义的法文著作，也

① 这个地方也证明了魏特林多么不愿从他的旧观点中摆脱出来。——他在第三版的最后几页里描写了他拟定的所谓"革命纸币"、"民主共产主义的交换票据"和一种记载交易小时的交易簿。

② "核心"是指秘密的"正义者同盟"，同盟试图把它的活动扩展到在巴黎的全体德国人中去。

许“巴贝夫的密谋”可以算作一本这样的著作;但是当时在任何地方要搜求到这本书必须花很多钱。那时候已经有了一种**完整的**对资本和才能赋予物质特权的联合组织的社会学说,就是**傅立叶**的社会制度;此外,在若干年前也有了一种共产主义的制度,这就是**欧文**的制度,但是它既不为大家所周知,又缺乏足够的说服力。直到今天我还不知道有任何完整的法国的共产主义学说,也就是说一种这样的学说:它彻底地解决了这些主要的问题,它向我们证明,——尽管有一大批人从事不舒适的、有害的劳动,又有一大批人专在享受,虽然这些享受还没有达到随心所欲的程度——尽管这样,人们如何能够来建立一些组织和制度,并按照这些组织和制度上面所说的情况,可以促进而不会危害各个人的自由和平等的权利。

由于共有共享原则的拥护者和反对者都提出了上面这个要求,在同盟的委员**魏森巴哈**和**霍夫曼**热心支持下,并经委员会审查,出版了一本小册子:《现实中的人类和理想中的人类》。它是1838年底在巴黎出版的,发行了两千册。为了筹措印刷费,当时有少数几个志同道合的人表现了令人极为感动的牺牲精神。有些人腾出住房,另一些人在夜间担任排字、印刷和装订的工作,另一些人出钱,甚至在没有钱的时候把他们的表送进了当铺。



从这时候以后,为了传播共产主义在巴黎努力活动的,在德国人中,著名的有**毛勒尔**以及特别是**阿伦兹**,这个德籍的俄国人多年来就把这看作是自己的任务,以他的才能和热忱献身于事业而对自己的功绩和报酬则十分谦让淡泊,并且竭力支持别人的工作,特别是他认为对这个事业更有能力和更能作贡献的人。可惜有这种品质的人不多，但是没有这种品质也就不可能产生任何有效的、彻底的运动。[1]

从巴黎发起的德国共产主义运动的潮流，通过劳动者的迁徙移动，在1839年已经向着德国国内发展。1840年，在美因河畔法兰克福被破获的一个政治秘密结社里，发现有共产主义的趋向和激进的共和主义趋向混合在一起，这至少可以从下面这一点推断出来，就是：在许多被告那里都搜查到上面提到的那本共产主义小册子[2]。

比过去所有的关于共产主义原则的口头和文字宣传更为有力，发挥作用更大的举动是高贵的巴尔贝斯在1839年5月12日所领导的起义。这个年轻而颇为富有的人组织了一个有三百人参加的坚强的秘密会社，他为了这个组织献出了他的一部分财产，于5月12日下午自己带着这三百人到大街上，指挥进攻，这是千百万平常人所称之为疯狂的举动，他们不明白，那些高贵的心灵由于

① 魏特林对亨利希·阿伦兹大加称赞，却还有另一个原因。恩格斯在1846年8月间把巴黎工人的意见通知在布鲁塞尔的共产主义通讯委员会，按照他们的说法，《现实的人类和理想的人类》和《和谐与自由的保证》两书不是魏特林单独一人写的。他提到阿伦兹（显然和魏特林所提到的是同一个人）、西蒙·施米特和奥古斯特·贝克尔这些人的名字。魏特林在这里所写的整个这一段，特别是第二句，使人有理由可以设想恩格斯所传达的推测至少对于《现实的人类和理想的人类》一书是相符的，并且这个工作还同时有好几个人参加。就《和谐与自由的保证》一书来说，也可以设想，魏特林的朋友和协作者曾经在搜集资料上帮助过他，这当然绝不减损他的功绩和重要性。在第一版的序言里，魏特林自己也说："……如果没有别人的支持，我不可能写出任何东西。我在这本书里会合了我的同志们所集合的物质和精神的力量"。上文所提到的推测，后来在任何地方都没有被理解为对于魏特林的作者身份有争论的意思。无论马克思和恩格斯或是梅林、卡勒尔、施吕特以及其他人等都不曾对此有过怀疑。

② 《现实的人类和理想的人类》一书在出版之后不久就在德国流传。例如制鞋工人亚克毕就在1839年春季从巴黎带了许多册到美因河畔的法兰克福去。

他们的行动的结果往往会促成怎样的强有力的进步。三百个幼稚的、赤手空拳的男儿对抗十万武装起来的雇佣兵和资产阶级骑士!而这是由一个可以安享青春富足的人所自愿地决定并且勇敢地执行的行动,为了希望由此可以给穷人们重建那久已失去的平等的天国![1]

三百个牺牲者,在六处街道掩护体后面,以拼死的勇气一直战斗到力竭而死。人民舍弃了他们。晚间九点钟,最后一个掩体被摧毁。巴尔贝斯就在这里负伤倒了下去。当时还有唯一的一个也负着伤的人站在他的身边保卫他,是一个金色散发的德国鞋匠。你们记住这个坚毅的德国人的名字:但泽市的**奥斯屯**!他被判处无期徒刑。若干年前据报道他已经在监狱里变成疯人了。在胜利的二月革命之后,巴尔贝斯的殉道者们从监房里走出来,在尊敬和光荣的欢呼声中回到了人民的怀抱;关于我们的**奥斯屯**却再也没有任何消息。

起义被镇压以后,迫害又加到一个德国流亡者名叫**沙佩尔**的身上,并且把他遣送到伦敦去。因此德国的共产主义运动也就同时移植到了伦敦,在那里同样经过**沙佩尔**、**莫尔**、**鲍威尔**以及其他人等的努力,经过长年的、辛苦的经营得到了一块肥沃的土地,并

---

① 魏特林似乎一直没有放弃他对于举行暴动以及对于统治阶级有一天会自愿交出他们的财产这种看法的否定态度。但是在第一版里,他曾经带着渺茫的希望表示过这种可能,认为可能找到若干个别的有产阶级分子,他们会用他们的权力和影响来支持共产主义运动。他在“结束语”里写道,“我们希望这样,但是并不把一切寄托依赖在这一点上”。对于布朗基和巴尔贝斯所领导的起义,他只是赞扬这些战士们的胆量和果断,他认为在当时的德国工人运动中已经丧失了这种品质。并且他把这些因素绝对化了,认为这些主观因素比客观的社会条件对于革命的成功具有决定性的意义。

且能够对于宣传工作提供丰富的养料。在伦敦协会[①]的工作中，我认为最重要的可以特别提出，是在1844年参加西里西亚纺织工人起义中的负伤者、被捕者和遗属们的募捐这件事，在募捐的同时，还散发了一份告群众书，号召举行另一次更惊人的起义。

1840年出版了**卡贝**的一本小说《伊加利亚旅行记》，描写一种空想的共产主义社会，但是和**欧文**、**拉霍蒂埃**、**德萨米**、**路易·勃朗**以及其他人等等一样，并没有彻底解决那些主要的问题[②]。尽管卡贝、欧文、路易·勃朗以及其他人等等没有满足批评家们的理智，但是那些最高贵的心灵和感情却在他们这里找到了满意的东西，并且凭借它们得以在各种混淆视听的局面下保持清醒。

在卡贝和欧文的著作中，经过烦琐的理智挑剔出来的空白，由**傅立叶**加以填补了，但是并不是以共产主义的平等这个意义去填



① “伦敦协会”是指“德国工人教育协会”。它是由沙佩尔、鲍威尔和莫尔在他们从巴黎被放逐到伦敦之后，于1840年2月7日组织成立的。恩格斯曾经写道：“这个协会是同盟（指‘正义者同盟’——原编者注）吸收新盟员的地方，而因为共产主义者照例是最活动最有知识的会员，于是协会的领导权自然就完全掌握在同盟手中了。”（《关于共产主义者同盟的历史》，《马克思恩格斯文选》两卷集第2卷，1955年莫斯科中文版，第338页）在魏特林居留伦敦的那几年（据推算是从1844年8月到1846年3月），摩利是协会的会长，沙佩尔是秘书兼会计。

② 理查·拉霍蒂埃作为巴贝夫和邦纳罗蒂的信徒，是新巴贝夫主义的主要代表。1839年出版了他的《社会改革原理初步》，1840年出版了一本关于新巴贝夫主义哲学的小册子《论社会法则》。1841年起他主编《博爱》杂志。参看罗琪尔·加罗第：《科学社会主义的法国来源》，1954年柏林版，第191页。——德奥多·德萨米（1803—1850）起初是卡贝的信徒，后来反对他，主张唯物主义和无神论。他出版了一个期刊《平等之友》。他的《公有法典》出版于1842年。德萨米以及其他比较有科学根据的法国共产主义者，“把唯物主义学说当作现实的人道主义学说和共产主义的逻辑基础加以发展”。（马克思、恩格斯：《神圣家族》，《马克思恩格斯全集》第2卷，1957年人民出版社版，第167—168页），他参加了1848年的革命。

补的。共产主义赢得了更多人的心灵和感情，而傅立叶主义则赢得了更多的重理智的人，以至于傅立叶的这种只要和平行动的和对富人阿谀的理智，在那些具有高尚感情的和自傲于革命传统的法国人眼里失去了信任，因此这就再一次给我们指出了，为了真正的实现我们的理想，只能依靠那些有理解力的热烈的心灵，而不能依靠那种冷静的、淡漠的、自私的理智。①

1840 年，**欧文**在巴黎的德国知识分子之中也著名了。他和傅立叶一样，早在 1830 年的革命之前就久已为社会主义而努力。他的名字在书刊和报纸上被广泛地提到，但是他的学说的真正的本质却被我们的文学骗子们一直掩盖着，这些文学骗子们的兴趣在于通过对事实的歪曲而使谬误能为那些不明真相的人所接受。他们直到今天还没有把傅立叶体系中足以代表傅立叶学说的，以及与**共产主义者所热心的事业**协调一致的那些主要部分译成德文，但是另一方面他们把每一句美丽的琐屑的废话，倒是尽快地译成了德文。我们在政治进展的道路上处于精神落后和跛踬状态，特别要归罪于德国文学界这种不良的歪风。在我们这个寓言式的所谓资产阶级的禽兽世界里，那些有审美修养的、腰缠万贯的雄蜂、猿猴和八哥儿们，在一切理智和感情失调的呓语疯话里作领唱人，而无数有教养的、有智力的人——如果他们要生活的话——就只能跟着这个调子走。

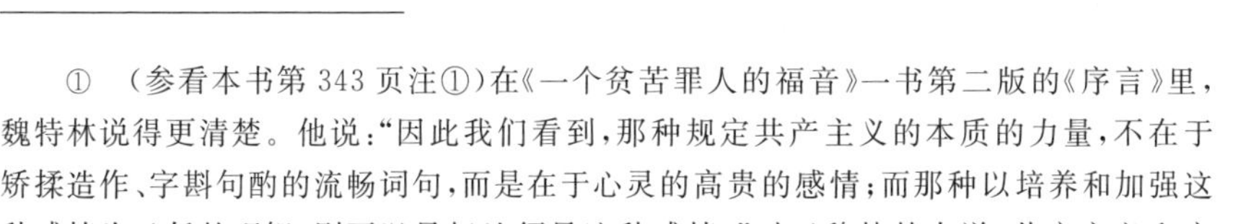

① （参看本书第 343 页注①）在《一个贫苦罪人的福音》一书第二版的《序言》里，魏特林说得更清楚。他说："因此我们看到，那种规定共产主义的本质的力量，不在于矫揉造作、字斟句酌的流畅词句，而是在于心灵的高贵的感情；而那种以培养和加强这种感情为己任的理智，则可以最好地领导这种感情。"对于魏特林来说，共产主义和宗教一样也只是一件"心灵的事"。

1841 年出版了**蒲鲁东**的最好的著作:《什么是财产?》,[①]这本书由于它的结论而著名:“私有财产是贼赃。”这本书,作为对于私有财产的最好的批评,在任何情形下将是社会主义文库里的一颗永远灿烂的明珠。蒲鲁东此后还写了不少值得一读的书,但是很可惜其中不时出现许多损害自己政党力量的,并且把共产主义当成攻击目标的字面争论,可以说已经到了恬不知耻的地步。七年之久,被共产主义者当成是自己人来尊敬的蒲鲁东,故意不理睬或是根本抛弃了卡贝和傅立叶的学说,并且表示,他秘藏着一个更好的社会主义问题的解决办法。七年之久他把我们的注意力集中在他批评的焦点上,在这个时期内,我们满怀信心地期待着他孵化的那只《经济主义》的神秘的鸡蛋;但是结果,我们看到的是什么呢?——正像我们在类似情形下通常所看到了的:我们看到我们所相信的事已经由蒲鲁东自己来证实了,他最后孵出的这只小鸡和其他满地跑的小鸡一模一样,就像我们分不出这个鸡蛋还是那个鸡蛋一样。蒲鲁东给我们的七年之谜终于揭晓了,原来是一本叫做《信用和流通的组织与社会问题的解答》的书[②]。希望法国人民在社会主义的沙漠里不要把我们这位**经济学家**的离开正道的绿洲当作是所约定的迦南地,最好把它扔在一边,仍然按着巴贝夫、巴尔贝斯、拉斯拜尔[③]以及其他人等所指出的方向继续前进。



---

① 这本书以两篇论文的方式分别发表:1840 年,《什么是财产? 或论法权与政府的原则。第一稿》。1841 年,《什么是财产? 第二稿。致布朗基教授书。论财产》。

② 这本书出版于 1848 年。

③ 拉斯拜尔(1794—1878),医生兼化学、医学和生物学著作的编辑。他是“人民之友社”的社长,这个社是 1830 年革命期间成立的。他因参加 1848 年的革命,被判处五年徒刑。

显然，这七年是雷声大雨点小的七年。蒲鲁东诚然是一个令人注意的作家，但绝不像我们无知的德国批评家向全世界吹嘘的那样重要的经济学家，这是马克思已经部分地加以证明的。[①] 若是仅仅按上面所提到那本书来评判，我根本不会把他算作为一个经济学家，如果不是他以前的那些著作在我的批判的天平上增加了一个较大的砝码的话。总之，1843 年蒲鲁东关于社会改良的知识，和他对共产主义的攻讦所令人推想的比较起来，发展要少得多。这是随时都可以给他证明的。被压迫人类的事业必须有卓越的心灵来领导；这些领导者不应该容忍一个毫无心肝的人吹毛求疵的诋毁、攻讦我们伟大的"共产主义"这个伟大的名称，我们是用这个名称称呼我们的党的。这些吹毛求疵的人简直就不知道，人之所以为人究竟在于什么。更进一步说：像蒲鲁东这样一个甚至读过黑格尔著作的人——这对于一个法国人来说无疑可以看作是一种牺牲——当然他也应该读过 1842 年由**德拉拉琪亚**和 1844 年《新闻》杂志上发表的文章，或是看过早在 1829 年英国人布雷写的那些论文。[②] 如果他没有读过，这不能构成对他原谅的理由；如果他读过，他就应该知道，共产主义者是把自由和平等结合起来的。

1841 年，在经历了若干次失败的努力尝试之后，共产主义在

① 这里他指的是马克思的著作《哲学的贫困》，这本书出版于 1847 年，是对蒲鲁东 1846 年《经济矛盾的系统，或贫困的哲学》一书的答复。

② 路易·亨利·德拉拉琪亚（1807—1891），邦纳罗蒂的学生和朋友，是瓦德省的国务参议官兼教育厅长。他主张选任蒲鲁东为瑞士科学院院士。他是"青年欧洲"的会员，在这个团体解散之后，组织了一个急进的资产阶级民主主义的协会。"正义者同盟"通过西蒙·施米特与德拉拉琪亚有若干联系。约翰·布雷（1809—1895）是欧文的信徒，宪章运动者，主张所谓"劳动货币"，并进行理论工作。大概魏特林采取了他那关于交换银行的意见，这种意见曾为蒲鲁东所利用。

瑞士的德国劳动者之间第一次传播开来，并且得到良好的成果。在这一年的年底，已经建立了四个公共食堂：**日内瓦**、**洛桑**、**威维斯和摩尔西**，以及其他一些共产主义的组织。同时在日内瓦也创办了一份月刊《吁助德国青年》，由德国共产主义者协会所支持，拥有一千名订户。

当时，我们还没有像今天这样的出版自由，并且散居在国外。我们只是一小群人，但是我们有共同的信念，我们紧密地团结在一起，随时准备为我们的事业而牺牲。现在我们有了出版自由，我们和数百万德国劳动者紧密地生活在一起，我们建立了几百个各种不同的协会，但是人们的自我牺牲的精神却大不如前，亲爱的朋友们！这是非常不好的！在心灵和感情上你们还没有什么光辉的杰出的表现。这里举几个例：《人民之友》，这是一份由具有高贵心灵的年轻人**施略费尔**主编的在柏林出版的报纸，虽在销行，却收不回它的印刷费用。许多类似的反映无产阶级利益的出版物，都由于缺乏订户而很快的相继停刊。《初选选民》是一份共产主义的周刊，在刊物的题旨方面，任何刊物也比不上它，但在发行量上，它却敌不过别人，在柏林及其近郊不过销行一百五十份。《盟兄弟》是一份拥有二百人以上结盟弟兄的手工业者和工人协会的机关报，已经出版了四个月，只有三百七十份订户。①

1842年，由于巴黎、日内瓦、拉·萧德封、洛桑以及其他地方的共产主义者的共同努力，使《和谐与自由的保证》一书能够印行

① 《人民之友》1848年出版了十二期。有1947年莱比锡的影印版。——魏特林所创立的《初选选民》1848年10月及11月出版于柏林。《盟兄弟》于1849年在他从柏林放逐之后居留在汉堡的时期出版于汉堡。

两千册。约有三百个工人各自尽了他们的力量，以取得这本书为酬分担了全部印刷费。

在这个时期里，一些有特殊表现的人之中——这些人都是一些有高度热情的人，他们以自己高贵品质和无私忘我的光辉榜样，鼓励了更多有热情的人和他们一样勇于作出牺牲，在这些人之中，我在这里要特别提出哥本哈根的**彼得逊**和**西蒙·施米特**，还有洛灵根的一个鞣皮工，这个工人由于他的出身好，他比前面两个人有更好的表现。

1843 年春，我们的共产主义月刊，由于警察迫害不可能在伯尔尼和日内瓦印刷，后来只好迁往苏黎世印刷。在这时候出版了制刷工人**阿·狄迟**（A. Dietsch）的《千年之国》，[①]在阿脑的晁克斯的农民邻居之中作了很多的宣传，这本小册子拥有广大的读者，到现在已经印过三版。

同年春天，在苏黎世正准备出版《贫苦罪人们的福音》，在完成校改清样之前，这本书的稿样和我所有全部书籍和文件一起都被没收了。继此之后，对于共产主义者的逮捕、审讯、驱逐和遣送出境日益扩大。在我们的行列里人越来越少了，但是**奥古斯特·贝克尔**、**西蒙·施米特**、**彼得逊**、**克里斯田生**还有其他一些人这时候仍然在坚持着；参看：阿·贝克尔的《共产主义者要做什么？》和《愉快的消息》。[②] 同年，还出版了另一本书，它使共产主义在德国得到最早的传播，这真是值得感谢的一本书；因为这本书是瑞士官方

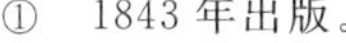

① 1843 年出版。

② 《共产主义者要做什么》？出版于 1844 年。《宗教和社会运动的愉快的消息》从 1845 年 4 月至 9 月由贝克尔出版。

出版的，在若干时期内没有遇到任何审查的障碍，我指的是《布伦奇里报告》，其中包括人们在逮捕我的当晚在我那里搜寻来的信件和手稿。在苏黎世被没收去的《贫苦罪人们的福音》一书，由于共产主义者的热情，努力设法把原稿从司法机关的手里夺了回来，此后在伯尔尼出了第一版。

1844年，德国哲学也归依共产主义和社会主义。首先是**赫斯**，然后是**吕宁**、**马克思**和**恩格斯**（参看：《英国工人阶级的状况》、《社会的镜子》、《威斯特伐利亚的汽船》和巴黎《前进报》等）。可惜后者这些人虽然用他们的尖锐的批评为事业而服务，却也并不是永远没有伤害自己人这样的事。

1838年和1839年在巴黎出版的小册子《现实中的人类和理想中的人类》于1840年曾经有一个匈牙利文译本，并曾于1846年再版。此外《和谐与自由的保证》和《一个贫苦罪人的福音》两书也在这一年再版，并且两者都被译成挪威文，《一个贫苦罪人的福音》一书的法文节译本早已于1843年印行。

海尔曼·克利盖，在威斯特伐利亚热心地为共产主义宣传辩护之后，这时候已经前往美国。他的富有鼓动力的言论在美国燃起了一个大规模的共产主义运动，并创立了一个共产主义的周刊《人民论坛报》。[①] 但是克利盖的思想和感情都是风云多变的。起初，克利盖使他的共产主义适应于民族改良派，这个党派要想通过

---

① 《人民论坛报》第一期出版于1846年1月5日。题词是“劳动万岁！打倒资本”！从第十期以后采用了“青年美洲机关报”（它是当时一个秘密的“社会改革协会”的领导机关，参看本书第47页。——中译本编者注）的字样。在经过共产主义者通讯委员会1846年5月的批评之后取消了题词。这份报纸于1846年12月停刊。

每个公民分得一百六十亩田地来解放全人类。后来他干脆放弃了共产主义，而以民主主义者的身份进行宣传鼓动。这时候在纽约出版了《一个贫苦罪人的福音》的第三版和一个英译本，以及《呼救》[①]的第二版和它的英译本。

运动就像一道地下的炽烈的火山熔流一样，在短短的时间内，在社会各阶级之中，从这一端到那一端，向四面八方冲开道路，它壅积在火山口下，时时都可能爆发出来。托马斯·闵采尔、巴贝夫、邦纳罗蒂、巴尔贝斯、拉斯拜尔等人是我们的神圣的红旗，同时也是我们新联盟的标志；自由、平等和博爱是我们的格言，伟大的街垒战是我们的口号，革命就是我们的战斗上的号角。

如同在一个饱经噩梦的漫漫长夜之后忽然觉醒一样，二月革命的愉快的消息欢欣鼓舞地袭击了我们，这个胜利的结果，即使是最热情的战士也未曾预料到的。由于意外的胜利突然到来，就错过了为实现那些已经受到承认的原则作好必要的措施，所以只能为下一次的战斗做些新的准备工作。紧接着在六月间，由于原则上的分歧发生了争论，这里面的激进分子分成两个营垒。经过这一次史无前例的、效果丰硕的四天街垒争夺战，向全世界表明了共产主义者已经成了一个强大的势力，这个势力即使是倾向君主主义的和倾向共和主义的资产阶级的联合的政党，也不能长久把它压制下去。为了防止这个势力的成功，一切反动的力量已经认识到有结成一个同盟的必要，一个反对**社会主义共产主义**的同盟。



① 魏特林写的这本小册子《向劳动和愁苦人们的一个呼救》第一版，出版时间应该是在他到达美国之后。第二版出版于 1848 年。

巴黎和维也纳的流血的街垒战，对于那些未来属于他们的党派来说，是一个伟大的道义上的胜利。划分社会主义、共产主义政党的原则与资产阶级的原则，通过这场战斗，是更为必要了。

但是这种划分的必要性还没有在任何地方都成为一个不可动摇的信念。知识分子[①]还没有像在巴黎和部分地在维也纳那样普遍地和无产阶级的利益结合起来。例如在柏林，并且部分地在维也纳，人们认为更重要的，是无产阶级首先要和资产阶级联合起来反对封建君主，这些人是失算了，在这样的作战计划里，不久就会使朋友和敌人分辨不清。那时候人们将不能从他们真正的利益出发受到教育，而将被日常的新闻和哗众取宠的空谈所包围。人们将会尊崇这样一种领导人，他们的最大的本领就在于一有机会就向人们卖弄口才，而其中不包含丝毫社会主义原则的东西。人们虽然可以因此保持在兴奋中，但是在这种兴奋里，人们的革命精神却逐渐地消失了。人们终将明白那些夸夸其谈的人，他们的行动并不能真正实现他们言论里所提出的那样光明的远景。

这些人往往竟弄到这样的地步，甚至不惜为取悦资产阶级而对群众去说教，而对社会主义的民主却讳莫如深。其结果使群众处在彷徨焦虑的、旷日持久的不安状态和一种不可言喻的紧张混乱之中。人们听信他们的演说，不止一次地去参加他们所鼓动的示威集会，但总是发现这些人并不在场，或是偶尔出现一下，就又用好听的词句去平息人们原是在他们鼓动起来要干的事。即使不是这样，在他们所发动的那些示威运动里，对于那些还记得六月斗

① 主要是指马克思和恩格斯而言。

争的全部伟大英雄气概和场面的人来说，也根本没有丝毫值得兴奋的东西。那些最受欢迎的人民演说家，我们不能不觉得他们简直像个戏剧演员，如果有一天——维也纳失败的消息传来，柏林的一切有思想和有感情的民主主义者都充满了悲悼和愤激情绪的日子里——当着这样的消息传来时，人们就会听见这些演说家们在挤满了人的俱乐部里会提出这样一个建议：因为本晚门口的收入偶然有余，谨向耶各比——为了他那真理的空谈——致敬而举行一次火炬游行。

我们德国的共产主义者，为二月革命的伟大事件所感动。在宽敞的民主外衣遮掩下竟和那个从前的政党联合成了一个党，这个从前的政党是我们曾经和它斗争过的，而且它永远要保持一种社会秩序，这种社会秩序的拥护者，人们称它叫**资产阶级**也罢；称它叫**民主主义**也罢，都是同样恰当的。

为这种合并而作的牺牲给我们带来了什么呢？有什么好处呢？君主主义者在1848年11月里大胆而傲慢地要和民主资产阶级决斗，资产阶级吓得动也不敢动，他们听任他们的国民大会受迫害，听任弗兰格尔的军队解除了自己的武装，不敢进行丝毫的抵抗，但是他们的市民保卫团在所谓维持秩序的借口下，却杀害了十几个手无寸铁的劳动者，历史上再也找不出这种胆怯懦弱的先例。在这个日子里就清楚地表明了，那些柏林的左派和口技家们——其中五分之四是流亡的犹太人[①]，如果他们在自我牺牲上都能像

① 魏特林并不是反犹太者。但是由于他的忌恨，特别是对马克思，并且一般地对于他所轻蔑的"学者们"和政治家们的忌恨，使他不由己地使用了反犹太的话语。

他们演说一样杰出的话，该会把全欧洲都解放了——就是这样的一些人物，他们等待着，想别人给他们从火中取出革命之栗。但是无产者却不再接受他们的嗾使去干这种事。无产者首先要看看国民大会和市民保卫团是不是敢站起来抵抗，因为打击本来是针对着他们的。无产者对于这两个集团的行动，从来是没有一个满意的。共产主义者的政党，**作为这样的一个党**，对这件事根本没有什么关系。它在事变发生之后，无论对于国民大会或是对于市民保卫团，只要他们的核心，他们的党不通过公开的参加抵抗的信号，那么，是不可能对他们抱什么同情的。

因此，我们同他们去搞统一行动是不会赚取到什么的。资产阶级只是一个幻想的盟友，在危难的日子里你是找不到他的，我们在民主主义的旗帜下所集合起来的群众，我们本来是可以在共产主义的旗帜下把他们集合起来的。这样，群众就可以更好地理解这个运动，对这个运动有更多的信心，在那里面会表现出更大的勇气。①



因此再不要谈什么和敌对分子的融合了。我们是人，是德国人，是民主主义者，但是我们同时还是共产主义者。用这个名词，我们表明一种理想，在这个理想里，社会的一切成员公平地、有秩序地共同分配生活上的劳动和享乐；用这个名词我们表明，我们自己要为实现这种最高的社会理想（尽管它永远不可能尽善尽美）而努力奋斗，为了实现这种可能，我们甘愿同甘共苦，患难相扶。因

① 在前面的几段里（第 351 页起）魏特林对他的革命理论作了一个扼要的叙述。这个叙述表现出他对于 1848 年革命的性质和由于这种性质产生的无产阶级的战略和策略完全不理解。参看本书导言。

此我们用这个名词来称呼我们的党是最好不过的。为了那些不完整的东西——如果我们在心灵感情上真正是共产主义者的话——是根本不能真正激发起我们的热情的。但是没有热情我们就不能有勇敢、大胆的行动。因此,我的弟兄们！起来！激励起那旧日经过考验的爱,激励起那旧日经过考验的对我们的事业胜利的信心,这个事业是我们曾如此成功地保卫过的;起来,让我们重新在这个多事之秋的时代里,站在战斗的行列中,用言论和行动、用牺牲和信任为争取整个的完善,为争取共产主义而奋斗。

威廉·魏特林

# 第三版的重要增补和修改(1849年)

正文中所标的阿拉伯数字右面括有圆括弧的注号,如1)、2)、3)、……是表示魏特林在第三版上作了重要的增补或修改。增补和修改的句段现在汇集在这里。本书在1849年出版第三版时,魏特林作了很多改动,第一部分有三百二十九处,第二部分有四百五十处,其中绝大部分是文字上的改动,牵涉内容的重要改动将近四十多处。原书将所有的改动都汇集印出,并在重要的改动处加标星号,中译本只是译出了加星号的重要增补和修改四十五处,其余改动部分没有译出。

中译本编者

# 第一部分

1)(增补):甚至在今天,还有千百万不幸的有色人种呻吟在这种人类遗传的耻辱之下,并且这正是发生在为他们大加吹嘘的所谓自由的北美合众国里的事。这真是美丽的自由!这样的自由、这样的共和国可以休矣!——99页

2)(增补):1848年2月里给我们带来了一个意外的幸福。胜利几乎是从云端里忽然下降。从那些流过血的、充满着战斗精神的革命者中,所选举出来的政府委员,有一半是共产主义者和社会主义者,并且其余的人当时也不会反对设立一个社会银行。他们当时也不会看得到这种银行的非常的结果。但是,无论好心的路易·勃朗或是满脑子批评的蒲鲁东,对于必要的措施都没有一个清楚的观念。更不必说其余人。——134页

3)(增补):并且自从二月革命以来,这种征服狂不是大大地减轻了吗?现在你们看,那些法国的有征服狂的人们,在他们得到了政权以后,不也是和那失败的王权一样,在战争面前畏缩害怕吗?现在在法国还有一个公开由报纸来代表主张莱因边界的政党吗?现在在法国,因为那些主张社会改革的政党已经加强了,那些只是在人民的成见中貌似强大的懦夫们就都噤若寒蝉了。——152页

4)(增补):我对若干这种祖国小丑颇有认识,没有一个能引起我赞赏惊奇的。为了其中某一个人的子女,有一次还曾经在我们手艺工人中募过捐,为了好供他们上大学。他们在那里学到的东西,现在他们正在报纸上宣传资本主义,而攻击社会主义者和共产主义。在美因河畔的法兰克福城就集结了这样一个著名的集团。三千元的膳宿费!这是应该这样,这是必须这样的。奥地利根本就不需要这样。老阿伦特就是这样。——153页

5)(增补):现在我还要把一只决斗的手套掷到你们脸上,你们这一批新恶棍的诡辩学家!你们这些财神的门徒!你们在自由贸易的招牌下试图用那些钱来蒙混人民,那是你们要手段从人民身上偷去的钱。你们以为,我们没有看透了你们吗?你们的自由贸易的学说,是那现在终于受到了全面攻击的资本势力的最后的挣扎。你们要想在自由贸易的假面具之下,重新引起人

民对钱袋党的信任，你们把贸易和资本势力描绘成千百万人幸福所系的救世主，并从而企图使他们脱离要求彻底改革社会的斗争。

如果你们想要为你们的清白作一个证明，那么就给我们必要的条件在报纸上来攻击你们吧。把你们那些头等的角色派到战场上去吧！如果你们自信那么确有把握，那就出场吧！

自由贸易、保护关税、营业自由、同业公会制度、工商业保护条例，以及无论这一切口号怎么叫法，都不过是些骗局，每一个受过社会主义思想启发的人都知道该怎样去估价它们的。——165 页

6)（增补）：我们且看一看北美合众国。在那里爱尔兰人建筑美国人的房屋，爱尔兰人和德国人修筑美国人的道路，大批的外国人在一切手工业里参加劳动。一千万有色奴隶和自由的德国人和爱尔兰人被指定在最艰苦的劳动中去寻找他们的工作和生活；前者是通过强制，而后者则是通过生活的逼迫。但是本地人，美国佬，却从事于最轻便的、获利最多的职业。——168 页

7)（在这里附加了一段注释）：我在旅行中，在某一个地方的手工工人处听到一句通行的谚语式的俗话："罪过是肝馅腊肠。"这句话的意思是说，他们对于神学上的罪过这个概念实在不敢恭维，并且对于所谓罪过，并不比对于在饥饿的时候忽然送来一段肝馅腊肠那样必须有更多的警惕！——174 页



# 第二部分

8)（增补）：最纯粹的民主只有在最完全的共产主义里才有可能。但是被我们今天称之为民主制度的那种选举方式，却永远不会实现共产主义或是促进各种社会问题的解决。

下面当我在这里揭露和批评那个迄今暧昧不明的民主概念，这个在若干人那里已经成为神圣空话的概念时，我预先请求我的读者们不要过于匆忙地来下判断，而是先听我把话全部说完。有很多知识分子朋友们曾说我不是一个民主主义者，但是在我这一方面，相反地，我相信只有共产主义者才代表真正的民主的本质，只有在共产主义里才能有最完全的民主。但是在共产主义实行之前，对于那些不确切地来进行投票表决，我觉得完全没有必要而且是有害的。如果我想要请一席客人吃饭，我总不会先让客人对我的请客来进行

一次投票表决,如果我真这样做,只会使人觉得可笑而已。——199页

9)—10)这两个注号之间改为:当我们研究一个像社会改革这样重要的问题的时候,如果我们看到今天的社会秩序里的一切制度都是有缺点的,并且绝大部分是有害的,那么我们就必须对于每一个这种制度,在它转移到新秩序中之前,作仔细严格的审查,以免由于它们的不合格而从根本上损害了新建筑。

如果我们这样去做,如果我们无论在任何地方凡是看到有缺点的时候,就把全部精神力量集中在那上面,并且在我们为了那全体普遍的东西而进行的奋斗努力中,永远只追寻那完善的事物,而绝不在任何地方停留下来对自己说:在这里我可找到它了!如果这样,我们就一定能接近那完善的事物。

那些永远在那里说"这是不可能的"的人们,他们只是用一个耳朵听,而不去读书,而读书也不去思考,对于这些人,当然任何新的思想都是突如其来的、意外的,并因此都足以激起他们的偏见和搅乱他们的概念;但是对于一个有思想的人,绝没有任何东西会是突如其来和意外到不是在他思想上已经对它有一定程度的准备的。他生活在理想的王国之中,一切真理对他都是昭然若揭的,并且今天一个人宣布为新思想的东西,往往是另一个人很久以前就在他脑子里存在着的,只是没有机会把自己的思想说出来罢了。

如果一个人真正想要实现某种确定的、已有定评的好理想,他就不会说:"这是不可能的",而是说:"这必须是可能的",并且去想适当的办法,使得这种理想的实现成为可能。现在,有一个一切要求进行改革的党派,还在暗中摸索的主要问题,这就是所要采取的政府的形式和如何选举当政者的方法。

共和党人和民主党人有一种被他们叫做民主政治的东西,但是像我立刻就要证明的,它根本不是什么民主政治,就像那所谓法律之前的平等根本不是什么平等一样。至于共产主义者对于他们的政府形式的选择,差不多还没有最后决定。大多数法国共产主义者倾向专政制度,因为他们很知道,那种为共和党人,或者不如说,为政客们所说的民主政治,是不适合于一个由旧的组织走向一个新的、更完善的组织的过渡时期的。虽然这样,卡贝仍然借用了共和党人的民主政治的原则,但是他很聪明地懂得,怎样在过渡时期内把一种几乎为人看不出来的专政附加在这种原则上。最后,欧文,英国共产主

义者的领袖，主张按每个男子的年龄来规定他所担任的职位，因此行政管理上的最高的领导人同时也就是行政管理中的最年长的成员。一切社会党人——除了傅立叶主义者，对于他们来说任何政府形式都是一样的——在这一点上彼此意见一致，即认为人们叫做民主政治的那种政治形式，对于年轻的还正是要去付诸实行的共有共享的原则来说，是一个很不中用的，甚至是有害的救急太平锚。

什么是所谓民主政治？——一种人民的统治，一种统治着的人民。这个说法是永远不确定的，人们可以愿意把它理解成什么就理解成什么，因为什么叫做人民？这没有问题，当然是指的一个由语言、风俗和习惯联系起来的社会里的全体成员——那么，什么又叫做统治呢？统治，这就是：按照他的意志去指挥别人。的确，对于这个名词我们讲不出一个比这更确切些的概念了。但是就这一点来说，整个的人民固然可以有一个指挥着它的统治者，但是人民，这非常大的一群人本身，却根本不可能是一个统治者。每个人都可以统治他自己，如果他有这个权力的话，个人或是若干个人也可以统治其余的人，但是一切人去统治一切人，这是一个概念上的混乱。

关于这一点，也有很多明白的事例摆在我们眼前。我们能够说，那些不满于他们的政府的千百个瑞士或美国共和党人，他们是在统治着吗？如果一个人投了某人一票，连这个人名字都不知道，难道能说这就是“在统治”吗？——在投票时永远有很大一部分人民随着他们的候选人的落选而成为少数派，那么这样的投票选举方式即使在共有共享的社会状况中也能叫做统治吗？——如果真要合乎“民主政治”这个概念，那就必须一切人都在统治；但是这样的统治是永远不会有的，因此这也就不是什么人民的统治，而是若干人对于人民的偶然的统治。



我在这里说偶然的统治，因为选举时的多数常常甚至简直就无非是一种偶然的赌博，并且即使在共有共享的社会状态中也是不能完全避免的。现在那就永远更是这样；简直就是欺骗和说谎。

谁要是还不能在大体上明白这一点，他可以去访问一下那些协会，也就是说那些把民主的投票表决，就像天主教徒们的十字架一样当成了原则的东西的协会，那时候他就会用能看得见的眼睛看得明明白白了。例如，有一个协会，当我在那里的十个月期间，会员由七十人增加到一百三十人，每星期开两次讨论会,在开会的时候,动不动就进行投票表决;往往对于一件可以看作是理所当然的琐事也要投票表决;但是在十个月的期间,表决的多数从没有超过三十票。大多数的决议只得到十票至二十票的多数。我还记得有一次,一个职员以七票的多数当选,其所以如此,只是因为并不是全体会员都出席,并且也不是全体都投了票。因此,在一百个会员之中如果有十二个人预先商量好,他们就可以在全会的投票表决时成为多数,特别是在人事选举上,没有一致的协商投票是十分分散的。现在我们可以把这个例子扩大起来想一想。

我们假定:在某一个小国里有二万一千个选民,每一千个选民选出一个代表;我们再假定,一切选举都是公正地进行,就像只有在共有共享的制度里才能办到的那样,但是有一点可以肯定,永远有很大一部分人民会对于选举不满意,因为选举票有的是投在这个人,有的是投在那个人身上,永远不会全部都投一个候选人的票,因此如果我们把那些被当选的候选人所得的票数总加起来,往往会有一种情形,这票数合起来在二万一千个选民中还不到一万一千票。这样,那些随着他们的候选人的落选而落选的一万名选民,他们就没有在任何情形下参加了这所谓的民主政治,因为那些人民代表根本就并不是按着他们意见而被选出来的。因此,在这样的情况下,在二十一个代表中,只要有一个代表在议会里成为反对党,他对于那其余的二十个代表来说就成了多数,也就是说如果人们把这一个代表的选民和那些随着他们的候选人的落选而落选的一万个选民加在一起的话,或者说如果每一次的立法提案都能在全体选民的面前提出来的话。因此即使在共有共享的情况下,也会发生这样的事,即以这样的方式唯一一个代表的反对,竟会成为议会中的多数。

此外,还有一种更明显得多的情况:我们假定,二十一个代表中有八名是由七千五百票选出的,其他十三名共得七千票,这十三名人民代表对于那其他八名代表来说,就是一个表面的强大多数,虽然在严格的考查之下他们不过是一个非常大的少数而已;因为第一,这十三个人只是由七千票选出的,并因此就已经有六千票反对他们,这六千票再加上那其他八个人的七千个选民,为数就在三千票以上。但是这里,这得七千选票的十三名代表即将对那得一万三千选票的八名代表居于多数的地位。这样的选举把戏,人们现在把它叫做民主政治!这个名称和这样事本身,彼此都是一样的荒诞无稽。这既不是一种真正的多数,也不是一种真正的民主政治,并且即使两者都可能做到，它也不适宜于共有共享的社会制度，因为在那里没有任何要去统治的东西，同样，在那里人们也不能把全体人的领导委托给一个这样的所谓多数，就像人们绝不能用抽签来决定千百万人之中那一个是最有才能的人一样。但是这种在千百万彼此互不相识的人之中进行的选举，无非是一场赌博（如果每一千选民选出一人，法国就要有一万名人民代表）。那对于行政领导来说是最必要的天才和智能，就像无数千万的钉子装在同一个口袋里一样，现在，民主政治的原则要求伸手到里面去乱抓，然后看你抓出来的是什么东西！一种滑稽的、古老的生活方式，对于古希腊、古罗马人是好的，但是对于我们的时代就不能再是好的了，在我们这个时代里粗陋的简单的统治已经接近死亡，而科学已经准备好要接受新秩序的领导了。

如果说，即使在共有共享的状况中，民主政治和多数表决权也是一种错误的观念，它们并不合乎人们通过它们所预期要达到的目的，但是在那里，在共有共享的状态中，却是都不需要为了他的每天的面包而匍匐于别人的面前，因为面包对于每个人都是永远有了保证的，在那里，任何人在选举时不可能，也不会受别人的拨弄，而现在则是到处贿赂公行。如果我们肯仔细地检查一下事实，在我们那些现代的共和国里，一切选举都无非是极可怜的少数，特别是在这样的一些国家里，其中凡是要做一个选民必须能缴纳一定数量的金钱。1830 年，在琉瑟息省一个自由主义的政府代替了陈腐的僧侣贵族政府。这个新政府给了人民一种扩大的选举权和出版自由，并且给了青年们良好的学校，但是恰是这种扩大的选举自由，在十年之后重新又推翻了这个自由主义的政府和它的种种制度和设施，并且赋予僧侣们比 1803 年以前更大的活动范围。耶稣会的会士被召入国内，并且把青年的教育委托给他们；出版自由又受到限制。在北美合众国，这种选举自由正是起了这样的作用，就是阻碍奴隶制的废除，法国大革命也因为通过它而又走回到腐败的老路上去。但是尽管有这一切，人们还是永远不肯用能看的眼睛来看一看，而且继续用民主选举的形式的原则来蒙蔽和迷惑人民，却不知道这种选举形式，只在那些旧秩序已经倒塌，并且在这个基础上无知无识的人已经不会再在选举中受骗的时候，它才是好的、能带来福利的东西。

到现在我还没有研究过一切可能的选举活动和阴谋诡计；仅仅我所知道的那些，对我来说已经是足够了；但是那些法国的选举斗士们在这个问题上

是能够写出一大本书来的。在选举中,人们不只是利用金钱,而且熟练的演说家们利用他们的口才,往往可以巧妙地为一件坏事挣来多数选票。他们讨论得那样长久,直到他们把一些人已经弄厌倦了,把另一些人已经搞糊涂了,最后又让另一些人相信,只有他们才是最明白这件事的,因为他们在这件事情上说得最流利、最冗长;然后他们只要再选择一个最有利的时机来投票,这件事就算办成了。这种办法是司空见惯的事,我们可以举出大批的实例来。如果在一百人之中只要有二十个人预先商量好,在选举的时候混在其余的人里面,他们就能够在他们认为需要的时候制造出一个多数来,也就是说如果其余的人没有想到事先集合起来商量一下的话。我想起一件事,那是曾经在一个团体里有人建议要发表一项声明。人们投票决定了,并且选出了草拟这份声明的人。起草人在下一次会议上宣读了他的稿子。人们又来投票表决,并且通过和接受了这份稿子。但是有很少数几个人知道,这份声明是早已就拟就了的。在投票表决是否通过这份稿子的时候,它已经印刷好,并且流传在许多人手里了。印刷商为了卖钱,曾印出了若干份,因此在这个声明在应该散发出去之前,就早已流传开了。

在一切预作准备的选举会里,情形都是这样。在那些人民代表的议会里,事情当然就更诡谲些,在那里阴谋诡计就更多了,因为普通的手段在那里是大家都知道的。会前的集议和商讨在那里已经不够用,因为其他敌对党派也会这样办。于是人们或是故意无休止地拖延,或是竭力缩短讨论的时间,这就看人们相信是以把对方拖疲倦,或是以出其不意地制胜而定。往往人们假装,似乎要把表决推迟到下一次会议,有些没有耐性的或是满不在意的反对者退席离去了,于是又忽然宣布进行投票表决。如果人们认识了反对者的某些弱点,人们就把辩论弄到像战争一样慷慨激烈的地步,以便由此好剥夺掉对方的若干票数。而大多数人则摇摆在忽左忽右之间,这一个人要想为真理而说服别人;另一个人是为了自己的虚荣心;又一个人由于妒忌而不肯让他的敌人占有公理;那一个人则是为了表现他的演说的本领,只要说得动听,即使结果等于什么都没有说也可以;还有一个是想要实验,是不是他能说得让人酣然入睡,最后,这些东西都还印成书,并且向人民公布。这最后一着究竟还有一点好处,就是它使读者看了总有一天会对这整个的喜剧感到腻烦和可恶。

还有一种荒谬的情形,就是像在选举一个国家的行政管理人员这样一件需要非常审慎的事情上,无论是被选人和选举人的才能和智慧都是有非常重大的关系的,但是就今天这个概念意义下的所谓民主政治的原则而说,却完全不顾这一点。谁有一张会吃饭的嘴,谁就能投一票;在这样的情况下,有才能的人也就不得不消失在那一大群无数的选民之中了,后者既从来没有机会去亲身认识那有才能的人,更从来没有机会去认识他的才能,何况绝大多数人,由于他们对于事情的缺乏知识,也根本不懂得怎样去识别才能。人的天性的分配并不是像数学那样地平均相等的,这一个人体力比较强而智力比较弱,另一个人智力比较强而体力比较弱,又一个人两者都比较强或是两者都很弱。评定一个人的体力而不经过测验,这是很困难的事,同样评定一个人的智力,不经过测验,那就更加困难了。并且在识别一个人的智力时,人们还必需对于这种能力部分地具有一定的了解,然后才能去加以判断。所以如果人们在共有共享的状况中必须把天才和智能置于行政管理的首脑地位——而这一点是即使最仇恨我们原则的敌人也不能否认的事——这就十分明显,现在的种种政府形式和选举制度是对此毫不适用的。

在共有共享的状况中,不再去选择擅长辞令的人、说教的人和外交家,而是要选择发明家、发现者、完成者和改进者,总而言之:智能、理解、天才和智慧。



在这种情况下,因此政府的形式就必须是另一个样子,因为在这里面并没有丝毫统治,而是要去领导,就是说去领导整体的和谐,领导一切人的生产和交换。但是统治比为了全体人的福利而去进行领导要容易得多,因此在政治的选举中彼此口头的约言也就够了,甚至往往连这个也不必要;但是如果人们要把某一件事业的领导委任给一个人,人们就不能满足于种种约言,而是要有这个人的证据;人们不会派一个对于这件事毫无所知的人去识别和测验,而是自己亲身去,或是,如果自己对于这件事不懂的话,派一个有专门知识的人去。现在我们再来更清楚地说明这一点。

在共有共享的社会状况中,一切选举都必须具有这样一个目的,这就是要把那些对于社会的和谐,对于社会的福利和繁荣具有最根本的知识的人选出来。不是吗?这是任何人所不能持异议的。

但是,在共有共享的社会状况中,这些知识的内容是在于什么呢?或者毋宁说:什么是行政管理的工作?

这些工作是:

1. 对于整体的和谐的领导。

2. 一切新的有益的理想、科学、发明和发现的实现和利用。

3. 对于一切劳动的领导。

4. 对于生产的分配和交换的领导。

在共有共享的社会状况中,任何一种劳动在它的完善性的最高点上都将是一种科学,并且因此任何一种劳动的提高和完善,如果有一个理想作为它的先导,它就是一种科学。例如瓦工可以提高到建筑师的科学水平,染工可以提高到化学家的科学水平,同样,以此类推,在每一个行业里都可以是这样,因此每一个劳动部门都将是一种科学,如果它和观念和思想结合在一起的话。

因此,那些在每一个部门里努力达到知识的最高点的人,正是他们,应该构成行政管理机构的成员,这一点也是任何人所不能反对的。

但是只有那些懂得评定这种智能的人,具有同一的或是类似的这种知识,他们才能发现这种智能;因为一个成衣工人总比一个瓦工能更好地评定这一件衣裳是否缝得很好,一个裁衣工人总比一个没有剪裁知识的人知道得更清楚,它剪裁的是否合式。在其余一切劳动和知识部门里也都是这样,因此在共有共享的社会里,每一个选举人必须具有一个选举人的资格。建筑工地上的小工能够在那里选举他的工长,但是不能选举一个领导全国的最高级建筑物的建筑师。如果他要参加选举建筑师,他就必须事先取得这种资格;但是对于这种资格的取得,每个人都有自由和可能。



但是同样也可以肯定,不可能每个人都具有全部有关被选举者的知识,因为人们不可能在十个或十五个劳动部门里都是最优秀的人才;因此选举必须在每个部门里单独进行。同样也可以肯定,某一部门科学的研究比另一门科学的研究往往需要更高深若干倍的知识,因此无论在选举人或是被选举人方面,各种不同的选举也就需要各种不同资格和知识。因此在共有共享的社会中,如果人们要不违背自然规律,就必须考虑到所有这一切。——199—202 页

11)(增补):因此,在未来的选举中的主要条件将大致如下:

1. 选举，和劳动及享受的分配一样，都以自然规律为基础；因此每个人按照他的体力和能力来劳动，按照他的所好、他的食欲和健康来享受，按照他的知识和才能来参加选举。

2. 因此每个人都有选举权和被选举权，但是为了他本人以及其他一切人的利益起见——各按照他的能力而担任一个较轻或较重的职位。

3. 因为享受的分配以及整个的社会制度都必须按照自然规律来调整，因此任何人不能因为他的天才或智能而比别人受优待，而是最无知识和最不熟练的人也能以他的薄弱的能力和具有最大才能的人有同样的享受，如果这种享受是合乎自然的，也就是说如果这种享受有利于他的精神的和肉体的，并从而并不损害整体的和谐的话。

4. 因为在争论和多数票表决中，所反映出的人们的人格和感情因素，以及一切通过多数表决的立法程序，都只能阻碍进步并破坏整体的和谐，因此必须想出一种制度，在这种制度里使得这些东西部分地成为无害的、部分地成为不必要的东西。

5. 这种制度必须将进步宣布为唯一的法律；那时候社会就有了一种法律，它不断地自行返老还童和化旧为新，当它有步骤地一步一步采取新的制度的时候，也就不断地抛弃旧的制度，这样就使一切制定法律的工作和一切旧事物和新事物之间的斗争归于终止，就使得在愉快的向前进步中在知识的王国里不断有新的东西出现，而某些人的贪婪的利益也就不能再成为进步的道路上的障碍，就像迄今所永远发生并且还在发生的那样。

6. 在这个制度里，最伟大的天才和最伟大的智能必须永远被安置在最重要的工作的行政管理中最高席位上。任何人不会因此妒忌他们，因为所给予他们的光荣，并不给他们带来比任何人更多的收入，而是给他们加上比一切其余的人更多的义务，并不是更少的义务。

7. 因此在这里所选举的不是某某人，而是能力。在选举有了结果之后，才允许宣布当选者的名字。用这种方式，一切有害的感情和偏袒就都被堵绝了。这种能力的选举，可以用类似今天选定一个发明家的图样和样品以确定它能否获得专利权那样；或是像现在一个作家向研究院应征解决一个悬题那样。

8. 因为人们不能预先计算到会有种种发明、发现以及新的有益的思想要发生,所以人们也不能对于最重要行政管理机关的选举事先规定出一定的时间。

9.正因为这样,人们也不能对最重要的工作人员的职位定出任期;如果有许多新事物和有益的东西发明出来和想出来,就多几次举行选举,谁要是在他的智能上,他的天才和能力上被另一个人所超过,他就让位于这个人,如果为了实现那新的理想有这样必要的话。这样就给进步扫除了道路上的障碍,并使进步成为一种法律。

10.人们必须通过应征解决悬题的方式,来取得最高行政管理中的那些最重要的职位,这些悬题由代表科学的核心的那些人的集会提出来,悬题的目的在于扩大和促进对人类福利有益的科学。

按照我的意见,有三种科学对于共有共享的社会是有特别重要意义的:第一是治疗一切人类恶疾,无论是精神或肉体的恶疾的科学,我把它叫做新医疗学。在它的范围内,既包括宗教的和哲学的伦理学,又包括解剖学、药剂学和社会经济学。未来的医生,因此,同时也是哲学家和伦理学家,他不止治疗肉体的,并且也治疗精神的病征。

第二是物理学,包括对于原始的自然及其如何为人类的福利而运用的知识。



第三是机械学,或者说是能以较少的力量而产生多量产品的科学。

这三种不同的,但是彼此互相结合的科学因此是有特别意义的,它们和其他一切的专门科学——这三种科学就是这些科学汇集而成的,一起领导着整个的社会制度;因此也就必须是那些在这些科学里的最新和最重要的发明和发现,在这些科学里的最大胆和最有益的理想,由它们来掌握全部的行政管理。为了永远能够从广大人民群众中识别出那些最伟大的才能,必须经常提出悬题,例如:对于一个医生,凡能发明某种方法,消灭这一种或那一种疾病者,就给他行政管理中的这一个或那一个地位;对于一个物理学者,凡能发现大自然里的某种力量具有这种或是那种作用者,就给他在社会里的这种或那种地位,对于机械学家,凡能发明这种或是那种机器者,就给他这种或是那种能发挥他的能力的地位。

这样一种办法本来也可以叫做民主政治,但是我把它称为科学的统治。——203 页

12)(增补):因此,在社会主义的国家里各技工团,就像是在我们今天的政治状况里的柏林、慕尼黑、德累斯登,汉诺威等地的国民大会那样;而中央技工团至少就政治方面来说,则差不多就是今天我们的法兰克福国民大会那样或应该是的那样。所不同的只是,只要在现在的语言障碍许可的条件下,今天的那些政治疆界的区划在那时候就都可不必顾及了。

去年全德国的工人大会一致提出一个社会国会的要求。因此这已经是向实现勤劳和能力的最高权力前进了一步,因为任何其他形式的人民最高权力是没有的。人们至少应该把这个要求坚持下去。但是让我们把那设计成和它并立在一起的政治国会取消掉吧。劳动、勤劳和能力的利益所代表的是人民的最高利益。——216 页

13)(增补):因此各工作理事会也就是相当于今天那些国民大会里的部长的职位,所不同的只是在作这样的比较时必须永远考虑到,它们的任务不是政治的虚应故事,而必须是一种实际深入人民生活的,实际地可感觉的工作,同时工作理事会的成员也只能是劳动者,他们不能比任何其他人具有更多的特权,他们的工作只能和其他一切人一样以同等的比例取得一般多的报酬;并且那时候劳动者这个名词也是不必要的,因为人们在这样的一个制度里,在凡有劳动力的人之中就根本找不到和这个名称相反的名词:不劳动者。——217 页

14)(在这一节以前增补):如果人们考虑到现在几乎一切主张政治和社会进步的人,为了实现他们的目的都在大吹其民主主义的法螺,而想要把一切都依靠在群众选举这一方法上,另一方面再略略看一看那种广大的概念上的混乱,这种混乱无论是关于劳动价值的规定,关于商业,关于劳动的报酬和组织等等,都还在群众以及群众的领导者和教育者之中有着一定的势力,如果人们注意到这一切,就不免会对下一次的社会革命的成功的转变感到怀疑,如果他不是抱着一种不可动摇的信念的话,也就是说如果他不是坚信任一个勇敢的、好意的知识分子,在紧要关头通过实际的行动,一定会在人民中找到这样一种为迅速扫除这些黑暗所必要的力量。就这一点而说,现在已经可能发生的事,它是会发生的,并且会尽早地发生的。因此请读者给我双倍的耐心和注意,以免误解了我的意思。

预先我要说明,交易小时制度是我所认为可行的、最高的社会改革的理

想,我在这方面直到今天还没有想出更好的办法,我要说明交易簿是一种最好的交换手段,并且可以使欺骗和盗窃成为不可能,并从而可以废除警察等等这些无益有害的官僚制度,但是,我还要说明,为了迅速、稳妥地达到目的,人们在一次社会革命之后,还必须考虑到那些还有着巨大影响的人民的成见,考虑到那所谓的人民的意志,所以我在《可能的过渡时期》这一章里,将提出另一种其他的交换制度,一种这样简单和经过考验的、适合于最大多数群众愿望的、无可非议的交换制度,以致我坚决相信,这种交换制度是必然会受到欢迎和见诸实行的。

要发现一种完善的关于劳动、自由、民主生活和社会生活的组织形式,最主要的就在于要发现一种完善的交换制度。一种交换手段,它能保证一切道德的或是宗教的基本原则的实现,能保证人类的力量的最有益的运用,保证进步和个人自由的最大可能的发展,它就是一种对于这样的一切人的最完善的交换手段,这些人对于人类和同胞充满着友爱,他们具有道德的、基督教的、人道的和共产主义的思想和感情,他们不想去压迫和欺诈别人,同时也不肯受别人的压迫和欺诈。

但是有这样一些人,他们却不愿意这样,虽然他们为了免得显出自己是自私主义者,也不敢公开站出来攻击指向这些愿望的原则本身。他们以个人自由作为他们的借口和支柱——为了给自己一种能博取人心的色彩——而内心里却是在想着他们那自己的、损人利己的自由。当然他们会觉得这种自由在共产主义的制度里是尊重得不够的。所以他们对人说,他们也很愿意要共产主义,但是不愿意要任何制度,因为一切制度都妨碍个人的自由。而这里,他们在内心里所想着又是他们那个人的自由。他们就是用这种方式来坚持关于个人自由的空谈和讲演,并且也得到一些人的附和,因为彻底的思考既并不是每个人所能做的事,并且那些有思考鉴别能力的人,又并非永远都抱有承认好事的意向。人们用伪装的哗众取宠的词句来为这种掩藏在烟幕后面的个人自由作辩护,以便讨好和争取群众,但是却不让群众看到,每一个人的个人自由只有在这样一个社会组织里才有可能,在这个社会组织里,不允许自私自利的人在行使他们那具有特权的个人自由的同时,侵犯到别人的个人自由的正当权利。我们所大声控诉的那一切专制暴君、富豪和贵族的行为,都是他们那个人自由的行使和发挥,而一切政治的和社会的改革就都无非是要限制对于个人自由的侵犯，要限制那种某些人为了自己而侵犯其余一切人的自由的行为。因此，人们不能把个人自由这个空谈当作一种改革的口号，如果人们不同时说明，他是准备按照什么标准来规定个人自由，也就是说，为了全体的利益而限制某些人的个人自由的话，那就会把人民引导到歧途上去。个人自由必须分配给全体的人，以便每个人都得到他应得的一份，即使那时候任何人不可能得到像今天有些人所得的那样多。谁要是为了个人自由、民主、福利、幸福、十全十美的福祉等等这些好听的名词的集合而大发议论，但是却并不说明，这些对于我们政治和社会的希望的诱饵究竟用什么方式能够以同等的比例为每一个人所共享，那么他就不能不有很大的嫌疑，他根本并不真想要把这些好事物公之于大众，而只是为了装出一种口是心非的圣人面孔，为了做出一种两面讨好的样子，为了把激进派、穷人和被压迫者的精神兴奋剂通过空谈的混合和甜化，调和得这样适合于富人们的口味，以致使它必然失去了它对于穷人们的原有的效用。这样一种趋向，或者是由于对社会经济学的极端无知，或者是由于自己行云流水般的文字眩惑了自己的理智，例如在杜隆的《欺骗者》一书第137页就有所表现。

但是更令人惊异的是，像蒲鲁东和舍伐利埃这样的人物，都是负有经济学界泰斗的盛名的，但是由他们的作品可以证明，原来他们对这个问题还远没有彻底弄清楚哩！这里正是一个很值得注意的，在社会主义思想发展上很具有典型意义的例证。



蒲鲁东曾批评过另一个经济学名家的观点。他在《论人类秩序的创立》一书第221页说道：

“舍伐利埃在他最近发表的演说里说，如果把法国的全部收入平均分配给全部居民，每人每天所得不过六十三生丁，因此——这位有学问的教授说——平均分配，不但不能摆脱贫穷，相反其唯一的结果只能是造成全体人的贫穷。

“这个针对着主张平均的乌托邦作家而发的论据轰动一时，并且被一切江湖作家们所满心欢喜地抄袭利用着。但是人们不论怎样解释和辩护，总不能掩盖掉这里面对于正义和基本原则的不尊重。

“按法律说，舍伐利埃的论断，并没有证明任何东西，因为如果每人每天十二生丁，大家都很穷，难道这就是一个理由，该从我那十二个生丁里出于同情心而拿出六个生丁来把它给我那邻人,好让他多赚六个生丁吗?——人们说,是这样,因为不这样就会大家都穷了。——也许是这样;但是,如果人们根据这种情况就得出维持现有财产秩序的结论来,人们就是离开了讨论的出发点了,它正是要知道,平均是否能用另一个系统的观念,用统计学来计算的。

“并且从事实上来说,舍伐利埃的论断也并没有证明任何东西;这个论断所根据的前提,根本是不符合事实的;因为法国并不是按人口,而是按户口来消费它的收入的。

“现在假定每户平均有四口人,每口每天六十三生丁,这就是每户每天二法郎五十二生丁。但是很多的家庭——特别是在乡村里——有两法郎五十二生丁已经是富裕的生活了,反之——如果消费按单口人计算——两法郎五十二生丁,即便生产再增加四倍,也还是很少的。

“那么舍伐利埃的意见错误在哪里呢?——在这里,就是他把联合的力量分裂开来了,他把国家分裂成为个人,但是联合的力量在于家族的结合,并且这种结合正是对抗贫困的最有力的手段。”

这个1840年由舍伐利埃提出的,并且后来由蒲鲁东用上述的话批评过的论据,在当时有很重大的意义。社会主义者和共产主义者的敌人们,由于这个败兴的论据而欢欣鼓舞。社会主义的和共产主义的舆论领导人对此保持沉默;而拥护他们的原则的人们则如梦初醒,不知道自己究竟是在一片梦境里还是在一种真实里。

上文蒲鲁东的批评,是发表于1843年,并且是唯一出现的反批评。但是舍伐利埃的论据并没有由于蒲鲁东所给它的打击和创伤而失去活力,因为蒲鲁东只是证明,分到每个人身上的收入也并不那么微小,因为他们并不是单口地,而是一个家合在一起消费的,因而就可以节省很多。

所以蒲鲁东是落入陷阱中了,他把那著名的经济学家所提出事实假象当作了真实,并且在这个错误的基础上还指出了若干没有被人谈到的好处。但是社会经济的实况却完全不是这样子。

人们虽然把每个法国人每年对于消费所付出的一切都算作法国的收入。但是我们所消费的一切都必须通过劳动把它生产出来,因此也只应该供劳动阶级和那些丧失劳动力的人们使用,在一个平等的社会里,情形就会是这样,但是舍伐利埃却正是要通过平均分配后每人所得的很少几个生丁来诬蔑这种社会状况。因此舍伐利埃没有权利把只是有益的劳动者所能生产出来的东西，跟那些大群无益的和有害的劳动者以及那无数我们今天不能不养活的浪费者和游手好闲者去进行平均分配。他还说：你们看嘛，在平均的状况中每个人每天不过只能得到六十三生丁。

在平等的社会状况中，一切这些游手好闲者、浪费者以及其他无益的和有害的劳动者都必须用一种有益的方式来维持他们自己的生活。因此他们的收入，只有在把他们也添加到生产者的行列中去以后才能计入舍伐利埃的平均计算之内。那样就将会有数百万人，这些人现在也必须自己来养活自己。这数百万人的生产将会给法国的总收入增加一个新的数目。那时候就会得出一个完全不同的答数，这个答数和被蒲鲁东目光浅短地、肤浅地批评过的那舍伐利埃的答数是完全两样的。

现在还有一件主要的事：在共有共享的状况中，通过交换过程究竟我每天所得的份额是算作价值十五分还是价值十五元是完全一样。如果全体人都生活在一种平等的关系里，那么一小时劳动时间的价值，究竟是付给一分钱还是付给十元钱也就是一样的。我所得的反正是一个劳动小时的价值。



因此，如果说在最高明的知识界里，对于金钱制度的把戏的看法曾经是并且今天还是这样的混乱，就像蒲鲁东在他那交换银行研究所里所表现的，并且特别是就像我们在社会经济科学的最高峰上所结出来的那些果实上所看到的那样，那么这也就很容易想到，在人民群众的概念里，对于金钱制度又该是什么样子了。关于个人自由这个概念，情况也是一样。只是激动感情的讲演，不能使我们有丝毫的进步，还必须能满足我们的理智。我们必须试着更详细地来讲明个人自由。我们所要的是什么样的、怎样得来的、为了谁的个人自由，并且我们所期望的那种个人自由，只有在什么样的社会制度里才有可能，这些都必须加以确切说明，然后我们的意思才会清楚。——219 页

15)(增补)：但是，现在有一个主要的问题，任何交换制度凡是要证明自己是一种完善的交换制度的，都必须经受这个问题的考验，这就是：什么是衡量劳动价值的正确标准？

完成一种劳动必须有：

1. 物质手段，例如：工具、机器、原始产品等等。2. 能力。3. 兴趣。4. 体

力。5.对意外事故的保障(例如受伤、腐蚀、破损等)。6.劳动所必需的,或毋宁说在劳动中所消耗的时间。

如果我对每一种劳动的每一个这些条件都能作出详细精确的规定,我就可以有一个完全像数字一样精确的关于劳动价值的尺度了。

我们且来试一下,这一点能够做到什么样的程度:

劳动的手段,例如:工具、机器等等,本身就是劳动的对象,所以它对于劳动价值的规定不能提供特别的条件度数,因为我们在其他条件程度里所找到的东西,必定也同样适用于它们。关于事故的保障也有同样的情况。因为只有通过劳动的产品和劳动时间才能提供这种保障。因此关于这种保障,我们也不得不依据于其余那些条件所规定的劳动价值。

因此我们所要研究的就是兴趣、体力、能力和时间。

社会给每个人选择一种完备的劳动教育的机会,作为他的就业的准备。因此,每个人都获得一种技能,能够胜任地、愉快地运用这种技能的兴趣和体力。确定的劳动时间当然是通过对于劳动的兴趣和体力来决定的,并且在时间内的生活本身也是通过劳动来决定的。因此谁要生活,就必须或者自己劳动,或者让别人替自己劳动,并且,如果他能劳动的话,他必须对于任何一种他所喜欢的劳动和体力活动准备下那么多的必要的兴趣和技能,这是每个人自己比任何人所能告诉他的都知道得更清楚得多的。

因此,一方面是作为就业预备而获得的教育,和这种教育中所发展出来的能力,另一方面是劳动的自由选择,决定了每一个人的劳动兴趣和劳动力的使用方式,并从而决定他那能力在时间上的程度。

所以我觉得,对于完成一种劳动所列出的六个条件可以归结为两个条件,就是劳动的自由选择和劳动手段。(教育、时间、能力、事故的保障,等等)但是,这些手段都是通过它们在劳动时间里和在对于劳动的自由选择里的发展来决定的。兴趣、体力和对于能力天赋的自觉的意识,决定我们对于劳动的自由选择。只有自由的选择才使得兴趣、体力和劳力在时间里的运用成为可能。所以一种劳动的自由选择,证明选择者在他自身中感觉到对此所必要的兴趣、体力和能力的程度,并且经验告诉我们,这些兴趣、体力和能力在时间中的运用,永远提供大致上相等的结果。因此,一定数量的有能力的劳动者,在一个同等的时间内,在各种不同的、自由选择的劳动部门里所制成的产品，应该——如果这些劳动者在他们自己之间分配盈利的话——毫无异议对于他们具有一种在比例上同等的价值，并且在这种场合下，每一个人都能以同等的权利，在同等的比例上，要求占有同等的部分。

从以上的这些探索里已经可以断定，就劳动的利益来说，时间是唯一可能的，并且也是唯一正确的衡量劳动价值的标准。因此为大多数有能力的劳动者在生产任何一种物件时所必需的劳动时间，对于这种劳动的价值提供了一个最精确的衡量标准。但是人们不要忘记了那主要的事。每一种个别单独的劳动的价值的衡量标准，在全体社会劳动的总计算之中，只有通过时间并且以这样的方式来规定，就是在这种总计算中任何人不得受到巧取诈骗。因为社会需要一种管理，需要各种服务性的劳动，人们除非把这些劳绩的相当的一部分算作任何可买的货品，这些劳绩就无法在交换里代表出来。所以个别单独的人永远不能详细确切地规定一种劳动的社会价值，因为每一个个别单独的人的劳动，都要由其他人的劳动来规定，每一种权利和每一种义务都要由其他人的权利和义务来规定。

时间可以随意分成数字。时间是一种公共的一般的东西，它可以包括一切过去的、现在的和将来的事物。所以一切随着时间走的事物，都必然可以按时间来计算。人的生命是由时间构成的。其中有相当一部分是用来满足身体的成长的，另一部分是用来满足身体的需要的，又一部分是用来满足业务能力和知识的培养的。一切人的需要和劳动都是在时间中规范和调整的。一定时间的紧张劳动，就需要一定时间的休息来补充所丧失的力量。无论我们做什么，时间所加之于劳动的限制，尽管我们可以扩展它，但是我们不能把它从时间的计算中消除掉。



对于一切有专门知识的劳动者来说，在一个一定时间内所能生产出的产品的质量和数量，和那能够生产出一定质量和数量劳动产品来的时间一样，同样都是一个固定的东西。把一件衣服和另一件衣服，一件家具和另一件家具比较，他们总可以按照劳动时间来详细精确地规定出它们的价值，如果他们把对此所必需的兴趣、体力和能力的程度看作是由自由选择所决定的话。而这种自由选择同时又是通过前者而决定的，因为绝不会有人自愿去做一件他没有兴趣、体力和能力的事。如果在上述的比较中，那计算并不确切相符的话，那么多费的时间就是由于那些超过了社会所确定的保证程度以上的劳动手段所引起的,它应该由大家来补偿。产生这种差额的原因绝不能归之于一个生手的技能不足,因为任何人不先经过某种劳动的考试及格,也就是说,不先证明他有能力在所规定的一定时间内能完成一定的要求,他就不能离开学习军而进入社会(参看第十四章)。所以计算的不符,只能是由于一时的身心不快、体力衰弱或是非常事故所产生,而绝不会是由于真实的能力不足。

在机器工人身上,现在机器工人正在日益更多地代替一切的其他劳动者,时间的计算更是准确到完全可以按数字计算的程度的。特别是手工工人,自古以来就是预先计算他们生产所需要的时间的。在行政机关里、商业组织里的劳动,有关人民教育的劳动,以及一切的精神劳动,如果不是从时间上计算,根本就不能计算。对于这些人,社会只能说:我们天天为你们劳动这么多小时,所以你们也要为我们做同样多小时的事,以便在我们彼此进行交换的时候,我们的劳动能有同等的价值。

但是也有些劳动不容许这种规定,就是不能经常按规则来做的劳动,例如大多数的精神劳动,医生、发明家的劳动等等;但是这一点并不妨碍作为衡量劳动价值的标准的时间计算上的比例关系:因为在规定一种一般劳动时间的时候,行政管理方面必定计算过,在每一个劳动部门里必须有多少劳动者。这些劳动者在一定的时间内总是制造出一个定量的产品;做不到这个定量的个别的人,必须或者由别人加以帮助,或者自己设法补足。同样在学校和医院里,总是需要某一个定量的教师和医生。这些人当然不能按照小时或者某种其他的数字规定来进行工作,但是在他们担任他们按照一般的需要和一般的劳动时间而定量的职务的时候,他们也就是在为他们每日的劳动时间而工作,这种劳动时间和手工工人的劳动时间是相同的,所不同的只是行政管理方面有时候不能不在某个事业部门里要比定额多派些人去,因为有些人对他们的职务比较拖沓,或是,因为有些人常常缺课,因此不得不多派教师。——现在,如果一个工人的日常工作分成为六个劳动小时并按照六个劳动小时付给工资,那么医生或是教师以及其他类似人员的日常工作也同样的照此计算,并且这种规定由于可以自由选择一个人的行业而证明它是合理的,由于这种自由选择,一个人的兴趣、体力和能力可以在一段时间中得到发挥,这段时间可以适应一切情况,并且可以用来衡量一切劳动。



因此,通过能力我们获得各种产品的各种不同的性质。每种性质所需要的劳动时间，为我们提供了一个按照时间来衡量这种性质的手段，并从而使我们不仅能够把同一个劳动产品的各种性质的程度和一个人所进行的工作相比较，而且也能比较各种不同产品的各种性质的程度。它既给了我们质量和数量的概念，并且特别是给了我们劳动价值的概念，因此如果社会以同等的条件和机会对一切人保障劳动的手段和对劳动的自由选择，时间就是衡量劳动价值的最可能地正确的标准。

但是这个正确的衡量标准和个人自由的关系怎样呢？如果把劳动拘束在对每一个人规定的某一件任务上，而不是拘束在对于一种单调的劳动来说，往往会引起不愉快的时间尺度上，劳动不是更令人觉得舒畅些吗？

诚然是这样，因此行政管理当局可以随意给每个工厂、作坊、团体等分配某种一定的、按照一般劳动时间核算过的劳动任务，只要行政管理和劳动和工作任务之间的关系上允许这样做的话。以这种方式，在大多数劳动中都可以对每个劳动者定出某种一定的、每日要提供的劳动质量和数量。

为了完成对于一切人必要和有益的产品的生产，而照同等的比例关系所规定的劳动时间，我把它叫做一般共同的劳动时间。

为了特别的享受而自愿超过一般共同劳动时间所做的劳动时间，我把它叫做交易小时。

作为交易小时记入簿子里的劳动时间，我把它叫做劳动标签，作为交易小时而被注销的劳动时间，我把它叫做享受标签。

所以在交易小时的名称下，既包括以劳动标签，也包括以享受标签为名的劳动时间。——221页

16)—17)(这两个注号之间改为)：执有人的半身像和他的特征的说明的下一页，包括医生在每次诊病以后填入的健康报告书，记入所患病症的原因、性质、病期以及对此所采用的治疗方法。在第三页上记载居住的城市和住所的变更。第四页上记载行业和劳动小组的更换。第五页包括该持有人以前的交易簿上的内容概况。第六页记载从旧交易簿移转到新交易簿上的交易小时的总数。最后第七页包括预订享受的印章，这些享受是只能按月或是按季来计算的，例如对于剧院、筵席、游赏旅行的印章等等。第八页包括备作清算之用而记入的那些零星的五分钟劳动时间。

第八条　这一切安排都是为了便利行政管理，并且保障每个人有平等

的、适度的参加劳动和享受的机会。此外,这本簿子还包括五十二页,每一页印成三十六个方格。每一个方格表示一小时的劳动时间,因此每一页代表一个星期和三十六个交易小时。

第九条　交易簿应装在一个洁净的袋里牢结在腰带上,或是用其他方式,和衣服的美观、便利和安全相谐和。

从交易簿里必须能看出来,执有者是谁,他住在哪里,在哪里工作,有什么嗜好,曾经患过什么病症,旅行过什么地方,以及有多少可供交换的由劳动标签所代表的交易小时的存量。

交易簿是为了调整全体人的和谐而必需的一个人的各种书面证件的总和。它代表了我们在目前状况下所需用的一切文件。它同时既是出生证、籍贯证和许可证,又是日记、纪念册和会计簿,又是学校文凭、艺徒证书、入场券、介绍信、旅行证、支票、收据、公份册、存款簿和月份牌。它是那个持有人精神和肉体需要的一面镜子,是他的半身肖像,他的小传;总之,是这一个人的迄今从未这样明白地表示过的全部形象化的“我”。我们在目前社会状况中所需用的,那非常大量的这样那样的,其中大多数是很无用的文凭、证明和文件等等都以一种更完善、更简单的方式集中在这一本交易簿里。

第十条　除了这种每一个有劳动力的人只能有一本小的交易簿而外,在每一个可以用交易小时换取产品或是享受的场所里,都有一本大的交易簿,它的每一页上也和小的交易簿一样,印成许多方格。

第十一条　每周末,劳动者把交易簿送给领班或是其他主管的人,这个人就按照每个劳动者在本周内所做的交易小时的数目,计算若干方格,并且在最后一个方格上记上他的签名或是其他的标志。例如有一个人一周做了十二个交易小时,他就得到十二个方格,从以前的或是从最后的标志数起,加上一新的标志。

第十二条　如果一个人需要进行交换,需要某种奢侈品,需要在他方便的时候喝一杯咖啡或是啤酒,他就不必付钱,只须把他的交易簿拿出来,店主或交换的代理人等就按照交换物品所值的劳动时间画一道或是剪一个口作为减去若干方格的标志。如果这时候出现一种情形,只能从一个劳动小时的方格里减去五分钟,那么以后在进行交换的时候,那同一的方格还可以再被减去一次或是许多次,为此必须设有某种以分计算的标志。换入物品者同时也给店主或是代理人把同样价值的标志标在那么大的交易簿内。外地来的人除了舒适品以外也可以呈验交易簿,以取得生活必需品。

第十三条　店主和商业代理人只能在最后的交易小时标志的限度内签发换入者所需的价值;如果最后的交易小时已经签出了,就不能再进行交换,换句话说也就是:这个具有劳动能力的人如果不在规定的有益和必要产品的劳动时间之外再进行劳动,就不能参加舒适产品的享受,这种享受是由一种超额的劳动时间而来的。

第十四条　享受标志可以或者在预订时事先盖入,或者在换取人领取享受的时候才盖入。人们可以对于文艺、游览旅行、骑马、饲养狗鸟等等事先进行预订。

第十五条　享受标志可以同时用形式或颜色来表示享受的种类,以指明该项交换的对象是珍馐、娱乐、刺激饮料、精神享受或是奢侈品。

第十六条　在适当的场合下,卫生委员会可以规定每一类享受的享受标志和每一天之内的享受标志的数量,并且不许超过这个数量。

第十七条　卫生委员会可以只对于病人,对于一定年龄或是对于从事一定业务的人作这种规定,并且又可以为其他人规定出种种例外,应按照社会福利所需要的情况而定。——222—223 页



18)(增补):第二十九条。必要的和有益的文学作品的印行,按照前此的考核由三人团、中央技工团或是各技工团规定,舒适的作品的印行由科学院规定。所以每一种作品都要先送交这些团体之一审阅。如果一本这样的作品,经一个这样的团体的核准,就批准给该作者一定数量的交易小时。这个数量可以多到填满他的交易簿的全部页数,也就是说他们可以得到那样多的交易小时,就像其他每个人在一年的期间内可以有自由去做的那么多数量。(参阅第四章第十三条至第十七条和第十二章第十七条至第二十条)——228 页

19)(增补):那些由于知识、才能和资本比其他人高或多,因而生活优越的人,是很少会对于这种交易小时制度热心欢迎的,因为这种制度创立一种这样严格的秩序,其中绝不允许任何特权。但是特权,在他们那自由主义的语言里就被叫做自由。所以交易小时是和他们的自由抵触的。我请求这些人先忍耐一下,不要急于下最后的判断。我还准备着一个过渡的办法,这个

办法是任何人不能认真地加以非难的。在“可能的过渡时期”那一章里我们将对它详加论列。——228 页

20)—21)(这两个注号之间改为):也许人们也能把它们用于同一的目的,如果人们在一个合乎这样的目的的社会制度里应用它们的话;因为交换手段的形式和数量既不决定和阻碍正当的交易,也不决定和阻碍不正当的交易;只有那决定这种死的形式的价值的交易制度才有正当或不正当的区别。就火药、毒药和匕首来说,当制造它们的时候已经决定了它们的杀人的目的。而金钱却不是这样。一个不知道它的价值的小孩子,就不会用它做出任何坏事来。因此,即使是用今天的金钱形式,也可能制定出一个比较合理的交易制度。但是,我在这里所要说明的是一个完善的、便利的交易制度。我们的那种硬币铸造的制度是不可能叫做便利的,因为首先必须把金属费力地从地下开采出来,而在我们最迫切需要它的时候,富人又总是把它窖藏起来。同样这种硬币制度也不能说它是一个完善的制度,因为人们可以用它来盗窃和欺骗,人们可以很容易地遗失它,并且人们不容易用它来改良风俗道德,因为旧的形式比新的适当的形式便于保持旧的习惯。——228—230 页

22)(“只有九百万小时”删去,改为):而不是那被算作一般劳动时间的一千八百万小时,这就表明,其余的九百万小时已经由九百万交易小时所补充。一般共同的劳动时间的那些小时与交易小时在外表上并没有区别。除了它们大半是在另一个时间中进行的以外,这种区别是用眼睛所看不出来的。并不存在专为这两种劳动小时而设的各别的工作场所。个人可以用交易小时在行政管理当局所规定的劳动时间内自由活动。对于特别享受的追求,则决定这种自由的活动。因此,交易小时永远决定于对享受的追求,而享受的追求则永远通过完成最必要的劳动来得到满足。被生产舒适产品的劳动从一般共同的劳动里抽出去的一切人手,将在——绝不使一般共同的劳动时间遭受一天损失的条件下——由交易小时来补充,而事业封锁(参阅下一章)则把交易小时转到最必要的劳动上去。全部的机械作用就是如此。如果人们明白了这一点,就会觉得这种事非常简单,并且可以省却了许多问题和怀疑。(参阅第十二章第十六条)只有在交易小时有余额时。——232 页

23)(增补):生产必需和有益产品的劳动时间的平均分配,绝不会因为舒适品的生产和享受而有所影响,因为一方面通过送交科学院的那些产品的价

值规定，一方面通过卫生委员会的各种决议，特别是通过事业封锁的运用，对舒适品的生产和享受是有充分控制的。——232 页

24)(增补)第十条。事业封锁的范围和封锁的时间只限于那个临时有这样的必要的地方。因此例如某一个事业在这个地方今天可以被封锁，而在距离若干公里以外的另一个地方它可以仍是开放的，而明天情况可能正相反。——245 页

25)(增补)：因此科学院是这样一些生产和消费的管理机关，这些生产和消费是某些个别的人所期望的，但是对于社会来说，并不是一般地普遍必需的。科学院隶属于总管理机构，也就是隶属于那个管理一切生活必需品的机构之下，而又和它分开，以便有可能进行一种按照平均比例关系的管理，并且使任何人不能逃避一般共同的必要劳动的义务。因为没有这种应尽义务，青年人就不能得到扶养教育，老年人和不幸者就得不到赡养照顾。

但是这种义务必须是根据平均的比例关系普及于一切人，而不是只对于某些人的。

如果人们要把每个人的舒适所特别要求的物品和对于整个社会所必要的物品归于一个管理机关，如同我在“可能的过渡时期”那一章里所提出的建议，这作为初步的办法是完全切合实际的。不过在这里一种分立的、隶属的对于舒适产品的管理机构，不论采取任何一种形式，以后也必须会证明是需要的。——249 页



26)(增补)：第二十一条。只有一般的、一定的、无异议的科学属于一般的教育行政管理范围，其余根据在或然性上的，还没有应用于一般实际利益，而可以由其他科学代替的科学，都属于舒适品的行政管理范围，所以它的管理费用必须用交易小时来补偿。例如现在各种神学和哲学的学说以及催眠术、骨相学和许多药物学的学说都属于这一类科学。——255 页

27)(增补)：禁止偷窃了。相反，允许偷窃倒是对它有利的！这样偷窃行为倒是成了一个好的社会组织的试金石，因为只要偷窃行为还有可能，这个社会组织就还是不完善的。

现在用法律和刑罚在这个悖谬的组织上各处补补缀缀，这只是白费气力的，这件衣衫是绝不会变得更好看些的，每一针缝上去，在旁边就又裂出一个口子来。如果它能用法律和刑罚补救过来，它早就该变好了。我们迄今为止

并不缺少法律刑罚。单是法国就有六万二千一百七十七种法律,至于刑罚,那就根本数不过来了;所以用法律和刑罚不能把社会组织改好,就像二加二等于四一样的明白;若说是为了使社会组织不更坏下去,所以我们不能不有法律和刑罚,我也根本看不出理由来,特别是当我想到,由于研究、学习、使用这些法律给社会带来了怎样一大堆罪恶和坏事。如果一旦不要这些法律,人民在晚间有闲暇的时候,吸着一袋烟,自己作出他们的判决,并且自己来执行,其结果也不见得比那法律的罪恶更坏些。也许在那时候,有些人会无辜地被他那粗鲁的同伴们打几个耳光,或是挨一顿棍子,无论如何即便在野蛮人中间也绝不会比在我们这个文明制度里更没有秩序些。即便是更没有秩序些,那野蛮和任意妄为也一定不会比我们这里更厉害,而现在我们所必须喂养的那一大群恶棍,我们就用不着再去养活他们了。单是在英国——苏格兰和爱尔兰不算在内,也就是说只有一千七百万人口——就有一万五千名律师,每年从人民的口袋里掏去一百六十一万镑的盖章费和证明书费,这笔数目恰好是八万个农村工人一年所挣的钱。他们每年从他们业务上所付的捐税,他们对于他们的生活所赚的钱,至少高出于这个数目。而在这个自由的国家里,法律的情况是怎样呢?每逢我想起那种情况来,就不免浑身发抖。最有趣的议会辩论并不引起我们的兴趣,但是法院的审讯反而引起我注意;在那里发生许多令人心裂的故事。在那里有很多人可以用诡计和金钱使最严重的罪行不受处分。我觉得英国的法律,同样,美国的法律也是一样,就像一个魔术家的帽子,法官要什么就能从里面抓出什么来。有这样一条法律规定,如果原告在开庭审讯时不到,本案就不能审理。普通关于富人的案件总是延期审理的,以便犯罪者的亲友们有时间去向证人行贿,而行贿是极为普通一般的事,人们甚至可以在这上面投机发财。因如甚至有些欺诈之徒租一家商店,一个人往落入陷阱的买主衣袋里塞上一件货品,让另一个人抓住他作为窃贼,这一切都是做好的圈套,为了好勒索赎身的贿赂。如果这样一件案子到了法院,在开庭审讯时,原告一般总是不到。如果警察在那里也算是一个见证人,人们就差他去缚其他的证人。但是毫无问题,人们从此就再看不到不论这一个或那一个证人了。这件案子就是这样用钱来调解了事。对新闻记者得要行贿,以便请他们把那有钱的窃贼的名字抹去。但是穷人呢?——那就完全是另一个样子了。我曾经在报纸上看到一件关于两个男

孩子的法庭审讯记录，一个七岁，另一个十一岁。每个人偷了半个面包，还不够吃一顿饱。两个孩子——你们想想，他们是怎样被处理的？——两个孩子都被判遣送到罪犯殖民地去服七年徒刑。——你们不相信吗？说实话，我自己也不肯相信。我看了这段消息之后，简直不相信我的眼睛，我拿起这份报给去英国的工人们看，问是不是真是这样。完全不错！真就是这样，我看的一点不错。我气得大叫起来。那个英国人安慰我说，“也许是本质恶劣的孩子”。——对这样的事，人们能说什么呢？——有人把一个伦敦富豪的私生子给他送到家里去，那个富豪实行了他以前对于这种情形曾经威胁过的办法——把孩子的头割下来。结果怎么样呢？这个怪物被宣判无罪释放，因为人们在起诉时已把那孩子的名字换了。起诉书上载明是一个被杀的孩子李三。但是因为调查出来这个被杀的孩子叫李四，因此——据说——不能援引法律条文。——真的，觉得吃惊吧，读者们，然而这却并不是笔误，而是一件可怕的事实。丑事还不止于此，为了用一次示威来打击人民的激动情绪，那些有钱的朋友们成群地围住了那杀人犯，在庆祝胜利中把他从法院里抬出来，现在他还生活在伦敦。另一个被起诉并且被证实是毒品制造的富有者，也是借口某种形式上的不完备而被宣告释放了。但是他不能像那个杀人犯一样，在人民面前公然出现，他不得不仓皇不安地，像该隐[①]一样，到处躲藏。他一旦被认出来，人们就会要他的命和毁灭他的财产。如果说在欧洲大陆上这一类情形不像这里所举的案件那样令人触目惊心，但是在另一方面，或是另一种场合下就更加严重。不说别的，单说那秘密法庭和长年累月的拘押侦查就够了，这种侦查拘押往往会延长到成为终身监禁。在维也纳有一个闺房侍女，由于她的主人伯爵夫人失落了一件饰品而被控偷窃，这个侍女在监狱里拘押了两年，经过多次审讯，她成了疯人，在这以后，另一个侍女在搬动家具时，从伯爵夫人房里五层柜的后面找到了那件饰品。那贵夫人为了羞于承认错误，贿卖这个侍女不要声张，但是穷人们对于那些无辜的受害者是有更多的感情的。她向法院报告了她所知道的事，但是已经晚了。然而类似这样的事被揭露出来是很少的。真的，如果监狱的墙会说话的话，它将会给我们讲多少令人惊骇发指的故事啊。



① 该隐是亚当的儿子，他杀死了自己的弟弟。——译者注

因此，本来是用来维持秩序的东西，只不过是用来增加更多的无秩序，法律在法学家手里只是为了他们自己和那些有钱人的利益，以魔法来消灭别人的自由。——265页

28)(增补)：你们是否知道，我们可以在很短的时间内节省多少劳动时间？这是可以详细算出来的，我在这里只是大略地指出一个总数。

对于一切农田、畜牧、菜园等等的劳动，对于粮食、蔬菜、马铃薯、麻、棉、家禽、蛋类、牛奶、水果以及其他等等的生产来说，为供应全社会每年的需要量，每一个有劳动力的人应负担三十一个劳动日。为木材和煤炭的需要，两个劳动日；为金属及其他矿产的开采，为在铁厂、冶炼炉、玻璃厂等地的劳动，十二个劳动日；为海运公路建设，五个劳动日；对于机器和制造业的劳动，三十四个劳动日；为了家务、烹饪、洗衣、缝纫剪裁，十一个劳动日；为了制鞋、瓦工、木工、铁工、教师，五个劳动日。这些总加起来，因此，为了全部社会的必要消费，每个有劳动力的人，每年应负担一百个劳动日，或是一种价值每日四个劳动小时的体力和技术劳动。——274页

29)(增补)：但是我终究办到了在汉堡出了《和谐与自由的保证》一书的第三版，并且赢得到了六百个买者。不过这也是一个不常见的成就，如果没有若干协会成员的积极热情和特别是协会的协助是完全不能达到的。——282页



30)(增补)：他们为了迷惑你们，每一种欺骗都装饰上自由、自由权、贸易自由这些名词！好啦，为什么不简直也提出盗窃自由，劳动自由来呢！糊涂的东西。我们必须来劳动，以便我们和那些用钱袋统治我们的懒汉和浪费者都能够活下去。但是拿我们的血汗来自由贸易，你们不应该再长久下去了。我们不愿意给那些有钱的窃贼和骗子任何自由。你们应该是我们的雇员，不应该是我们的主人。——283页

31)(增补)：我也曾经在可怜的英国人民中间稍稍有过一点来往和观察，并且我并不希望我们德国人长久地保有出版自由，如果新的出版自由的作用并不能把我们很快引向完全的自由。根本没有出版自由，比那常有出版自由的旧状况、旧秩序还更好些，因为把那自由的空话毫无用处地给人民摆在餐桌上的日子愈久，它在那里就愈是逐渐地失去了效力。这仿佛就像一首美丽的诗，起初它激动人的感情，但是把它对我朗诵了五十遍，就使人感觉无味，

甚至于觉得可笑。关于那种始终不起作用的，呼唤人们起来进攻的号召，使我常常想到那狼和牧羊人的童话。一个牧羊人被另一个牧羊人两次用“狼！狼！”的喊声骗了来，并且被取笑了之后，第三次就不再去听他的喊叫了。但是恰恰这第三次是危急的呼救，狼真的在那里并且毫无阻碍地拖去了一只羊。——283 页

32)一个民族的工人由于保护关税而获得的东西，另一个民族的工人就因此而失去。在一个事业部门里所获得的东西，通过相对的措施，在另一个事业部门里就重新又失去。——286 页

33)看一看美国吧，但是绝不要相信某些歌功颂德的人给你们描写的那里的一切。在那里剥削比在任何一个欧洲国家的规模更巨大、更剧烈。在那里房产诚然是征税很重的，但是房产业主们付这些税吗？绝不是！居民必须为此而付出双倍甚至三倍的房租，房产主们只是从租户那里把政府的税款收集起来而已。——288 页

34)(增补)：路易·勃朗在二月革命之后，实施了国家工厂的办法。一种不幸的尝试，它只能使得未参加工厂的人更加怀疑社会党人的一切改革企图。国家工厂只应该看作社会轮盘上的调节器，这种调节器的实际的弹力是国家仓库，而它的枢轴则是民主共产主义的交换票据。——289 页



35)(增补)：广大的群众受成见的束缚还太大，受富人和有势力者的影响还太深，以致不可能会在那些从今天的压迫里取利的人之外去选举任何其他人。但是如果让群众来投票表决应该实行那些原则，他们是能够辨出正当的原则来的，假如向他们提出了这样的原则的话。但是就像商人永远是先把坏货品推荐给朴实的顾客一样，为了诱劝他把这些货品当作好东西买下来，我们的诡辩哲学家也是这样的，他们在政治选举和宣传鼓动的时候，永远是向人民提供某一种劣货，这种劣货他们时而把它叫做自由，时而把它叫做共和国、宪法、贸易自由、工业自由、保护关税等等。但是他们总是不把主要的货品拿出来，因为他们手上就根本没有这种货品。——290 页

36)(增补)：一切在口头上说联合组织这个字的人，心里所想的却是一种在现存社会秩序范围之内的一种大小不等的小社团。但是一种这样的联合组织并不能对资本势力进行任何抵抗，必须忍受大资本家的竞争，并且只要一旦大资本家要它们破产，它们就立即不得不陷于破产。因此，凭这种办法

是搞不好的。但是资本家也可以利用小的联合组织,因为他所剥削的这些联合组织比他的财产少。资本家也可以为了他自己的目的而把别人联合组织起来。同样地,政府也可以把人民联合组织起来,以便能够更好地来剥削它,因为——292 页

37)—38)(这两个注号之间改为):也就是说,每年把公共的盈余分成十二份:七份划归劳动,四份划归资本,三份划归才能。假如现在有十二个人挣了一万二千法郎,并且十二个人都劳动,就每人在劳动上各得五百八十三法郎。假如其中有两个人在能力上有特别的表现,他们每人还另外得一千五百法郎,假如有一个人曾借出一笔资本,他就得四千法郎。当然从这里面资本比劳动应该按比例多出一些行政管理费。在傅立叶的制度里,任何人都不拿现钱,而是一切都在大的行政管理账簿上增加或是减除一笔账目。每个人在那里面有他的存款和负债,如果他出去旅行,就得到一张汇票。虽然我非常反对傅立叶的制度,因为它迁就富人并且维护资本,但是我不能不佩服那种贯穿在傅立叶的全部社会组织里的深刻的组织精神。

但是那人数最多并且最穷困的阶级的生活,在下一次的革命之后必须迅速地加以改善,而这一件事是傅立叶主义者所做不到的,因为这个制度的实行,是以事先建造全新的建筑物作为前提的。——294—295 页



39)—40)第一:宣传启发。第二:社会革命。第三:社会无政府主义。[从这里起到 40)止改为]如果政府不顾一切合理的理由,不采取措施改善那人数最多和最穷苦阶级的生活地位,如果人民中的那些真正诚心诚意和不自私的,但是目光不够敏锐的人的一切革命尝试,永远只是在新形式下又把那些旧日的钱袋党引到了政府里去——就像直到今天所发生的情况那样——那么,那些还有勇气为那无知和负义的人民受苦的人,就必须采用那最后的绝望的手段。

这个最后的手段就是保障和辩护穷人对富人所犯的盗窃行为,而揭发和申斥富人对穷人所犯的盗窃行为。这后一种盗窃行为尽管它有许多其他好听的名称,它也只能是并且永远只能是一种盗窃行为。如果人们承认世间一切财物的共有共享是一种权利,每一个人以平等的义务都对这些财物有平等的权利,那么每个人就可以把凡是比他自己富有的人看作是一个侵犯他的利益的窃贼。并且如果他不是一个懦夫的话,他就会通过抢和偷的方式之一,

把别人从他那里夺去的东西又再拿回来，并且并不为此觉得羞愧，而是准备理直气壮地到处为他的这种行动公开辩护。

谁要是去抢和偷一个富人，为了拿抢和偷来的财物去救济穷人，他就是一个高贵的正义的强盗，一个高贵的正义的窃贼，而那种用投机手段克扣劳动者工资的富人，为了好给他的后代留下一份丰富的遗产，却是一个下流的卑鄙的窃贼，一个肮脏的自私的强盗。

如果我们采取了我们的最后手段，我们就必须造成这样一种舆论，凡是告发、逮捕或判决一个正义的强盗或窃贼的人，他的生命和财产时刻不能保险不遭受人民的报复，一个实行这种为人民报复的人，必须得到保护和帮助。在这种斗争中牺牲的人，必须被看作是一种神圣事业的殉道者。

那时候必须做到这样，为了害怕被打死，将没有人再敢作告发者，再敢进行逮捕和宣告判决。甚至于要做到这样，没有人敢再穿着豪富的衣裳出来散步，一切商人们都拿着武器在商店里站着，白天黑夜都必须有巡逻队，为了好捕捉和射杀那些高尚的正义的强盗和窃贼，这些强盗和窃贼再不愿意忍受这种一个人合法地盗窃另一个人的局面。这种情况必须一直坚持下去，直到根本不可能再找到一个人愿意比别人有更多的财物为止。至于这要在什么样的社会组织里才有可能，这一点人们就不必去考虑了。这件事让这场斗争的矛头所首先针对着的那些人去考虑和发愁吧。

但是那被诡辩哲学家们用他们的戏剧式的自由空谈所阿谀和迷惑的整个人民，他们对于这样崇高的革命思想还没有成熟。你们，我的那些朋友们，你们那些在幸福的怀抱里成长起来的少数知识分子，你们虽然也尝到了社会这个苦杯里的苦汁，在那里也懂得了唤醒和保持为纯粹的人类爱而牺牲的高尚精神，但是你们还并没有沉沦得和那些奴隶们一般深，如果你们想要为他们而受苦，他们还要嘲笑你们呢，至于那些大人先生们，你们只顾你们的臭皮囊，而不顾那对我们一切人都起作用的、统治着一切的普遍的精神，你们必定要在群众之先走向牢狱和死亡，要在你们自己的胸膛里找到你们的报应，并且到时候一定会使这最后的手段生效的。

但是，现在让我们谈一谈我们的最后的手段之前的手段：我们需要一个革命的过渡时期，并且必须通过我们的基本原则的传播来为这样一个过渡时期作准备。这个过渡时期不能比在下列的方案中表示得更确切、更完美的了。

**解放同盟的宣传提纲**

人民的真正的利益只有在建立一个民主共产主义的家庭联盟中才能实现。我们说家庭联盟以代替共和国,既因为这个词更清楚地说明问题,并且也因为必须有一个尽可能明白的名称,而人类受共和国这个词的欺骗已经太多了。我们说共产主义的,因为在这个联盟里一切人只有一个共同的利益,这就是如何去关心每个人的福利。我们说民主的,因为在这个联盟里每个人都是他自己的主人。

但是这种家庭联盟的建立,不经过革命是不可能的,而革命不经过事先的、至少是部分的启发、不经过对那些一般的、易于理解的、完善的、实际可行和无可争辩的基本原则进行宣传和传播,也是绝不可能的,这些基本原则在于把为了全体人的自由和福利而必需的那些东西,用很少的词句概括出来。

因此我们所要做的最重要的事,莫过于使我们以一切方式结合起来为传播这些原则而努力。我们必须把没有确切地认识到他们的苦难的原因的人民群众从成见和无知、漠不关心和奴性里解放出来,并且在欺骗、迷惑和诡辩面前把他们武装起来。我们必须尽量使他们明了他们的真正利益,直到信仰的力量唤起了一种热情,这种热情终于表现为一系列的革命,并最后导向完全的解放。



所以民主的共产主义的家庭联盟的实现是最终目的。为了这个最终目的而进行的结合,或者说,解放联盟,是用于这个目的的宣传工具。

不要问:这个解放同盟在哪里?凡是有两三个人以它的名义结合起来的地方,到处都是这个同盟。凡是自以为不带着任何虚荣和名誉地位的自私企图,而是为了人类的最高事业而斗争的人,都必须加入这个解放同盟;因为它的原则是迄今所提出的种种原则之中唯一正确和完善的原则。它包括社会问题的最完善的解决办法。这种原则的拥护者故意对数百年来的诡辩哲学家们提出了这样一个挑战,因为这场挑战的结果只能是群众的普遍觉悟和对于我们的原则的真实性的信托。

那些建立在永恒的自然法则之上的真理,为我们提供了同盟的伦理原则。

个人的自由与那些伦理原则之间的和谐为我们提供了联盟的民主原则。

由这种和谐所规定的共有共享的生活，为我们提供了同盟的共产主义原则。

在根据这些原则而建立起来的那个组织之内，对于个人利益的最明智的管理，为我们提供了同盟的经济原则。

**同盟的伦理原则**

1. 人类的生活是永恒的宇宙生命的一个部分，这种宇宙生活在我们的一切知觉中表现为是一切事物的最后的、不可思议的原因。

2. 正像一切事物的最后的原因对于我们的一切知觉，对于人类的生活和个人的完善起着作用一样，个人的生活和他的完善同样也对于一切事物的最后原因起着作用。

3. 这种作用表现在人身上是对于知识、能力和享受的本能追求。愈是我们深入地研究在我们作为它的一个部分的大整体中如何满足这些本能的条件，并且彻底地扫除阻挠这种研究的障碍，就愈能更完善地满足这些本能。

**同盟的民主原则**

1. 真正的民主，它的基础是一种劳动和享受以及权利和义务的组织，在这个组织里每个人可以按照平等的条件选择他所参加的一部分。



因为这个基础必须通过一次革命才能建立，因此那些进行这种革命的战士，首先要夺取临时的革命的选举权，并且在武装的大会中选出一个临时的革命政府和建立新制度的革命公断人。

2. 因为没有劳动和义务就不可能有权利和享受，而这种劳动和义务只有通过勤劳、能力和爱社会主义制度的热情才能施行，所以勤劳、能力和爱社会主义制度的热情构成选举的标准。

因此，谁在一种对社会有益的事业里，以能力、勤劳和爱社会主义的热情工作，谁才能成为选举人；谁在这些方面有特殊表现，并从而对于社会最有益处，谁才能被推为候选人。因此，资本家、商人、盘剥取利者、法律家、教士、仆役以及其他从事与社会主义的目的违背的职业的人，在他们还没有从事于一种对社会有益的工作时，不能成为选举人。

3. 通过以职业为单位的选举和以有益的发明、发现为基础的投票权，人民自己规定它的劳动的价值，它的官员的工资和对于丧失劳动力的社会成员的养老金额。

### 同盟的共产主义原则

1. 一切官员都是家庭联盟中的工人,并且以一个工人的身份在民主共产主义的交换票据中取得一种按比例的、平等的工资,这种交换票据代表一种按照能力和自由的劳动选择以劳动时间为基准的个人和社会性的劳动价值;当人们由于服务和劳绩而收入这种交换票据的时候,它就代表个人的劳动价值,当人们为了这种服务和劳绩付出这种交换票据的时候,它就代表个人的和社会的劳动价值。

2. 家庭联盟给一切要求劳动的人以劳动机会,并且对于一切劳动者,和它的官员一样,付给工资。并且家庭联盟通过它的交换机构,按照由人民——通过它的代表——所规定的价格,来评定一切经过职工委员会检定的产品。

3. 家庭联盟优厚地维持一切丧失劳动力者的生活,和维持它的退职养老的官员一样,并且把这笔维持费以及全部行政管理费用平均分摊在它所办理交换的那些产品的价格上。

这样,每个家庭的儿童、老年人和病人的生活维持费用,不再由家长担负。与此同样,由于冰雹、洪水、水灾等所造成的损失,也不能再落在少数人身上,而是要由一切人负担。



### 同盟的经济原则

1. 民主共产主义的家庭联盟的一切利益,只能在它的一个行政管理机构中予以确认,这个行政管理是这样规定的,它能够监督和领导社会的产品和能力,以及一切个人的需要的全部交换,而不会因此有理由被人怀疑为专制和谋求个人私利,因此民主共产主义的家庭联盟不需要今天各国政府那样的统治机构,而是只需要一种管理的能力和勤劳的产品的交换的中央管理机关。其余的一切行政部门都可以取消。

2. 这个管理机关所注意的是,每个人特别是在那些不需要很多准备知识的必要和有益的劳动里,永远可以找到工作,并且,通过把劳动划分为许多分支,而把这一可能扩展到一切事业上去。为此,它将逐渐地在一切行业里建立联盟的工场、工厂以及联盟的农业学校以培养青年,并把它和学校结合起来,从而使青年的学校教育和学艺教育合而为一。

3. 对产品的需求决定生产这些产品必需采取的措施。如果某些产品的供应量太少了，管理机关就通过向外国购买、通过设立联盟工场的附属工场和农业学校以及通过从国外吸收技术力量等等办法来消除这种不足。如果某些产品的供应量过多，就施行事业封锁，这就是说，管理当局把每个人提供这种产品的数量限制到最低限度，但是却并不因此使任何人的利益受到损害，因为对每个人，一切劳动部门都是开放的，并且每个劳动部门都保障与其他劳动部门按比例相等的工资。

**即将到来的社会革命的必要措施**

1. 解放同盟的基本原则包括为了人类的利益而必须努力争取的一切。因此这些基本原则必须是一场社会革命的原则和它的战斗口号。

2. 革命军在第一次胜利之后，立即宣布解放同盟的原则为革命的基本原则，并且命令富人从他们积存的财富中把住宅、家具、衣服和食物，在从事有益劳动的基础上，分给有劳动力的穷人，而对于丧失劳动力的穷人则一概无偿地分给这些东西。

3. 革命军立即在那些以解放同盟的名义进行和宣传革命的人士中选出一个临时政府。



4. 革命军把无产阶级和小手工业者武装起来，并且解除怀有恶意的富人及其党徒的武装。

5. 一切狱囚不加区别一律大赦。但是，从现在起任何人以任何方式在人民的公共财产和公共利益上诓骗、欺蒙和盗窃人民者，一律枪决。凡是由于浪费和游手好闲而受人憎恶者，一律予以拘禁，直到他学会了如何劳动为止。

6. 法院、警察局及其徒众一概解散。在革命时期由人民通过选举，自己指定利用工余时间和晚上对上列和其他违犯新秩序的人进行军事监督的人。

7. 常备军将和人民武装结合在一起。在分配临时政府的成员、官员和军官的薪饷时，与革命军士兵的薪饷一律相等。

8. 临时政府发行一种革命的纸币，这种纸币在共有制的概念下，代表全部作为财产和资本的土地、房屋、船舶、金钱、粮食以及一切作为财产和资本的货物及产品。

这种纸币，在临时政府还与旧金钱制度来往，一切会计部门作为税款，并在与一切还生活在这种旧金钱制度中的个人来往时，作为货款以及其他支付义务十足使用。反之，在第十二条里所列的家庭联盟的仓库中，既不收用这种纸币,也不收用其他任何纸币或硬币,也不收用金银,因为在这些仓库里作价的物品,并不是按虚假的财产和资本的概念来评定价值,而是按照通过劳动和能力所规定的社会劳动价值来评定。

这种革命纸币就像是在旧日坍塌的桥梁(也就是今天的金钱制度)边上架起的一座临时便桥,一旦新的桥梁建成(参阅第十二条)之后,这座便桥就要拆除。这种纸币代表在私有财产和资本这个诡辩的、虚假的法权下,一些人比其他一些人所多占有的一切财产。因此它所代表的是一切被不正当地窃取去的公有财产,它的发行只应该是为了能有利于被骗和被窃取者的地位。它只是为了使政府和贫穷的、劳动的人民有可能迅速购备必要的物品。这样它的任务就算完成了。

9.一切善意的富人和中产者,凡是在第一天就把他们的财物和产业提供革命使用者,以革命的纸币、硬币(银或金)或民主共产主义的交换票据付给他们一笔适合他们习惯和要求的赡养费。这笔款额由工商委员会按照社会的利用价值来规定。这笔款额在革命期间只能偿付给献出的有益货品,而不能偿付给金、银。金和银如果是在革命的早期及时地自愿供给政府使用的,将付给同类金属的利息,并最后以同类金属偿还。

10.这种金银和利息均课以累进税,凡是还在旧金钱制度里做生意、出佃、出卖和出租的人,必须用硬币缴过这种税款。其余一切人都豁免一切用硬币缴纳的税款。

11.政府所能筹集的一切硬币,都用来向外国购买对社会必要和有益的产品。一切我们在国内必需的产品禁止出口。

12.临时政府首先通过迅速推行民主共产主义的交换票据,来着手解决种种社会问题,把这种交换票据作为交易簿,或其他以后也许还可以发现的更切合我们目的的交换手段的先驱。这种交换票据,代表人民的勤劳和能力的个人的和社会性的劳动价值,并在仓库、家庭联盟的各委员会中,只作为对提供或出租的有益物品支付它们之中所包括的有益劳动,以及支付房租以及其他等等之用。联盟的办事机构,按照由人民根据第十五条的规定确定的劳动价值,用这种交换票据支付一切自愿地向办事机构提供的产品、劳动和义务的价值。

然后把一切这些产品、劳动和义务按照第十五条和第十八条规定的社会交换价值，在收回这种交换票据的基础上出卖给人民，但是永远不许对金属硬币，也不许对革命纸币出售这些产品、劳动力和提供服务。

通过这些办法，在很短的时间内就会达到这样的地步，就是那些心怀恶意的富人，如果他们不肯完全服从社会的新秩序的话，凭着一大口袋黄金也得不到一磅面包，并从而不得不挨饿。

13. 一切闲置不加利用的财产都归临时政府管理；一切遗产、国家和教会的财产也都同样办理。

14. 全体有劳动力的居民都按职工系统集合为小组，并且从他们之中选出各种职工委员会，职工议会和一个民主共产主义家庭联盟的社会议会，以代表他们自身的利益。

15. 这些委员会在各地按照各种不同产品的质量和数量规定它们的劳动价值。

社会议会的中央委员会对这些不同的价格确立一个相应的、平等的基准，临时政府决定社会使用价值。

16. 临时政府在一切地方设立仓库，使其中充满原料和加工后的产品，以供出售之用。临时政府对于这些经过检查的产品，用民主共产主义的交换票据偿付由职工委员会规定的价格。



17. 因为在过渡时期的第一年间还有千百万人缺乏他们所希望有的一切，因此在这一年内，每个人可以随他的意尽量多提供一切产品。行政管理当局以后——按照某种产品所表现的多余或不足——才逐渐通过适当的措施来建立平衡。

18. 缴入联盟仓库内的一切产品，将以较高的价格出售，例如——减去革命纸币、公债以及用硬币缴纳的累进税款所提供的贴补之后——加上全部行政管理费，其中包括无劳动能力的人的生活维持费，青年的教育费以及预防灾害和匮乏的后备费等等。这种最后加起来的价格，构成社会的使用价值。

19. 教士以及其他变戏法的伪学者不再由国家和地方团体支给俸禄。谁要是还愿意和这样的人打交道，他可以和他的同好设法维持他的生活。

20. 只要社会战争一天不消灭，临时政府就一天继续执行它的职务，并在这期间通过补充选举以加强它的力量。但是社会战争，只要王冠和钱袋还在地球的哪一个角落里继续进行统治，并和它们的帮凶们一起愚弄人民以求更

稳当地剥削他们,那么它就是不会熄灭的。——302—312页

41)(这一句改为):让我们秘密地、公开地为这个原则而招募力量,让我们利用一切可以发动和刺激群众的因素、一切情绪、一切愤激,甚至一切偏见,只要它们有用。我们容忍和敬重一切人,如果他们用牺牲和殉道的精神来为这个事业而献身,如果他们并没有这些而只是混到这个事业里来,我们就斗争他们;我们要一直逼到敌人的要害,要一直逼到他们采取疯狂迫害的手段,那时候实现我们那些原则的时机就不远了。——319页

42)—43)(这两个注码之间改为):且读一下路易·勃朗十年来的历史,特别是其中的里昂起义吧。劳动者在那里取得了怎样辉煌的胜利,但是他们怎样不懂得利用这个胜利。人民的愚昧,真可以把人气死。但是我们还让路易·勃朗自己来讲吧:

"里昂城从没有比那可纪念的一天被保卫得更好的。劳动者刚成了全城的主人,他们的第一个思想就是开到城里的富人区去,以便维护秩序和保卫财产。衣衫褴褛的、武装起来的人们,全神贯注地守卫着造币厂和银行的大楼。人们看到贫穷的劳动者守卫着那些不久以前业主还从里面开枪射击他们的房屋。恰是那些过去表现得最狠心的厂主的宫殿一样的华贵宅第被人保护得最好。"(这里我不禁要为加里西亚的那些农民叫好。)"丝毫没有盗窃"。(这就是说,他们简直没有想到要从那些被打败了的强盗那里把这些强盗以前从他们嘴里夺去的东西再拿回来。蠢驴!)"人民枪决了两个腋下夹着包裹走的人。"

够了!从这里可以看出来,人民在它那高贵的忘我无私中仍往往会做出极蠢的事情来。至于这样的人民如果达到了那所谓的民主政治,会烹调出一碗什么政府汤来,我们在1848年又已经见过了。在九百个人民代表中,三分之二他们选的是旧日的财主,这样的事只要人们把最富的人限制在选举之外,本来是很容易防止的,但是这些财主们却是迄今为止永远把穷人限制在选举之外的。

1848年的革命就这样从根子上完全被破坏了。那富有的拉马丁和小康的老练的阿拉戈赢得了时间和力量来阻止采取果断有力的措施,因为我们的人虽然心里有很好的志愿,但是脑子里却空空地没有一点实际的办法。——325—327页

44)(增补):这里我不止是指今天那些在意大利、匈牙利、德意志、丹麦和波兰为了那种旧的自由理想而流的血,我也不止是指俄国军队的失败。我在风雨欲来的西方天空中看见一点黎明,并且看见写着:社会的革命,社会的共和国!我并且看见一个武装的民族大迁移席卷着欧洲,凡是它所经过的地方,宗教、民族以及一切障碍都被连根压得粉碎。——327 页

45)(从这里起改为):托马斯·莫尔、欧文、巴贝夫、卡贝、邦纳罗蒂、赫斯贝格、邦贝、施略费尔、哥特沙克、司德卢威、奥特贝格、麦耶尔、赖辛巴赫、艾韦贝克、马克思、恩格斯、赫斯、吕宁,都不是通过自己的困苦而走向共产主义的。我还可以举出其他大批人的名字,他们都不是因为自己的困苦,而是因为受了人民大众的困苦的感动,而去为共产主义事业努力的。

但是我们完全不要信赖他们。他们之中只有很少数的人能为事业牺牲一切。这少数的人还必须做很多的事,受很多的苦,才能把群众领到目的地。

因此每个严肃对待这个事业的人都要想一想,他在他那所在的地方能为这个事业做些什么,并且——如果一旦一个事变把群众鼓动了起来——他在那里必须做些什么。每个人都要好好考虑一下,如何来促成一个这样的事变以及什么样的事变最适宜。特别是每个人必须这样地行动,就像整个事业的成功唯一地依靠在他的一举一动,他的勇气和他的牺牲上那样。



谁在勇敢的、充满热情的牺牲中为了被压迫者而不避死亡和牢狱,那么,死亡和牢狱对于他也就丝毫没有什么可怕。这些东西在他的意识中反而成了一种甜蜜的报酬。因此鼓起你的勇气,我的朋友们!在牢狱里我们不是孤独的。在晨光蒙眬,黄昏暗淡,夜半钟声的时候,我们精神上团聚在一起,并且让我们高呼,我们的甘冒牺牲的战友,我们的殉道者,我们忠贞不屈的烈士们万岁!——331 页

# 参 考 书 目


威廉·魏特林：

《现实的人类和理想的人类》(1838 年)，1919 年慕尼黑、维也纳、苏黎世版。

《和谐与自由的保证》，1842 年维维斯第一版，1849 年汉堡第三版。

《一个贫苦罪人的福音》，1845 年伯尔尼版。

《狱中诗》，1844 年汉堡版。

《法庭——五百天的经验》，1929 年基尔版。

《宇宙的分类》，1931 年基尔版。

《在宇宙电磁作用中运动着的原始物质》，1931 年基尔版。

《世界体系的理论》，1931 年基尔版。

《吁助德国青年》，期刊，日内瓦，1841 年 9 月至 12 月。

《年轻一代》，期刊，1842 年 1 月至 1843 年 5 月相继出版于维威，朗根塔尔，苏黎世。

* * *

马克思：

《评"普鲁士人"的〈普鲁士国王和社会改革〉一文》，载《马克思恩格斯全集》第 1 卷，1956 年人民出版社版。

《哲学的贫困》，《马克思恩格斯全集》第 4 卷，1958 年人民出版社版。

《伏格特先生》，1953 年柏林版。

恩格斯：

《德国与瑞士》、《共产主义在德国》、《德国的社会主义》，见《马克思、恩格斯、列宁、斯大林论德国历史》第 2 卷，第一、二分册，1954 年柏林版。

《关于共产主义者同盟的历史》,《马克思恩格斯文选》两卷集第 2 卷,1955 年莫斯科中文版。

《原始基督教史》,见《新时代》,第 13 年度,第 1 卷,1895 年斯图加特版,第 4 页以下各页及第 36 页。

马克思、恩格斯:

《神圣家族》,《马克思恩格斯全集》第 2 卷,1957 年人民出版社版。

《德意志意识形态》,1953 年柏林版。

《共产党宣言》,《马克思恩格斯全集》第 4 卷,1958 年人民出版社版。

《马克思恩格斯通信集》第 1 卷,1957 年三联书店版。

*　　*　　*

巴·瓦·安年科夫:《回忆录》,见:《卡尔·马克思,回忆录和论文集》,1934 年苏黎世版。(参看:《科学共产主义经典作家论德国工人运动》,1953 年柏林版)。(Annenkow, P. W.: Erinnerungen, in: Karl Marx, eine Sammlung von Erinnerungen und Aufsätzen, Zürich 1934(vgl.: Die klassiker des wissenschaftlichen Kommunismus zur deutschen Arbeiterbewegung, Berlin 1953))

396

巴尼科尔:《被囚的魏特林及其〈法庭〉一书》,1929 年基尔版。(Barnikol, E.: Weitling der Gefangene und seine "Gerechtigkeit", Kiel 1929).

巴尼科尔,E. 和贝克尔,A.,《宗教的和无神论的早期社会主义史》,1932 年基尔版。(Barnikol, E. und Becker, A.: Geschichte des religiösen und atheistischen Frühsozialismus, Kiel 1932)

布鲁诺·鲍威尔:《1842 年至 1846 年期间德国政党斗争全史》,1847 年夏洛屯堡版。(Bauer, B.: Vollständige Geschichte der Parteikämpfe in Deutschland während der Jahre 1842—1846, Charlottenburg 1847)

贝克尔,A.,《共产主义者要做什么?》,1844 年洛桑版。(Becker, A.: Was wolen die Kommunisten?, Lausanne 1844)

约·卡·布伦奇里:《瑞士的共产主义者。根据从魏特林那里发现的文件。委员会给苏黎世州政府的报告书全文》,1843 年苏黎世版。(Bluntschli, J. C.: Die Kommunisten in der Schweiz nach den bei Weitling vorgefundenen Papieren, Zürich 1843)

卡贝:《伊加利亚旅行记》,1893 年马格德堡版。(Cabet, E.: Reise nach

Ikarien, Magdeburg 1893)

科尔努,A.:《卡尔·马克思和弗里德里希·恩格斯,生平及其事业》,1954年柏林版。(Cornu, A.: Karl Marx und Friedrich Engels, Leben und Werk, Berlin 1954)

弗吕贝尔,J.:《一生的经历》,1899年斯图加特版。(Fröbel, J.: Ein Lebenslauf, Stuttgart 1899)

罗琪尔·加罗第:《科学共产主义的法国来源》,1954年柏林版。(Garaudy, R.: Die französischen Quellen des wissenschaftlichen Sozialismus, Berlin 1954)

海涅:《自由》,见《海涅全集》第5卷,1951年柏林版。(Heine, H.: Geständnisse, in: Gesammelte Werke, Bd. 5, Berlin 1951)

艾弥尔·卡勒尔:《威廉·魏特林,他的活动和学说》,1887年霍廷根-苏黎世版。(Kaler, E.: Wilhelm Weitling. Seine Agitation und Lehre, Hottingen-Zürich 1887)

康德尔,E. P.:《马克思和恩格斯——共产主义者同盟的组织者》,1953年莫斯科俄文版。

克劳泽,H.:《1848年的民主党和社会问题》,1923年法兰克福-美国版。(Krause, H.: Die demokratische Partei von 1848 und die soziale Frage, Frankfurt/Main 1923)

拉梅耐:《人民书》,1905年莱比锡版。(Lamennais F.-R. de: Das Volksbuch, Leipzig 1905)

马尔,W.:《在瑞士的"青年德国"运动》,1846年莱比锡版。(Marr, W.: Das junge Deutschland in der Schweiz, Leipjig 1846)

梅林:《德国社会民主政治史》第1卷,1919年斯图加特版。(Mehring, F.: Geschichte der deutschen Sozialdemokratie, Bd. 1, Stuttgart 1919);又梅林所编《和谐与自由的保证》纪念版,"序言",1908年柏林版。

密尔克,K.:《德国的早期社会主义——魏特林和赫斯的著作中的社会与历史》,1931年斯图加特版。(Mielke, K.: Deutscher Frühsozialismus — Gesellschaft und Geschichte in den Schriften von Weitling und Heß, Stuttgart 1931)

穆克尔,F.:《伟大的社会主义者》第2卷,1909年莱比锡版。(Muckle, F.:Die groBen Sozialisten, Bd. 2, Leipzig 1909)

奥伯曼:《在第一次德国资产阶级革命中的工人的地位》,1950年柏林版。(Obermann, K.:Die deutschen Arbeiter in der ersten bürgerlichen Revolution,Berlin 1950)

施吕特,H.:《初期的美洲德国工人运动》,1907年斯图加特版。(Schlüter, H.:Die Anfänge der deutschen Arbeiterbewegung in Amerrika, Stuttgart 1907)

载勒尔,S.:《作家威廉·魏特林和苏黎世的共产主义喧嚣》,1843年伯尔尼版。(Seiler, S.: Der Schriftsteller Wilhelm Weitling und der Kommunistenlärm in Zürich, Bern 1843)

《苏联大百科全书》,1950年莫斯科第二版,第7卷,《威廉·魏特林》。

**图书在版编目(CIP)数据**

和谐与自由的保证/(德)威廉·魏特林著;孙则明译.—北京:商务印书馆,2017
(汉译世界学术名著丛书:120年纪念版:珍藏本)
ISBN 978-7-100-14380-6

Ⅰ.①和… Ⅱ.①威… ②孙… Ⅲ.①乌托邦—德国—19世纪 Ⅳ.①D091.6

中国版本图书馆CIP数据核字(2017)第154140号



汉译世界学术名著丛书
(120年纪念版·珍藏本)
**和谐与自由的保证**
〔德〕威廉·魏特林 著
孙则明 译

商 务 印 书 馆 出 版
(北京王府井大街36号 邮政编码100710)
商 务 印 书 馆 发 行
北京新华印刷有限公司印刷
ISBN 978-7-100-14380-6

2017年12月第1版 开本710×1000 1/16
2017年12月北京第1次印刷 印张25½
定价:128.00元